utb 5927

Eine Arbeitsgemeinschaft der Verlage

Brill | Schöningh – Fink · Paderborn
Brill | Vandenhoeck & Ruprecht · Göttingen – Böhlau Verlag · Wien · Köln
Verlag Barbara Budrich · Opladen · Toronto
facultas · Wien
Haupt Verlag · Bern
Verlag Julius Klinkhardt · Bad Heilbrunn
Mohr Siebeck · Tübingen
Narr Francke Attempto Verlag – expert verlag · Tübingen
Psychiatrie Verlag · Köln
Ernst Reinhardt Verlag · München
transcript Verlag · Bielefeld
Verlag Eugen Ulmer · Stuttgart
UVK Verlag · München
Waxmann · Münster · New York
wbv Publikation · Bielefeld
Wochenschau Verlag · Frankfurt am Main

Markus Gamper (PD Dr. phil.), geb. 1975, ist akademischer Rat an der Universität zu Köln am Institut für vergleichende Bildungsforschung und Sozialwissenschaften. Er war Gastprofessor an der Universidad Autónoma de Aguascalientes (Mexiko). Seine Forschungsschwerpunkte sind Kultursoziologie, Netzwerkforschung, empirische Sozialforschung, (Trans-)Migrationsforschung und soziale Ungleichheit.

Annett Kupfer (Dr. phil.), geb. 1985, ist wissenschaftliche Mitarbeiterin am Institut für Sozialpädagogik, Sozialarbeit und Wohlfahrtswissenschaften der Fakultät Erziehungswissenschaften der Technischen Universität Dresden. Ihre Arbeits- und Forschungsthemen sind kritische (Trans-)Migrationsforschung, Intersektionalität, sozialpädagogische und psychosoziale Beratung sowie soziale Netzwerke und Empowerment.

Markus Gamper, Annett Kupfer

Klassismus

transcript Verlag, Bielefeld

Bibliografische Information der Deutschen Nationalbibliothek
Die Deutsche Nationalbibliothek verzeichnet diese Publikation in der Deutschen Nationalbibliografie; detaillierte bibliografische Daten sind im Internet über http://dnb.d-nb.de abrufbar.

utb-Bandnr. 5927
Print-ISBN 978-3-8252-5927-3
PDF-ISBN 978-3-8385-5927-8

Einbandgestaltung: siegel konzeption | gestaltung
Lektorat: Antonia Wind
Satz: Michael Rauscher
Druck: Elanders Waiblingen GmbH, Waiblingen

Gedruckt auf alterungsbeständigem Papier mit chlorfrei gebleichtem Zellstoff.

Inhalt

I. Zugänge zum Begriff Klassismus und Orientierungshilfe zum Buch

Klassismus in Fortbewegungsmitteln? Ein persönlicher Zugang zum Begriff

Klasseneinteilung im Fiktionalen

Der südkoreanische Regisseur und Oscar-Preisträger Bong Joon-Ho lässt in seinem beeindruckenden Science-Fiction-Film »Snowpiercer« während einer von Menschen hervorgerufenen Eiszeit die Überlebenden der Menschheit in einem Zug 438.000 km um die Erde fahren. Der Film, der auf dem französischen Comic bzw. der Graphic Novel »Le Transperceneige« beruht, beschreibt eine post-apokalyptische Welt, in der ein Leben außerhalb des Zuges unmöglich geworden ist. Der Zug muss hierbei als Perpetuum mobile ständig in Bewegung bleiben, um die für die Passagiere lebenswichtigen Funktionen aufrechterhalten zu können. Die Gesellschaft im Zug ist hierarchisch in zwei Klassen organisiert, wobei die Eliteklasse an der Spitze des Zuges die Kontrolle über die Ressourcen hat (Nahrung, Wasser, ärztliche Versorgung etc.). Die Elite genießt privilegierte Lebensbedingungen (einschließlich Diskothek, Sauna, Pool, Sushi-Restaurant), während die übrigen Menschen in den hinteren fensterlosen Waggons zusammengepfercht und in Armut um ihr Überleben kämpfen müssen. Die untere Klasse wird durch brutales Wachpersonal unterdrückt und gleichzeitig durch Strafen davon abgeschreckt, sich gegen die Zustände aufzulehnen. Die Nachricht lautet: »Kennt euren Platz und bleibt an eurem Platz«, oder wie es die erste Ministerin Mason formuliert: »Ich bin ein Hut, ihr seid ein Schuh. Ich gehöre auf den Kopf, ihr gehört an den Fuß.« Zugegeben, der Film über eine fiktive »Arche Noah« und den Untergang ist eine sehr zugespitzte Darstellung einer Bahnreise, in der die Menschheit im Zug der Welt sitzt.

Klasseneinteilung im Alltag

Die basale Unterteilung von Zugabteilen in eine 1. und eine 2. Klasse ist jedoch auch im realen Leben existent. Wer kennt nicht den Ausruf zum Einfahren der Züge an den Bahnhöfen? »Bitte Vorsicht auf Gleis 3. Zug nach Berlin fährt ein. Die Wagen der ersten Klasse befinden sich in den vorderen Abschnitten A und B. Bitte Vorsicht bei der Einfahrt.« Der Ausruf weist uns, auch wenn es durch unsere Alltagsroutinen kaum mehr auffällt, unsere Position zu. Wir wissen, wo wir uns zu positionieren haben und welcher Platz uns zusteht. Während die erste Klasse für die Fahrgäste beispielsweise mehr Beinfreiheit, breite Gänge und einen Bordservice bereithält, ist sie in manchen Fällen zusätzlich durch das Bordrestaurant von der 2. Klasse getrennt. Es wird suggeriert, dass ein soziales »Oben« und ein soziales »Unten« existiert und dies oft auch physisch, wenn aufgrund einer Überbelegung Menschen, speziell in der 2. Klasse, in den Fluren stehen oder auf dem Boden sitzen müssen. Auch wenn in der ersten Klasse noch Plätze frei sind oder Stehplätze vorhanden wären, ist ein Einritt nicht erlaubt. Jede*r sollte den eigenen, vorbestimmten Platz kennen und auch einnehmen. Neben der reinen Sitzplatzzuteilung kommt es auch zu einer sozialen Hierarchisierung. Durch die Zugehörigkeit zur 1. Klasse grenzen Menschen sich ab und machen sich damit selbst ihrer Position bewusst, auch indem gleichzeitig andere Mitfahrende abgewertet werden, da diese eben nicht zur Eigengruppe gehören.

Es sollte daher nicht verwundern, dass die hierarchische Einteilung der Sitzplätze dieses Transportmittels bereits 1890 von US-amerikanischen Ingenieuren als klassistisch und antidemokratisch kritisiert wurde:

> »With classism they chime well, and classism unmans us all, makes us selfish and boorish. He who rides by classes will ere long shoulder a lady away from her rightful place in turn at the window to get a ticket. Be he prince or pauper or priest, it is all the same. In a word, mileage and a republican government will destroy the compartment type of passenger cars.« (The Board of Managers at the Association of Engineering Societies 1890, S. 106)[1]

Warum wir über Klassismus sprechen müssen: Das Auseinanderdriften der Klassen und die Stigmatisierung unterer Klassen. Ein gesellschaftsanalytischer Zugang zum Begriff

Forschungsüberblick

Studien machen deutlich, dass diese Art von Klasseneinteilungen, wie sie in dem Zugbeispiel deutlich wurde, auf ähnliche Weise in Gesellschaften vorzufinden ist. Dabei beobachten wir seit Jahren ein verstärktes Auseinanderdriften der oberen und unteren Klassen sowie eine zunehmende Polarisierung zwischen extremer Reichtums- und Vermögenskonzentration auf der einen Seite, und Armut und Ausgrenzung auf der anderen Seite. »Die sehr Armen auf der einen und Wohlhabenden oder Reichen auf der anderen Seite prägen die Gesamtbevölkerung so stark wie seit Jahrzehnten nicht mehr.« (Hartmann 2018, S. 122)

Kulturelle Klassengesellschaft

Andreas Reckwitz (2019, 2020) spricht diesbezüglich auch von einer kulturellen Klassengesellschaft, in der die nivellierte Mittelstandsgesellschaft – sofern sie je existiert hat – erodiert und sich Klassen, mit viel und wenig kulturellem und ökonomischem Kapital, immer stärker voneinander absetzen.[2] Dabei verfestigen sich Armutslagen zugleich derart, dass sich von Armut betroffene Menschen, d. h. vor allem erwerbslose Menschen, Alleinerziehende, Familien mit drei und mehr Kindern, junge Erwachsene zwischen 18 und 25 Jahren, Einpersonenhaushalte, Menschen mit Migrationsgeschichte und Menschen im Alter, immer schwerer aus diesen Lagen befreien können. Diese Verfestigung der Armut, gemessen an der Armutsquote, »verweist auf einen Prozess zunehmender Blockierung von Lebenschancen und damit einer dauerhaften sozialen Ausgrenzung größerer Bevölkerungsteile vom gesellschaftlichen Wohlstand.« (Groh-Samberg und Hertel 2015, S. 262; Groh-Samberg et al. 2020) Unterdessen profitieren Wohlhabende am meisten von der zunehmenden sozialen Ungleichheit. Oxfam Deutschland e. V. (2023, S. 3) gehen weltweit von einer Explosion sozialer Ungleichheit aus, bei der die reichsten Menschen noch reicher werden. In den letzten zehn Jahren, so Oxfam (2023), haben Milliardär*innen ihr Vermögen verdoppelt. Der Vermögenszuwachs ist bei ihnen fast sechsmal so hoch wie bei den ärmsten 50 % zusammengenommen.

Abstiegs-gesellschaft

Oliver Nachtwey (2018) identifiziert in dem Zusammenhang eine Abstiegsgesellschaft[3], mit einer abgeschotteten Oberklasse, einer sich sozial distinguierenden Mittelklasse und einer neuen, sozialer Kontrolle, Disziplinierung und prekären Jobs sowie Sozialleistungen ausgesetzten Unterklasse. Es sind Menschen der unteren Klasse – die befristet Beschäftigten, Leiharbeiter*innen, Teilzeit- und Werkvertragsarbeiter*innen, Niedriglohnbezieher*innen, Minijobber*innen, Ich-AGs u. a. – bei denen u. a. aufgrund fehlenden Vermögens und der nur wenig verfügbaren Ressourcen der politischen Einflussnahme Formen der Unterprivilegierung und defizitäre soziale und wirtschaftliche Bürgerrechte kumulieren (Nachtwey 2018). Dabei werden

> »in der Öffentlichkeit und Politik nahezu alle gesellschaftlichen Gruppierungen mit Ausnahme ausgesprochen prekärer oder aber elitärer Existenzformen der Mittelschicht zugeordnet. Denn der Begriff ›Mittelschicht‹ ist in der Alltagssprache so positiv besetzt und wirkt so integrierend, dass die Begriffe ›Oberschicht‹ und ›Unterschicht‹ vermieden werden. Jede Zuordnung zur Unterschicht wirkt stigmatisierend, und jede Zuordnung zur Oberschicht betont eine Distanzierung vom Alltag der ›normalen Menschen‹.« (Hradil 2015, S. 22)

Kulturelle Unterschiede

Hinsichtlich der Stigmatisierung unterer Klassen, oder auch der negativen Kulturalisierung der Unterklasse (Reckwitz 2020, S. 284 f., S. 350 ff.), werden Ungleichheiten zwischen den Klassen nicht mehr »nur« als materielle, sondern auch (und gerade) als kulturelle Unterschiede in Kompetenzen, Ethos und Alltagsästhetik subjektiv wahrgenommen und gesellschaftlich repräsentiert und im anerkannten Wert oder der Wertlosigkeit eines Lebensstils widergespiegelt.

> »Dies betrifft die geringe Ausstattung mit (formellen und informellen) kulturellem Kapital, die begrenzte Möglichkeit, das eigene Leben (in legitimer Weise) ethisch-ästhetisch zu kulturalisieren, sowie die Entwertung des gesamten Lebensstils als defizitär, als ohne Lebensqualität, Anerkennung und Perspektive – eine Entwertung, die von

außen, aber häufig auch von innen in Form einer Selbstentwertung erfolgt.« (Reckwitz 2020, S. 350)

Kulturelles Kapital

Die neue Unterklasse ist Modernisierungs- und Kulturalisierungsverlierer in einem Prozess, in dem die Höhe des kulturellen Kapitals über sozialen Status entscheidet (Reckwitz 2020). Sie ist besonders von kulturellen Entwertungen betroffen, die neben dem prominenten Feld der Arbeit vor allem Ernährung, den Körper und Bildung wie Erziehung und Politik umspannen.

> »Dieser Lebensform scheint es an den Merkmalen eines guten Lebens zu mangeln, sie wird zu einer Ansammlung von Eigenschaften des Schlechten [...]. Dies kann bis zu Gefühlen der Stigmatisierung und der Scham reichen oder in Wut umschlagen.« (Reckwitz 2020, S. 360)

Soziale Ausgrenzung

Die Wahrnehmung sozialer Ausgrenzung, so auch Petra Böhnke (2015), zeigt Defizite, die Menschen in der Verwirklichung ihrer Lebenschancen stark beeinträchtigen. Ausgrenzung belastet nicht nur die Gesundheit und das Wohlergehen der betroffenen Person, sondern kann auch in Perspektiv- und Orientierungslosigkeit münden und schließlich die Stabilität der Gesellschaft gefährden.

Soziale Mobilität

Das immer weitere Auseinanderdriften der Klassen – des Oben und Unten – geht außerdem mit der Frage einher, wie *gerecht* das Ein- oder Austreten aus oder in das jeweilige Klassengefüge gestaltet ist. Stefan Hradil (2015) formuliert hierzu den Anspruch an moderne Gesellschaften in ein »legitimes Oben und Unten [zu] unterscheiden.« (Hradil 2015, S. 27) Die für eine Legitimierung der (vorhandenen) Ungleichheit so wichtige soziale Mobilität, d. h. der mögliche Aufstieg von den unteren in obere Klassen wird jedoch immer unwahrscheinlicher (Bundesministerium für Arbeit und Soziales 2021; Groh-Samberg et al. 2020). So ist in Deutschland die Chance auf einen höheren Bildungsabschluss oder eine höhere Position übermäßig stark abhängig von der sozialen Herkunft (Groh-Samberg und Hertel 2015). Reichtum und der Status am oberen Ende der Gesellschaft wird, wie auch am unteren Ende, »vererbt« (Bublitz 2022). »Schon mit der Geburt ist vielfach und zudem immer häufiger entschieden, ob man sich im weiteren Lebensverlauf auf dessen Schatten- oder dessen Sonnenseite bewegt.« (Hartmann 2018, S. 128) An der Stelle der (Re-)Produktion der Sozialstruktur[4] sowie der Diskriminierung und Stigmatisierung aufgrund sozialer Herkunft setzt der Klassismusdiskurs kritisch an.

Eine erste Orientierung zum im Buch verwendeten Klassismusbegriff

Suche nach Klassismusdefinition

Trotz der hier dargebotenen steigenden sozialen Ungleichheit und Verschlechterung der Lebenssituation der unteren Klassen hat sich der Begriff Klassismus noch nicht vollumfänglich durchsetzen können. Er wird dennoch in Diskursen innerhalb sozialer Bewegungen wie auch der Politik, der Öffentlichkeit und in den Medien immer wieder aufgegriffen. Die sich um ihn rankenden Debatten umfassen verschiedene thematische Schwerpunkte, unterliegen unterschiedlichen Regeln, finden häufig mit unterschiedlichen Diskursteilnehmer*innen statt und verfolgen differente Ziele (Kemper und Weinbach 2021). Auffallend ist, dass das Konzept des Klassismus selten in wissenschaftlichen Zusammenhängen Verwendung findet und kaum an wissenschaftliche Theorien rückgebunden ist. Zugleich, so unser Eindruck, wird häufig dann von »Klassismus« gesprochen, wenn aus einer antidiskriminatorischen Perspektive Menschen aufgrund ihrer sozialen Herkunft und/oder sozialen Position diskriminiert und benachteiligt, negativ bewertet und verletzt, ausgegrenzt und ausgeschlossen werden. Eher selten werden im Kontext des Klassismusbegriffs aus einer sozialen Ungleichheits- und Gerechtigkeitsperspektive sozial-strukturelle Verhältnisse und deren Einflüsse auf Klassismusphänomene in den Blick genommen. Dabei ist Klassismus mehr als eine Ansammlung von Vorurteilen und Stereotypen, die durch das Entwickeln von Empathie und Respekt für Menschen in prekären Verhältnissen überwunden werden können. Klassismus ist eben auch greifbares Ergebnis sozialer und wirtschaftlicher Ungerechtigkeit (Zrenchik und McDowell 2012, S. 102) und sowohl Grund für die ungleiche Verteilung an Gütern als auch Möglichkeit der Distinktion. Jene durch Macht und Herrschaft gerahmten Prozesse sind unseres Erachtens nicht ausreichend über Prozesse der Stigmatisierung erklärbar, sondern finden ihre Grundlage in der Klassenkonstruktion selbst.

Erarbeitete Definition

Im vorliegenden Band definieren wir Klassismus daher als breit angelegten Prozess, der bezogen auf sozioökonomische Klassen(-milieus) einerseits Stigmatisierung und Diskriminierung, andererseits aber eben auch exkludierende Prozesse der Strukturierung und der Schaffung von Klassen und damit die Produktion und Reproduktion sozialer, ökonomischer und kultureller Asymmetrien umfasst. Dazu zählen ebenso Macht- und Herrschaftsstrukturen, die es erschweren bzw. verhindern bestimmte Ressourcen zu generieren, wie etwa der (Nicht-)Erwerb bestimmter Bildungsabschlüsse, die (Nicht-)Besetzung von Machtpositionen (in Politik oder Wirtschaft u.ä). Fallen beide Prozesse in der Praxis z. T. zusammen, werden wir sie im Buch aufgrund der jeweils unterschiedlichen theoretischen Zugänge idealtypisch in die »sozialstrukturell-ungerechtigkeitsorientierte« und »antidiskriminatorische« Position unterteilen (s. u.).

Warum wir trotz der Klassentheorien von Klassismus sprechen: Klassismus als »doing class« – Die (Re-)Produktion von Klassenverhältnissen und der Begriff der Unterklasse

Klassenkonstruktion

Aber warum soll von Klassismus gesprochen werden, wenn bereits der Klassenbegriff existiert? Weshalb soll bei der Kritik an sozialer Ungleichheit aufgrund von Klassenzugehörigkeit von Klassismus ausgegangen werden? Klasse, so unser Zugang, ist eine Ist-Beschreibung, der Konstruktionen vorausgehen und empirisch festgelegte Daten zugrunde liegen (Einkommen, Vermögen, Bildungszertifikat etc.). Klassismus ist jedoch, so unser Analyseergebnis, wie wir es im Verlauf des vorliegenden Bandes deutlich machen werden, der Prozess, der Klassenstrukturen produziert und reproduziert. Der Ansatz ist eng mit ökonomischen Strukturen und dem jeweiligen Gesellschaftssystem verknüpft und zugleich auch ein Begriff, der gegenwärtige ungerechte Gesellschaftsverhältnisse beschreibt.

> »It is important to note that social class cannot exist without classism, because classism is the behavioral and attitudinal manifestations

> that buttress stratification and inequality [...]. Hence, a need exists to go beyond stratification theory and the use of ›objective‹ criteria to understand social class and classism.« (Liu et al., 2004, S. 100)

»doing class« Angelehnt an u. a. Begriffe des »doing inequality« (Behrmann et al. 2018), des »doing gender« und »doing difference« (West und Zimmermann 1987; Fenstermaker und West 2002) verstehen wir Klassismus als »doing class« (beispielhaft Kalthoff 2006)[5], indem Klassen praktisch hergestellt werden. Wir legen anschließend an diese Überlegung in unserem Buch beispielhaft Ist-Analysen und Mechanismen dar, wie Klassenstrukturen in einigen sozialen Bereichen (z. B. Arbeitsmarkt, Bildungssystem) (re-)produziert werden und als auf Klassismus basierend verstanden werden können.

Unterklasse Dabei nehmen wir vor allem Bezug zum Diskurs über *untere Klassen* bzw. die *Unterklasse*. Diesen bereits oben verwendeten Begriff nutzen wir in Anlehnung an Klaus Dörre (2015) analytisch mit dem (im Klassismusdiskurs ebenfalls angelegten) Ansinnen, »kollektive Abwertungen selbst als Triebkräfte der Klassenbildung zu begreifen.« (Dörre 2015, S. 219) Im Klassenbegriff ist der Zusammenhang zwischen dem Aufstieg der einen und dem Abstieg der anderen bereits angelegt. So werden der Vermögensbesitz oder die aus ökonomischer Macht gewonnene politische Macht der einen, mit den prekären Lebenslagen der anderen (Beschneidung von Sozialeigentum, selektive Freisetzung von Lohnabhängigen) zusammengedacht und zusammengebracht (Dörre 2015), auch vor dem Hintergrund endlicher Ressourcen (wie z. B. Geld) oder auch begrenzter sozialer Positionen innerhalb einer Gesellschaft. Soziale Mechanismen der Produktion und Reproduktion der (Unter-)Klassenbildung zu verstehen, ist unseres Erachtens über das Konzept Klassismus möglich. Mit dem Begriff der Unterklasse oder unteren Klassen meinen wir dabei, ergänzend zu den obigen Ausführungen, die Klasse der einfachen Dienstleistenden, semiqualifizierten Industrieberufe, prekär Beschäftigten, erwerbslosen Menschen und Sozialhilfeempfänger*innen. Es sind Menschen, die ohne Erwerbsarbeit sind oder aber sich in der Nähe des Mindestlohns, schwach abgesichert und ohne Vermögen bewegen. Ökonomisches wie kulturelles Kapital sind demnach niedrig (Reckwitz 2019).

Geschichtliche Einblicke und gegenwärtige Anknüpfungspunkte

Historische Einordnung

Wo hat der Begriff Klassismus nun seine Ursprünge? Seine Wurzeln werden in der sozialen (Empowerment-)Bewegungen sowie in Teilen in wissenschaftlichen Fachtexten verschiedener Disziplinen verortet. Eine erste Fundstelle zum Begriff Klassismus – die Kritik an der Aufteilung der Zugwagen in Klassen im Jahr 1890 – haben wir bereits weiter oben benannt (Altieri 2020; The Board of Managers at the Association of Engineering Societies 1890). Als weitere Fundstellen der theoretischen Auseinandersetzung mit klassenbezogener Diskriminierung gibt Kemper (2016) für die Jahre 1900 bis 1920, 1900 I. M. Shanklinks »The Laborer and His Hire« (1900), Sidney Cahloun Tapp mit »The Struggle« (1906), Stephen Henry Bashor mit »The Under Pup« (1912) sowie im Magazin *New York World* den Artikel »On the Rocks of Classim« von 1919 an. Danach verlor der Begriff an Bedeutung, wohl auch deshalb, weil die prekäre Situation der Arbeiter*innen durch Vertreter wie Karl Marx (*1818, †1883) und Friedrich Engels (*1820, †1895) sowie der erstarkten Arbeiter*innenbewegung breit diskutiert wurde. Klassismus als deskriptiver Begriff für Mechanismen der Unterdrückung war in dieser Epoche wohl obsolet geworden.[6]

Klassenrassismus

Erst in den 1970er Jahren kam es wieder zu einer intensiven Auseinandersetzung mit der Diskriminierung von Menschen aus unteren Klassen und ihrer sozial-strukturellen Benachteiligung. In diesem Kontext fiel erneut der Begriff des Klassismus und ein weiterer Begriff, der des *Klassenrassismus*, kam hinzu. Die Begriffe unterscheiden sich nicht nur inhaltlich, sondern können auch von ihrer geografischen Entstehung differenziert werden. Klassenrassismus geht hierbei auf Pierre Bourdieu (*1930, †2002) zurück. Der französische Soziologe beschreibt damit die Denunziation unterer Klassen aufgrund ihres Habitus, ihrer Lebensweise, ihrer Sprache etc. Angewendet wird der Begriff beispielsweise in Bourdieus Abhandlungen zur Bildungsungleichheit, in denen Klassenrassismus die Besserstellung von Schüler*innen bzw. Studierender aufgrund ihres Habitus beschreibt. Der gesellschaftliche Glaube an Talent und Begabung führe demnach zu struktureller Diskriminierung (Bourdieu und Passeron 1971), die nichts anderes ist als ein »kulturelles Privileg« (Bourdieu 2017, S. 23) oberer Klassen. Bourdieu bringt hierzu die Klassenlage mit Lebensstil und dessen Stigmatisierung in Verbindung und integriert dies durch empirische Forschung in eine umfassende Klassentheorie, wie wir sie später noch darlegen werden (vgl. Kapitel II. 2.2).

Klassismusbegriff in den USA

Neben dem Begriff des Klassenrassismus wird in den USA der Begriff des Klassismus wieder aufgenommen. Dies geschieht auf unterschiedlichen Ebenen. Zum einen findet man den Begriff Klassismus in der kritischen Kriminologie, speziell im Jugendstrafrecht. So kritisiert beispielsweise David L. Bazelon den Wandel der Gerichtsbarkeit weg von ihrem Rehabilitationsideal und der Idee der Resozialisation hin zur Bestrafung von Menschen aus unteren Klassen (hier vgl. Kapitel IV 4.), den er klassistische Denkstrukturen in höheren Klassenmilieus zuschreibt.

> »We reject the family from the ghetto, and are insensitive or worse to their child's problems, not because of their color, but because they are poor, speak an uneducated dialect we do not understand, and perhaps fail to share our reverence for the majesty of the law that has oppressed them for centuries. This phenomenon of ›classism‹ explains, I fear, much of our readiness to give up on the rehabilitative ideals of the juvenile process. Because of it, we are unsympathetic to the deprived child's problems, or perhaps even unwilling to admit that his problems are a consequence of anything but incorrigible evil. Equally sad, it may lead us to believe that we cannot help such children.« (Bazelon 1969, S. 378)

Hierbei wertet er den Kampf von Jugendrichter*innen gegen den beschriebenen Klassismus, auch aufgrund der fehlenden Institutionen, als nicht vorhanden (Bazelon 1969). Inwieweit das (hier: bundesdeutsche) Justizsystem bis heute klassistische Züge trägt werden wir im Buch kurz darlegen (vgl. Kapitel IV 4.).

Soziale Bewegungen

In den 1970er Jahren wird der Begriff Klassismus schließlich in den sozialen Bewegungen aufgenommen und mit anderen Diskriminierungsformen wie Sexismus und Rassismus verwoben. Dabei ist es vor allem die selbstorganisierte US-amerikanische feministische lesbische Gruppe und Arbeiter*innenbewegung *The Furies Collective*, die auf den Begriff zurückgreift (Abou 2015; Hezel 2021; Baron 2014; Eilers 2018; Kemper 2016; Kemper und Weinbach 2021) und im Sammelband »Class and Feminism« von Charlotte Bunch und Nancy Myron (1974) verarbeitet.

> »Von Beginn an, war Klassismus in der feministischen Schwarzen Frauenbewegung, im lesbischen The Furies Collective und in Bewusstseinsbildungsgruppen ein Begriff der selbstkritischen Auseinandersetzung mit dem Zwang, ausgebeutet und auf einen sozialen Platz festgeschrieben zu werden.« (Niggemann 2021, S. 50)

Intersektionalitätsdiskurse

Ziel der Gruppe *The Furies* und nachfolgend generell des analytischen Terminus Klassismus war und ist es, herkunftsbezogene Diskriminierung zu benennen und das meritokratische Narrativ des »Jede*r kann es schaffen« (vgl. Kapitel III. 2.) sowie die in den USA weit verbreitete protestantische (Arbeits-)Ethik zu enttarnen (Baron 2014; Kemper und Weinbach 2021). Ihre Analysen (wie die bell hooks 2000, 2021) können als Verbindung von Klassismuskritik, Sexismuskritik, Rassismuskritik und als Kritik an der in großen Teilen heteronormativen Gesellschaft aus einer intersektionalen Perspektive gelesen werden (Eilers 2018; Kemper und Weinbach 2021). Klassismuskritik und Frauenbewegung sind demnach von ihren Anfängen an eng miteinander verknüpft. Zu den sozialen Bewegungen finden parallel Entwicklungen sowohl im juristischen Feld (an Klassismus orientierte Fragen nach Strafrechtsreform, s. o.) als auch im Beratungs- und Therapiebereich (siehe u. a. Liu 2013; Sturm und Gibson 2017) statt, die ihre Spuren bis in die heutigen Social-Diversity-Trainings ziehen (Kemper 2016). Die Adaption des Antidiskriminierungs- und Trainingskonzepts »Diversity and Social Justice« von Maurianne Adams et al. (2016b) durch Leah Carola Czollek et al. (2019) (in der Erstauflage

Anfang der 2000er Jahre) sei im deutschsprachigen Raum einflussreich gewesen (Eilers 2018). So wird im Social Justice and Diversity Training neben anderen Diskriminierungsformen auch Klassismus explizit thematisiert. Adams et al. (2016a) nähern sich hierbei den in den USA vorzufindenden Klassenverhältnissen und Klassismusphänomenen über einen »social justice approach« an.

C. Barone Als zentraler Autor des US-amerikanischen Klassismusdiskurses und wohl bekanntester Klassismusforscher gilt der Ökonom Cuck Barone (Baron 2014). Seit den 1990er Jahren setzt er sich mit der vernachlässigten Diskriminierungsform Klassismus auseinander und arbeitet an der Frage von Klassenkonflikten und sozialem Wandel an der Verknüpfung und gegenseitigen Stabilisierung ökonomischer Ausbeutung und Unterdrückung auf der Makroebene sowie Klassenkulturen auf der Mikroebene (u. a. Barone 1998, 1999).

> »Bringing classism into the picture broadens our understanding of the political economy of class. It allows us to see better some of the micro level dimensions of class-based economic exploitation and class reproduction by understanding it as part of a larger system of social oppression.« (Barone, 1998, S. 3)

A. Meulenbelt Eine weitere Impulsgeberin ist die Niederländerin Anja Meulenbelt (1988), die bereits Ende der 1980er Jahre klassistische Phänomene, wie fehlende soziale Mobilität für Menschen aus unteren Klassen oder fehlende Chancengerechtigkeit, teils essayistisch und basierend auf ihren Erfahrungen als Seminarleiterin in der beruflichen Weiterbildung für Sozialarbeiter*innen umschreibt. Im Rahmen von Erfahrungslernen und Selbstreflexion entdeckt sie gemeinsam mit den Studierenden, dass nicht nur die Sozialisation als Frau* sondern auch die Klassensozialisation Einfluss auf die eigene Biografie nimmt. Anja Meulenbelt (1988) stellt in ihrer Lehre gelebte Erfahrungen ins Zentrum und beschäftigt sich mit der Frage »inwieweit Unterdrückung und Benachteiligung bestimmter Gruppen nicht nur von der gesellschaftlichen Struktur abhängen, sondern auch von der Erziehung, der Sozialisation.« (Meulenbelt 1988, S. 10) Gefragt wurde unter anderem »Wie wurde zu Hause mit Geld umgegangen, war Geld da, wußte jeder wieviel, wer verfügte darüber? Wie wurde mit der Arbeit umgegangen und wie mit der Freizeit, gab es Freizeit, wenn ja, für wen? Wie sahen die Wohnverhältnisse aus? Wie war das Verhältnis zur ›Kultur‹, gab es Bücher, gab es Musik? Welche Ausbildungen waren für uns in der Zukunft möglich? Wie normal oder wie schwierig war es, weiter zur Schule zu gehen?« (Meulenbelt, 1988, S. 71) Der Aspekt der Sozialisation umfasst die Frage, wie Menschen Normen der herrschenden Gruppe übernommen und die Unterdrückung von Eliten verinnerlicht haben (Meulenbelt, 1988). Adams et al. (2016) sprechen diesbezüglich auch von »class culture« und Barone (1998) fragt unter dem Stichwort der »class conditioning« nach der Übernahme der je klassenspezifischen Rollen (inkl. Verhalten, Aussehen, Kultur).

Deutsche Klassismusbewegung

Für Deutschland werden die 1980er (seltener 1970er) bis 1990er Jahre als »Klassismus-bewegte Jahre« beschrieben (Kemper und Weinbach 2021; Kemper 2016; Baron 2014; Bewernitz 2017). Während sich an westdeutschen Hochschulen Arbeiter*innentöchter organisieren, um auf den Klassismus im Bildungswesen aufmerksam zu machen, widmen sich die sog. »Prololesben« der differenten Sozialisation, den Klassenunterschieden und der Ausgrenzung von Lesben im bürgerlichen bzw. proletarischen Umfeld (Abou 2015; Seeck 2022). »Prololesben« gilt dabei als »eine Selbstbezeichnung, mit der die negativ aufgeladenen Begriffe ›Prolo‹ oder ›Proll‹ gewendet und als positive Identitätsbenennung angeeignet wurde.« (Abou, 2015, S. 40) Bis heute finden sich in zunehmender Ausbreitung Gruppierungen an Hochschulen der sog. Working Class and Poverty Class Academics – WCPCA (Kemper und Weinbach 2021).

G. Winker und N. Degele

Ein neuerlicher Aufschwung der Klassentheorie wird für den Zeitraum ab den 2000er Jahren beschrieben und in Zusammenhang mit der Diskussion um die Prekarisierung von Lebens- und Arbeitsverhältnissen sowie der Wiederkehr der sozialen Frage gesetzt. In diesem Zusammenhang, so Birkner (2015), sei auch der Begriff des Klassismus aus dem angloamerikanischen Raum nach Deutschland gekommen. In die wissenschaftliche Debatte in Deutschland mündet das Konzept des Klassismus dann erst am Ende des vorletzten Jahrzehnts ein, etwa im Jahr 2009 – im Kontext des Intersektionalitätsdiskurses (Baron 2014; Kemper 2016). Als zentrale Autorinnen werden hier Gabriele Winker und Nina Degele genannt, die als zwei der ersten den Begriff Klassismus in Deutschland thematisierten und in ihrer Publikation »Intersektionalität. Zur Analyse sozialer Ungleichheiten« Klasse, Geschlecht, Rasse und Körper als zentrale Kategorien und Herrschaftsverhältnisse benennen. Die Autorinnen erörtern Klassismen, Heteronormativismen, Rassismen und Bodyismen, wie sie auf der strukturellen Ebene analysiert werden können (Winker und Degele 2009). Parallel dazu erscheint mit »Klassismus. Eine Einführung« von Heike Weinbach und Andreas Kemper eine erste Überblicksarbeit zum Begriff, der Geschichte und der Praxis des (Anti-)Klassismus.

Konjunktur der Klassismusdebatte

Wird bis zum Jahr 2014 behauptet, das Klassismuskonzept würde im deutschsprachigen Raum noch in den Kinderschuhen stecken (Baron 2014; Baron und Steinwachs 2012), finden sich in den letzten zehn Jahren zunehmend mehr Publikationen und Veranstaltungen zum Thema Klassismus. Die Klassismusdebatte umfasst dabei auch die Auseinandersetzung mit den aufgrund sozialer Herkunft erschwerten Aufstiegschancen, die derzeit eine regelrechte Renaissance erfährt. So finden sich seit 2020 Neuerscheinungen wie beispielsweise »Klassenreise. Wie die soziale Herkunft unser Leben prägt« (Aumair und Theißl 2020), »Vom Arbeiterkind zur Professur. Sozialer Aufstieg in der Wissenschaft« (Reuter et al. 2020), »Solidarisch gegen Klassismus organisieren, intervenieren, umverteilen« (Seeck und Theißl 2021), »Klassismus und Wissenschaft. Erfahrungsberichte und Bewältigungsstrategien« (Altieri und Hüttner 2021), »Ein Mann seiner Klasse« (Baron 2020) oder auch »Klasse und Kampf« (Barankow et al. 2021). Diese Publikationen rücken Klassismus wieder in den Blickpunkt der breiten Öffentlichkeit.

Fragen des Klassismus unter anderen Begriffen – Beispielhafte Bezüge

Klassismusbegriff

Zu dieser kurzen Rekonstruktion des Klassismusbegriffs ist es wichtig anzumerken, dass es viele andere Begrifflichkeiten und Zugänge gibt, die in ihrer Auseinandersetzung mit Klassenzugehörigkeit, der (Re-) Produktion von Klassenverhältnissen und den Folgen von Klassenzugehörigkeit anschlussfähig sind. Darunter sind u. a. Beschämung/Scham, (soziale) Ausgrenzung, (soziale) Exklusion oder auch Stigma aufgrund der Klassenzugehörgkeit zu nennen. Betitelt – wie oben dargestellt – Bourdieu dieses Phänomen beispielsweise als Klassenrassismus, schreibt Robert Castel (*1933, †2013) (2007) Anfang der 2000er Jahre an anderer Stelle von »Klassenhass« oder auch »Klassendünkel« und zeigt damit ebenfalls große Nähen zum Klassismusbegriff. Im Zentrum stehen hierzu sowohl klassenspezifische Fragen nach Eigentum oder Arbeit und damit Fragen der faktischen (Un-)Gleichheit (nachdem es politische Rechtsgleichheit gibt), als auch Fragen der politischen Auseinandersetzung mit der (gerechten) Besserstellung besitzloser Arme.

> »Außerdem ist Klassenhaß kein neues Phänomen, das ausschließlich arme Bevölkerungsschichten befällt. Im 19. Jahrhundert hegte etwa die konformistische Bourgeoisie einen wahren Klassenhaß gegen die ›neuen Barbaren‹, wie sie die Proletarier der frühen Industrialisierung bezeichnete.« (Castel 2007, S. 74)

Klassismusphänomene

Diese Hinweise auf Castel, wie die obigen Bezüge zu Bourdieu, Hradil und Reckwitz (um nur wenige unter vielen zu nennen) sollen als beispielhafte Bezugspunkte dienen und zeigen, dass die Diskussion um klassistische Phänomene bei weitem nicht neu ist, jedoch nicht unter der Perspektive Klassismus geführt wurde. Dieses Buch kann nicht alle vorhandenen Diskurse zusammentragen, jedoch werden wir stets auf vorhandene Argumente zurückgreifen und sie in den Kontext von Klassismusphänomene stellen. Ferner werden wir Klassismusprozesse in unterschiedlichen Gesellschaftsbereichen (z. B. Bildung, Arbeit, Wohnen) empirisch knapp nachzeichnen und verdeutlich, wie ausgeprägt diese Phänomene in den jeweiligen Felder sind.

Was wir auf den kommenden Seiten klären wollen. Eine inhaltliche Orientierung zum vorliegenden Band

Klassismuskonzept

Im hier dargestellten Überblick über unterschiedliche Diskursstränge und Begründungszusammenhänge wird die Diversität des Klassismuskonzepts deutlich. Klassismus eindeutiger zu definieren, die ihm zugrundeliegenden Konzepte zu erläutern und theoretisch zu begründen, ist ein wichtiges Anliegen unseres Bandes. Damit setzt das Buch an einem der zentralen Kritikpunkte am Klassismuskonzept an, demzufolge es dem Begriff an einer detaillierten sozialwissenschaftlichen Reflexion (Nehring 2021) sowie einer präzisen theoretischen Kontextualisierung (Baron 2014) fehle. In diesem Zwischenraum skizzieren wir mögliche wissenschaftstheoretische Rahmensetzungen und erarbeiten exemplarisch, bezogen auf ausgewählte soziale Lebensbereiche, empirische Befunde heraus.

Idealtypische Positionen

Hierfür nutzen wir, wie oben bereits benannt, zwei im Klassismusdiskurs eingelagerte idealtypische Positionen, die unseren begrifflichen Zugang und damit das zweite Kapitel strukturieren. Das sind die »sozialstrukturell-ungerechtigkeitsorientierte« Position und die »antidiskriminatorische« Position, die ihrerseits über Macht- und Herrschaftskonzepte miteinander verbunden sind. Für beide Positionen ist es uns ein zentrales Anliegen, diesbezügliche theoretische Grundlagen in Grundzügen vorzustellen, die es schließlich erlauben, Klassismusphänomene wissenschaftlich einzubetten. Beide Stränge der sozialwissenschaftlichen Auseinandersetzung – das sei eingrenzend angemerkt – reichen jedoch weiter zurück und in die Breite, als wir es hier für unser Vorhaben rekonstruieren werden. Dabei werden wir zunächst argumentieren, dass Macht und Herrschaft als verbindende Brückenelemente von Klassismus betrachtet werden können, da die Produktion und Reproduktion vertikaler Sozialstrukturen (»oben« und »unten«) *ebenso* wie die Legitimierung von Stigmatisierungs- und Diskriminierungsprozessen in Gesellschaften der Durchsetzungsmacht von Interessengruppen unterliegen. Was »normal«, »legitim« oder »abweichend« ist, welche Leistung anerkannt, welche Sprache »richtig« ist, sind jene Festlegungen, konkreter noch: jene (latenten oder legitimen) Normen und Werte, die vertikale Strukturen determinieren. Sie sind aber zugleich sozial konstruiert und in ihrer Ausgestaltung von jenen mit Macht und Herrschaft ausgestatten Akteur*innen am ehesten beeinflussbar. Daher werden wir eingangs Macht und Herrschaft begrifflich bestimmen, ihre Verknüpfung zum

Konzept vertikal strukturierter Gesellschaften diskutieren und funktionale und repressive Ansätze anreißen.

Soziale Ungleicheit

Im Anschluss widmen wir uns zunächst den theoretischen Grundlagen der »sozialstrukturell-ungerechtigkeitsorientierten« Position. Dabei steht zuvorderst der Zugang über den Begriff der sozialen Ungleichheit, als die systematische Ungleichverteilung von sozialen Positionen und damit auch Ressourcen, gesellschaftlichen Teilhabemöglichkeiten und Lebensbedingungen, wie sie auch im Klassismusdiskurs hinsichtlich deren Abhängigkeit von sozialer Herkunft und den dadurch erschwerten Verwirklichungschancen eines »guten Lebens« (oder mit der Ungleichheitsforschung gesprochen: dem Erreichen gesellschaftlich verbreiteter und anerkannter Zielvorstellungen) kritisiert wird. Wir werden hier zeigen, wie jene Ungleichverteilung mit ungleichen Belohnungen, der Bewertung der Ungleichwertigkeit und damit auch der Ungleichbehandlung einhergeht sowie mit Macht (Verfügungsgewalt) zusammenhängt – um später verstehen zu können, wie über soziale Herkunft und Klassenzugehörigkeit als Determinanten sozialer Ungleichheit bestimmte Güter und Positionen (Gesundheit, Bildung, Arbeit, Wohnen etc.) ungleich verteilt werden. Daran anknüpfend legen wir die den Sozialstrukturanalysen zugrundeliegenden Begriffe Klasse, Schicht und Milieu dar. Das erläutern wir zum einen, da die (kritische) Sozialstrukturanalyse als Form der Gesellschaftsanalyse vor allem Fragen der sozialen Ungleichheit behandelt und traditionelle Klassen- und Schichtenanalysen wie z. T. auch Milieukonzepte die systematische Produktion und Reproduktion ungleicher Lebenschancen aufzeigen können. Zum anderen widmen wir uns (zuallererst) Klassentheorien, da innerhalb der »sozialstrukturell-ungerechtigkeitsorientierten« Klassismus-Position von einer in Klassen strukturierten, hierarchisch gegliederten Gesellschaft ausgegangen wird. Klassentheorien sind unseres Erachtens Voraussetzung, um Klassismus theoretisch zu erschließen. Wir befassen uns ebenfalls mit dem Schicht- und Milieubegriff. Das machen wir einerseits, da in Studien häufig mit Schichtmodellen gearbeitet wird, um vorliegende soziale Ungleichheit zu beschreiben und im englischsprachigen Kontext beide Ansätze kaum unterschieden werden, während in

Deutschland die Begriffe teils als Synonym verwendet, teils theoretisch voneinander getrennt werden. Vor allem in Schichtmodellen ist zudem die Idee sozialer Mobilität angelegt, wie wir sie im Kapitel III. als Meritokratiekritik wieder aufgreifen. Milieumodelle und Lebensstilanalysen bieten andererseits die Chance, auch die »subjektive Seite« der Gesellschaft, wie Einstellungen, Verhaltensweisen oder Wertorientierungen zusätzlich zu den vertikalen Achsen der Ungleichheit (Einkommen, Beruf, Bildung etc.) in den Blick zu nehmen. Das trifft für eben jene Modelle zu, die vertikale Schichtungsmerkmale mit subjektiven Lebensstilen zusammenbringen und damit auch für die Konkretisierung des Klassismuskonzeptes bedeutsam sind, da sie strukturelle Reproduktionsmechanismen und die damit verbundene Legitimierung von Stigmatisierung von Lebensstilen verbinden. Der Verbindung der drei Modelle widmen wir ein eigenes Unterkapitel, bevor wir uns dem Thema sozialer (Un-)Gerechtigkeit zuwenden. Dieses Thema ist daher zentral, da Klassismusforschung in ihrer Beschäftigung mit gesellschaftlichen Differenzen aus der reinen empirischen Analyse hinaustritt und spezifisch nach der (Un-)Gerechtigkeit von gesellschaftlichen Ungleichheiten fragt. Hierbei bezieht sie auch zum Teil Stellung für benachteiligte Personen und Subalterne.

Diskriminierung

Daran anschließend erörtern wir die theoretischen Grundlagen der »antidiskriminatorischen« Position. Hierzu skizzieren wir zunächst Stereotype sowie Vorurteile und fragen nach ihren Ursprüngen. Daraufhin erörtern wir Stigmatisierung als klassistischen Prozess und beschreiben die Grundlagen des Diskriminierungsbegriffs. Eine Brücke zur »sozialstrukturell-ungerechtigkeitsorientierten« Position bilden hier besonders Ansätze der strukturellen bzw. institutionellen Diskriminierung, die die Diskriminierung wieder in einen sozialstrukturierenden Kontext stellt.

Definition

Im Anschluss an diese eher grundlegenden Darstellungen schlagen wir unseren Definitionsversuch zum Begriff Klassismus vor.

Klassismusansatz

Im *dritten Kapitel* zeigen wir anschließend, wo Klassismuskritik ansetzt und sich Quellen von Klassismus verorten lassen. Hier wird eine makroperspektivische Sicht eingenommen. Für einige Forscher*innen sind es eben jene Makromechanismen, wie die gesellschaftsprägende

Wirtschaftsform des Kapitalismus, das Konzept der Meritokratie (Herrschaft durch Leistung) und die damit zusammenhängende Legitimation unterschiedlicher Ungleichheitsformen, Individualisierungsansätze und die Leugnung der Klassengesellschaft, die Klassismus produzieren und auch legitimieren. Im selben Kapitel untersuchen wir zudem gesellschaftliche Einstellungen zu unteren Klassen (und Lebenslagen wie Obdachlosigkeit, Langzeitarbeitslosigkeit etc.) und Abwärtsklassismus, wie die Diskussion um einen sog. Aufwärtsklassismus, die an der »antidiskriminatorischen« Position andockt.

Klassenspezifische Ungleichheiten

Im *vierten Kapitel* zeigen wir exemplarisch, wo und wie in den gesellschaftlichen Bereichen Arbeit, Bildung, Gesundheit, Kriminalität/Justizsystem, Medien, Politik und Wohnen Klassismus (re-)produziert wird und vorzufinden ist. Wir fragen, welche Ungleichheiten sich klassenspezifisch zeigen.

Kritik am Klassismuskonzept

Daran anknüpfend werden wir unterschiedliche Kritikpunkte am Konzept Klassismus erörterten, bevor wir am Ende die Ergebnisse zusammenfassen und nochmals die wichtigen Aspekte herausarbeiten.

II. Klassismus: Theoretische Herleitung und Rahmensetzung

Vermögensverteilung

Mit der Studie »Survival of the Richest« (2023) hat Oxfam für große Aufmerksamkeit gesorgt. Auf Basis der Daten der Credit Suisse stellen die Forscher*innen fest, dass 1% der Weltbevölkerung fast zwei Drittel (26 Billionen US-Dollar) des seit dem Jahr 2020 generierten Vermögens besitzen. Das ist im Vergleich zu dem Vermögen der unteren 99% der Weltbevölkerung (16 Billionen US-Dollar) fast doppelt so hoch. Und dabei wächst das Vermögen der Milliardär*innen täglich an. Im Vergleich dazu leiden ungefähr 1,7 Milliarden Arbeitnehmer*innen, auch aufgrund des Ukrainekriegs, der Klimaerwärmung und der Corona-Krise, unter der hohen Inflation. Zugleich steigt im Jahr 2020 die Zahl der Menschen an, die in extremer Armut leben. Statt einer Verteilung von Wohlstand kommt es somit zu einer Reichtumskonzentration, die ebenfalls durch die Krisenpolitik der Regierungen gefördert wurde (Christensen et al. 2023). Das gilt auch für Deutschland, wo sich seit den letzten Jahren große Unterschiede innerhalb der Einkommens- und Vermögensverteilung zeigen, kaum Aufstiegsmobilität stattfindet (Groh-Samberg et al. 2020) und Ungleichheit zunimmt: So erreichen negative Einstellungen gegen langzeitarbeitslose Personen immer größere Zustimmung (Zick 2021). Obdachlose Menschen werden durch sogenannte defensive oder auch hostile Architektur aus Einkaufsstraßen vertrieben. Und Schüler*innen aus un- und angelernten Arbeiter*innenfamilien haben (im Vergleich zu Schüler*innen aus oberen Dienstklassen mit gleichen Kompetenzen) eine dreifach geringere Chance, eine Gymnasialempfehlung zu bekommen (Stubbe et al. 2017, 244 f.).

Ungleiche Ressourcenverteilung

Wie wir in Kapitel I zeigen, existieren Prozesse, die die Verteilung von wertvollen Gütern zwischen unteren und oberen Klassen, wie z. B. zwischen wohlhabenden Menschen oder/und Eliten auf der einen und Arbeiter*innen oder/und Menschen in Armutsverhältnissen auf der anderen Seite bestimmen. Diese sozialen Gruppen unterscheiden sich anhand einer ungleichen Verteilung wichtiger Ressourcen und ungleich verteilter Lebensbedingungen. Hinzu kommen Ausgrenzung, Sanktionierung und Abwertung von Identitäten aufgrund der Zugehörigkeit zu diesen Fraktionen, die sich durch unhinterfragte Normalitätsvorstellungen verfestigen. In der Literatur spricht man hier beispielsweise von Klassenrassismus, Klassenhass oder auch von Klassismus. Was unter dem Begriff Klassismus wissenschaftlich verstanden werden kann, ist jedoch nicht einheitlich und, so die Kritik, kaum an sozialwissenschaftliche Theorien angebunden (Baron 2014). Zusammenfassend kann allerdings behauptet werden, dass Klassismus Prozesse der Stigmatisierung, Ausgrenzung und Macht sowie der Verteilung von wertvollen Gütern beschreibt und der Frage nach der Produktion von vertikalen Gesellschaftsstrukturen nachgeht. Um diese Phänomene präziser beschreiben, besser verstehen bzw. konkretisieren und definieren zu können, muss der Begriff Klassismus stärker an sozialwissenschaftliche Konzepte angebunden werden. In diesem Kapitel werden daher Theorien aus unterschiedlichen Disziplinen erörtert und Ansätze präsentiert, die unseres Erachtens als Basis für das Konzept Klassismus dienen können. Macht- und

Abbildung 1: Theoretische Rahmensetzung.

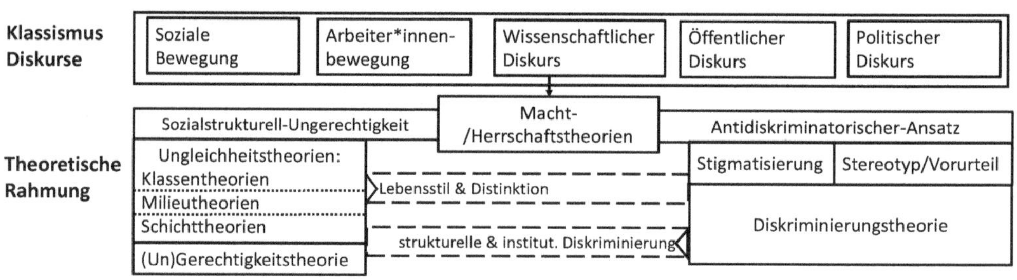

Quelle: Eigene Darstellung.

Herrschaftstheorien gehen z. B. der Frage nach der Beziehung zwischen Herrschenden und Beherrschten und damit auch der Frage auf den Grund, wie herrschende Kultur, Normen und Werte fixiert werden. Als Beispiele können die Festlegung von Löhnen (z. B. von Vorstandsvorsitzenden, Bandarbeiter*innen) oder die Rechtsetzung und -durchführung (z. B. Steuerrecht, Strafrecht) angeführt werden. Macht- und Herrschaftstheorien bieten damit eine wichtige Grundlage für Klassismus und sind das Hauptbindeglied zwischen zwei unterschiedlichen Ansätzen von Klassismus, die wir hier unterscheiden möchten. Diese Perspektiven möchten wir als »sozialstrukturell-ungerechtigkeitsorientierte« Position und »antidiskriminatorische« Positionen bezeichnen (Birkner 2015; Neuhauss 2021) (s. Abbildung 1).

Beide Positionen lehnen sich an unterschiedliche Theoriestränge an, die wir zunächst genauer erörtern (s. Abbildung 1). So gehen Klassismusforscher*innen innerhalb der »sozialstrukturell-ungerechtigkeitsorientierten« Position von einer hierarchisch, d. h. in Klassen bzw. Schichten oder Milieus (zu den Unterschieden und Gemeinsamkeiten siehe nachfolgend) strukturierten Gesellschaft aus, in der wichtige Ressourcen (z. B. Vermögen) ungleich verteilt sind. Theorien sozialer Ungleichheiten fokussieren sich auf die Verteilung dieser Ressourcen (z. B. Geld, Gesundheit), ungleiche gesellschaftliche Teilhabemöglichkeiten (z. B. Vereinsleben, Universitätsbesuch) sowie die daraus resultierenden Lebens- und Handlungsbedingungen. Die durch die ungleiche Verteilung erschwerten Bedingungen unterer Klassen werden innerhalb der »sozialstrukturell-ungerechtigkeitsorientierten« Position, auch vor dem Hintergrund normativer Annahmen, (häufig) als ungerecht (hier: klassistisch) bewertet. Hierbei liegt der Fokus auf der Ist-Analyse von sozial-ungerechten Gesellschaftsstrukturen wie auch deren Produktion dieser Hegemonien, also auf dem »doing class«.

Umgang mit unteren Klassen

Innerhalb der »antidiskriminatorischen« Position werden u. a. Einstellungen, Darstellungen und die Behandlung von Menschen aus unteren Klassen analysiert. Beispielsweise können Medienanalysen zeigen, dass Menschen ohne Lohnarbeit häufig als inkompetent und faul dargestellt werden (Sielschott 2010). »Classism not only affects the distribution of resources and wealth, but also the distribution of respect and admiration.« (Zrenchik und McDowell 2012, S. 104) Diese Klassismusperspektive wird daher an Theorien der Vorurteilsbildung und Stereotypisierung, der Stigmatisierung sowie Diskriminierung angebunden. Dabei sind diese idealtypischen Ansätze, wie wir zeigen werden, durchaus miteinander verbunden.

Differenzierung nach Idealtypen

Eine im Buch verfolgte Differenzierung in diese beiden Positionen ist unseres Erachtens notwendig, um klassistische Phänomene sowie deren Kritik besser verstehen zu können. Am Ende dieses Kapitels fassen wir die Theorien jeweils kurz zusammen und präsentieren eine Definition, die eine Brücke zwischen beiden Positionen schlägt.

1. Macht und Herrschaft als verbindendes Basiselement von Klassismus

Macht von Interessengruppen

Die Legitimierung von Stigmatisierungs- und Diskriminierungsprozessen sowie die Produktion und Reproduktion von vertikalen Sozialstrukturen (»oben« und »unten«) unterliegen der Durchsetzungsmacht von Interessengruppen in Gesellschaften. Darunter zählt beispielsweise die Festsetzung von Normalität, Konformität, Legitimität und Abweichung sowie Selektionsmechanismen. Als Beispiele können die Wahl der »richtigen Sprache«, »richtigen Kleidung«, die »Vergabe von Noten in Schulen bzw. Universitäten«, die Begründung für »ungleiche Entlohnung von Berufen« oder die »Festlegung von Rechtsnormen« angeführt werden. Konkret sind es die latenten oder auch legitimen Normen oder Werte, die Normalität definieren sowie vertikale Sozialstrukturen determinieren. Diese sind nicht dauerhaft und naturgesetzlich gegeben, sondern gesellschaftlich konstruiert, veränderbar und werden zwischen Akteur*innen, die relational zueinanderstehen, immer wieder neu ausgehandelt (Gamper 2017). Der Einfluss auf diese Legitimationsprozesse bzw. die Durchsetzung von Interessen durch einzelne Gruppen, sind dabei nicht deckungsgleich, sondern hegemonial, also ungleich, verteilt. Es gibt Akteur*innen, die mehr Macht haben als andere und daher z. B. leichter bestimmen bzw.

definieren können, wie Normen gestaltet werden, wie mit Abweichung umgegangen wird und wie die Durchsetzung dieser erfolgen soll.

Vor diesem Hintergrund ist Klassismus eng mit den Konzepten der Macht und der Herrschaft verbunden, da

> »Ungleichheiten einer Gesellschaft auch repressiv Macht- und Herrschaftsverhältnisse widerspiegeln – etwa in dem Sinne, dass derjenige [diejenige], der oben ist, eher über die Mittel verfügt, seine [ihre] Position zu verbessern als derjenige [diejenige], der [die] dort hin will.« (Nassehi 2011, S. 170)

Unbewusste Machtstrukturen

Hierbei ist Macht sowie Herrschaft nicht immer gegenständlich, bewusst oder sichtbar, sondern in Beziehungen zwischen Akteur*innen, also auch einem »Unten« und »Oben«, eingebettet und – sichtbar oder nicht sichtbar – strukturell gegeben.

> »Macht und Herrschaft sind also *primär* relationale und nicht attributionale Phänomene – auch wenn im Alltagsverständnis von ›Machthabern‹ bzw. ›Macht haben‹ gesprochen wird, was ein Eigenschafts- oder Besitzverständnis – eine Verdinglichung eben – nahelegt.« (Imbusch 2013, S. 10)

Macht- und Herrschaftskonzepte

Um die angeführte Definition von Klassismus zu konkretisieren, werden in diesem Kapitel unterschiedliche Ansätze von Macht und Herrschaft vorgestellt. Daher greifen wir – nach dem wir eine allgemeine Definition skizziert haben – einzig auf Autor*innen zurück, die sich Macht und Herrschaft vor dem Hintergrund negativer Zuschreibungsmechanismen sowie der (Re-)Produktion von hegemonialen Gesellschaftsstrukturen widmen.

1.1 Was sind Macht und Herrschaft? Eine allgemeine Begriffsbestimmung

Machtbegriff

Eine der wohl bekanntesten Definitionen von Macht stammt von dem Soziologen Max Weber (*1864, †1920). Nach Weber kann Macht als Chance betitelt werden, »innerhalb einer sozialen Beziehung den eigenen Willen auch gegen Widerstreben durchzusetzen, gleichviel worauf diese Chance beruht [...]. Der Begriff ›Macht‹ ist [hierbei] soziologisch amorph.« (Weber 1972, S. 28) Auch wenn das Phänomen, wie Weber argumentiert, wissenschaftlich schwer zu fassen ist, haben Machtdispositionen konkrete Konsequenzen für den Alltag, oder wie Michel Foucault es beschreibt:

> »Macht wird unmittelbar im Alltagsleben spürbar, welches das Individuum in Kategorien einteilt, ihm seine Individualität aufprägt, es an seine Identität fesselt, ihm ein Gesetz der Wahrheit auferlegt, dass es anerkennen muss und das andere in ihm anerkennen müssen.« (Foucault 1976, S. 166)

Idealtypische Ebenen

Nach Peter Imbusch kristallisiert sich Macht auf mindestens einer von drei idealtypischen Ebenen heraus, die aufeinander aufbauen und die kumulativ wirken können. Die erste Ebene umfasst die Möglichkeit eigene Interessen durchzusetzen. Dies führt zu einer Implementierung eigener Belange, Wünsche oder Vorstellungen gegenüber anderen, auch gegen den Willen dieser. Dies hat für die Beteiligten konkrete Konsequenzen. Die zweite Ebene kann mit den Begriffen »Nicht-Entscheidungen« oder »Kontrollmacht« beschrieben werden.

> »Machtausübung beinhaltet hier Kontrolle über soziale Situationen und Akteur*innen mit dem Ziel, bestimmte Aktivitäten von vornherein zu verhindern oder Entscheidungen, issues erst gar nicht auf die Tagesordnung gelangen zu lassen.« (Imbusch 2013, S. 12)

Hier handelt es sich um latente und akzeptierte Vorgaben, die Handlungen und Diskurse als legitim oder auch illegitim titulieren. Die dritte Ebene umfasst die sogenannte Meta-Macht und damit die Kontrolle über Organisationen und soziale Prozesse. Dabei werden gesellschaftliche Rahmenbedingungen sowie Spielregeln festgelegt, die vor allem Chancen und Handlungsmöglichkeiten festlegen. Hier können Akteur*innen aufgrund ihrer Macht Situationen »strukturieren und auf die Sichtweisen, Erklärungsmuster und Interessendefinitionen anderer Akteure Einfluss« (Imbusch 2013, S. 12) nehmen.

Machtdurchsetzung

Für die Durchsetzung von Macht können unterschiedliche Machtmittel herangezogen werden. Zu nennen sind hier beispielsweise unterschiedliche Kapitalarten sowie Positionen, Ämter oder Funktionen, die mit Autorität oder auch Sanktionsmöglichkeiten ausgestattet sind, aber auch der Zugang zu Informationen oder Diskursen. Diese Faktoren dienen als Werkzeuge, um eigene Interessen durchzusetzen und determinieren die Form der jeweiligen Machtausübung. Sie reichen von diskreten Formen, wie Einfluss und Überzeugung über das Ausspielen persönlicher und sachbezogener Autorität und der Anwendung von Kontrolle sowie Zwang, bis hin zum Einsatz von Gewalt (Imbusch 2013, S. 16).

Herrschaftsbegriff

Anders als der Begriff der Macht beschreibt der Herrschaftsbegriff die Akzeptanz von sozialen Verhältnissen. Die wohl einflussreichste Definition stammt von Max Weber:

> »›Herrschaft‹ soll, definitionsgemäß (Kap. I, § 16), die Chance heißen, für spezifische (oder: für alle) Befehle bei einer angebbaren Gruppe von Menschen Gehorsam zu finden. Nicht also jede Art von Chance, ›Macht‹ und ›Einfluß‹ auf andere Menschen auszuüben. Herrschaft (›Autorität‹) in diesem Sinn kann im Einzelfall auf den verschiedensten Motiven der Fügsamkeit: von dumpfer Gewöhnung angefangen bis zu rein zweckrationalen Erwägungen, beruhen.« (Weber 1972, S. 122)

Widerstand

Demnach handelt es sich bei Macht und Herrschaft um Konzepte, die erklären, wie bestimmte Interessen (z. B. Lohnfestlegung, »guter Geschmack«) durchgesetzt werden können – und das auf Kosten von anderen. Da es relationale Ansätze sind, stehen sich (mindestens) zwei Akteure, hier soziale Klassen, gegenüber. Beim Machtkonzept stoßen die Eigeninteressen von Machthaber*innen auf Widerstand und müssen mit unterschiedlichen Mitteln durchgesetzt werden. Hier ist es möglich auf Konter-Macht zu stoßen. Bei Herrschaft gibt es keinen Widerstand, sondern die Akteure, hier untere Klassen, akzeptieren die Interessen der Herrschenden. Sie leisten keinen Widerstand, da sie die Herrschaft z. B. durch Legitimität, Angst oder Resignation anerkennen. Diese Unterscheidung wird in den nachfolgenden Konzepten allerdings nicht immer getroffen.

1.2 Macht, Herrschaft und Klassen

R. Dahrendorf

Zuerst wurde nun eine allgemeine Beschreibung von Macht und Herrschaft vorgelegt. Jetzt möchten wir die Konzepte Macht/Herrschaft mit dem Konzept vertikal strukturierter Gesellschaften zusammenbringen, die in der Klassismusforschung im Fokus stehen. Ein wichtiger Vertreter ist diesbezüglich Ralf Dahrendorf. Für ihn sind Macht sowie Herrschaft die Basis jeder sozialen (angelehnt an Émile Durkheim [*1858, †1917] »moralischen«) Gemeinschaft, womit er beiden einen omnipräsenten Charakter zuschreibt (Dahrendorf 1964).[7] Hierbei fokussiert das Konzept auf die Frage nach Stabilität und Wandel von Gesellschaften. Es wird davon ausgegangen, dass Konflikte zwischen Gruppen und Institutionen gesellschaftliche Strukturen verändern und zu einem dynamischen Wandel führen. Sozialer Wandel, so Dahrendorf, ist der Grundpfeiler von Veränderung und speist sich aus Herrschaftsverhältnissen. Während Herrschende ihren Status quo halten bzw. erweitern wollen, streben die Beherrschten danach, ihre Positionen zu verbessern. Ein Fokus seiner Theorie liegt demzufolge auf den Gruppenkonflikten innerhalb von Gesellschaften, denen er einen wichtigen Charakter für gesellschaftliche Transformation zuweist. Dahrendorf interessiert sich dabei vor allem für Herrschaftsstrukturen, die einen Zugriff auf Ressourcen und auf das Kapital erleichtern bzw. erlauben (Matys und Brüsemeister 2013). Somit lässt sich Herrschaft nicht allein auf die ungleiche Verteilung von ökonomischem Kapital zurückführen, sondern auch auf Positionen innerhalb dieser Gruppen, diese Herrschaft ausüben zu können. Anders als Karl Marx (*1818, †1883) (vgl. Kapitel II. 2.2) geht Dahrendorf jedoch davon aus, dass Herrschaft und Macht z. T. dem Eigentumserwerb von Produktionsgütern vorausgeht und Herrschaftskonstellationen unterschiedliche Formen annehmen können. »Wo immer es Herrschaft gibt, gibt es vielmehr [...] auch Klassen und Klassenkonflikte.« (Dahrendorf 1957, S. 145)

Herrschaft definiert Dahrendorf in Anlehnung an Max Weber (s. oben) als institutionalisiertes Verhältnis der Über- und Unterordnung zwischen je zwei Einzelnen bzw. Mengen. Dabei wird vom übergeordneten Teil (Einzelner, Menge) erwartet, das Verhalten des untergeordneten Teils durch Befehle, Anordnungen, Warnungen oder/und Verbote zu kontrollieren. Gespeist werden diese Erwartungen von den sozialen Positionen (und nicht dem Charakter) ihrer Träger. Für Dahrendorf zentral ist die Begrenzung der Herrschaft auf »bestimmte Inhalte« und »angebbare Personen«. Sie ist im Gegensatz zur Macht niemals absolute Kontrolle über andere. Werden aufgrund von Herrschaft Vorschriften nicht befolgt, wird dies über ein Rechtssystem sanktioniert, das damit zugleich über die Effektivität der Herrschaft wacht (Dahrendorf 1972, S. 33).

Über- und Unterordnung

Dahrendorf (1967) geht demzufolge davon aus, dass in menschlichen Gesellschaften bleibende Strukturen sozialer Positionen auf geltenden sozialen Normen bzw. verfestigten Erwartungen beruhen, die mittels positiver wie negativer Sanktionen, wie etwa Lohn und Anreiz oder Strafe und Drohung, durchgesetzt würden. Als Beispiele bringt er die Entlohnung im Betrieb nach dem Akkordsystem oder wenn Klatsch unter Nachbarinnen zur Norm wird, die berufstätige Frau sich jedoch nicht in der normierten Form beteiligen kann. Bewertungen normgemäßen und normabweichenden Verhaltens hätten jedoch ihrerseits Rangunterschiede, bspw. in Begriffen des Reichtums oder der Ehre, zufolge. Normkonformität, die generell positiv sanktioniert wird, kann aus gewissen sozialen Positionen heraus leichter erreicht werden (bspw. ist Verhaltensautonomie in Abhängigkeit vom Berufsstand unterschiedlich realisierbar).

Sanktionierung

> »Unter welchen Gesichtspunkten auch immer bestimmte historische Gesellschaften ihre Mitglieder zusätzlich unterscheiden mögen, welche Symbole auch immer Gesellschaften zu Merkmalen der Ungleichheit erklären mögen und was auch immer der konkrete Inhalt sozialer Normen sein mag – der harte Kern sozialer Ungleichheit liegt stets in der Tatsache, daß Menschen als Träger sozialer Rollen, je nach der Lage der Rollen zu den herrschenden Erwartungsprinzipien von Ge-

sellschaften, Sanktionen unterliegen, durch die Geltung dieser Prinzipien garantiert wird.« (Dahrendorf 1967, S. 368)

Normen, Sanktionen, Herrschaft

Dahrendorf setzt dafür das Funktionsdreieck der Normen(-gebung) – Sanktionen (bzw. Sanktionsfestlegungen) – und Herrschaft und sieht Herrschaftsstrukturen den Normen und Sanktionen vorgelagert. Soziale Positionen und Verfügungsgewalt vorausgesetzt, entstehe durch eben jene Differenzierung Ungleichheit, da Ziele verschieden erreicht werden können und die Zielerreichung ihrerseits bewertet würde. Sobald es Normen als unausweichliche Verhaltenszumutungen bzw. -erwartungen für Menschen gibt und damit das Rollenverhalten an diesen Normen gemessen wird, entstehe auch eine Rangordnung des sozialen Status, sozialer Schichten und damit auch eine Trennung zwischen Herrschenden und Beherrschten (Dahrendorf 1964).

»Wertende Differenzierung, also die Anordnung sozialer Positionen und ihrer Träger auf den Skalen des Prestiges und des Einkommens, wird erst bewirkt durch die Sanktionierung sozialen Verhaltens am Maßstab normativer Erwartungen.« (Dahrendorf 1967, S. 373)

Latente vs. manifeste Herrschaft

Herrschaft ist demnach die Möglichkeit, Normen festzulegen und Sanktionen zu verhängen. Differenziert werden kann hierbei zwischen latenter und manifester Herrschaft. Beruht latente Herrschaft auf unbewussten Prozessen, muss bei einer manifestierten Herrschaft ein gezielter Wille gegeben sein (Bonacker 2013, S. 64 ff.).

P. Bourdieu

Ein weiterer wichtiger Vertreter, der sich mit Macht- und Herrschaftsbeziehungen zwischen Klassen befasst, ist Pierre Bourdieu. Für den französischen Soziologen ist Herrschaft/Macht[8] dabei nicht nur an bestimmte Personen oder Organisationen gebunden, sondern auch in »sozialen Mechanismen zu suchen, die Strukturen herstellen« (Bourdieu 2001, S. 166). Sie sind überall dort zu finden, wo sich Akteur*innen relational gegenüberstehen. Vor dem Hintergrund dieser Annahme geht Bourdieu davon aus, dass der soziale Raum, also der Raum der Klassenverhältnisse, mit dem Raum der Lebensstile übereinstimmt. Zwischen den Klassen bestehende Herrschaftsverhältnisse finden ihren symbolischen Ausdruck in den differentiellen Lebensstilen der Klassen und ihrer Fraktionen. »Mehr noch, die kulturellen Präferenzen und Praktiken werden vom Alltagsverstand naturalisiert und tragen zur Reproduktion und Legitimierung der Ungleichheitsverhältnisse bei.« (König und Berli 2013, S. 312)

Habitus

Seine Herrschaftsdiagnose schließt damit sowohl die Herrschenden und die Beherrschten als auch ihre jeweiligen sozialen Praktiken mit ein. Bourdieu verbindet demnach soziale Ungleichheit (vgl. Kapitel II. 2.2), dargeboten in der ungleichen Verteilung der Kapitalsorten (soziales, kulturelles, ökonomisches und symbolisches Kapital), die durch den sozialen Raum abgebildet sind, mit den jeweiligen Lebensstilen (vgl. Kapitel II. 2.4), also der Art wie Menschen ihren Alltag gestalten (z. B. welche Musik sie hören, welche Kleidung sie tragen). Dies spiegelt sich im Habitus der Personen wider und wird damit im Alltag für andere sichtbar. Der Habitus ist

> »leibgewordene Geschichte, das leibgewordene Soziale bzw. der praktische Sinn, denen wiederum das soziale Feld gegenübersteht, welches Bourdieu als die andere Existenzweise des Sozialen als die dinggewordene Geschichte bzw. als den objektivierten Sinn bezeichnet.« (Unterthurner 2014, S. 181)

Herrschaftsverhältnisse

Herrschaftsverhältnisse zeigen sich nun auf zwei Arten: Zum einen durch die Ungleichverteilung von Kapital und zum anderen durch die »Lebensart« der Individuen. Bourdieu spricht hier von »symbolischer Macht«, »symbolischer Gewalt« oder »symbolischer Herrschaft« und meint damit

> »eine (ökonomische, politische, kulturelle oder sonstige) Macht, die in der Lage ist, sich Anerkennung zu verschaffen; das heißt, die in ihrer Wahrheit als Macht, als willkürliche Gewalt verkannt werden kann. Die eigentliche Wirksamkeit dieser Macht vollzieht sich nicht auf der Ebene physischer Stärke, sondern auf der des Sinns und der Erkenntnis.« (Bourdieu 2003, S. 82)

Geschmack

In seinem Werk »Die feinen Unterschiede« verdeutlicht Bourdieu, dass Lebensstile und kulturelle Praktiken nicht gleichberechtigt nebeneinanderstehen, sondern vielmehr hegemonial strukturiert sind, also (mindestens) feine Unterschiede zwischen den Individuen unterschiedlicher sozialer Gruppen existieren. Durch Zuschreibungen, Klassifikationen und Bewertungen von sozialen Praktiken kommt es zu einer Hierarchisierung, die wiederum zur Distinktion, also zur Abgrenzung dient. In anderen Worten: »Geschmack klassifiziert – nicht zuletzt den, der die Klassifikationen vornimmt.« (Bourdieu 1987, S. 25) Die herrschende Gruppe ist es demnach, die den »richtigen« Geschmack gesellschaftlich bestimmt bzw. etabliert und damit auch eine Grenze zwischen »Hoch-« und »Trivialkultur« zieht. Geschmack kann demzufolge in (a) den legitimen Geschmack der herrschenden Klasse, (b) den prätentiösen Geschmack der mittleren Klasse sowie (c) den populären (illegitimen) Geschmack der unteren sozialen Gruppe differenziert werden (König und Berli 2013). Hierfür müssen die Spielregeln jedoch von Herrschenden und Beherrschten gleichsam akzeptiert werden. Die geteilten Deutungen und Kategorisierungen betitelt Bourdieu als »doxa« oder »illusio« und bezeichnet die Akzeptanz der Kategorisierungssysteme durch die Beherrschten auch als »Komplizenschaft«, »Unterwerfung« oder »Gehorsam« (Fuchs-Heinritz und König 2014).

> »Die sozialen Akteure, darunter auch die Beherrschten, sind der sozialen Welt (wie verabscheuenswert und empörend diese auch immer sei) durch eine hingenommene Komplizenschaft verbunden, die bewirkt, dass gewisse Aspekte dieser Welt jenseits oder diesseits kritischer Infragestellung bleiben. Genau über dieses im Dunkel verbleibende, gleichsam körperliche Verhaftetsein wirkt sich die symbolische Gewalt aus.« (Bourdieu 1989, S. 43)

Stigmatisierung/ Abwertung

Die Akzeptanz der dominierenden Kultur der herrschenden Gruppe beinhaltet z. B. die Stigmatisierung bzw. Abwertung des Lebensstils der unteren sozialen Gruppe, indem dieser Lebensstil immer als Manko, Unvollkommenheit sowie Inkompetenz bewertet wird, was auch zur Selbstexklusion von Akteur*innen führt.

> »So zeigt sich beispielsweise, dass die klassenbewussteste Fraktion der Arbeiterschaft (Facharbeiter und Meister) sich der herrschenden Kultur und Sprache sowie den herrschenden Normen und Werten verpflichtet fühlen. Die Schule hat ihnen die Anerkennung dieser Werte beigebracht, aber nicht deren Kenntnis.« (König und Berli 2013, S. 315)

Herrschende vs. Beherrschte

Herrschaftsprozesse werden demnach unbewusst als solche einverleibt sowie akzeptiert und führen durch Komplizenschaft zu einer Reproduktion von Herrschenden und Beherrschten, indem die Beherrschten ihre Rolle bzw. Position einnehmen, von der sie denken, sie hätten diese frei gewählt. Nach Bourdieu wären das jedoch die Folgen eines sozialisierten Habitus, in dem die Individuen gefangen sind und dies unbewusst akzeptiert wird. Die Herrschenden legen – auch durch einen hohen Besitz von Kapitalsorten – die Hierarchie der Lebensstile (z. B. Sprache, Kleidungs- oder auch Musikstile) fest. Ihren eigenen Lebensstil können sie hierbei als »hochwertig« definieren und zugleich die dazugehörigen Elemente (z. B. richtige Automarke, Kleidermarken) konsumieren, wodurch sie wiederum eine hohe Akzeptanz und Wertschätzung erfahren und andere gleichsam abwerten. Es kommt somit zu Distinktion zwischen Herrschenden und Beherrschten.

1.3 Funktionale und repressive Ansätze zu Macht/Herrschaft

Soziale Ungleichheit erzeugend

Macht bzw. Herrschaft werden hier als Ausgangspunkte für die weiteren Analysen verstanden und dienen als Brücke zwischen der »sozialstrukturell-ungerechtigkeitsorientierten« und »antidiskriminatorischen« Position. Macht und Herrschaftsprozesse basieren auf sozialer Ungleichheit und erzeugen diese zugleich – so die zentrale Erkenntnis. Was jedoch unter sozialer Ungleichheit zu verstehen ist, muss gesellschaftlich plausibel gemacht und legitimiert werden (Nassehi 2011).

Funktionale und repressive Ansätze sozialer Ungleichheiten

Soziale Ungleichheiten und ihre gesellschaftliche Bedeutung können aus unterschiedlichen Perspektiven betrachtet werden (vgl. Kapitel II. 2.1). Innerhalb einer *funktionalen Perspektive* wird nach der Funktion sozialer Ungleichheit gefragt und davon ausgegangen, dass gesellschaftlicher Fortschritt und gesellschaftliche Entwicklung durch soziale Ungleichheit gefördert werden. Hiernach werden unterschiedliche Positionen auf Basis ihrer Wichtigkeit sowie Funktion für die Gesellschaft ungleich belohnt bzw. bezahlt sowie mit speziellen Rechten ausgestattet (z. B. Manager*in vs. Bandarbeiter*in). Da nicht alle Menschen diese Positionen besetzen können oder nur wenige derartige Positionen existieren, wird automatisch soziale Ungleichheit produziert (vgl. Kapitel IV. 6.). Ferner existieren Positionen innerhalb von Gesellschaften, die mit den »richtigen« Personen (z. B. durch den passenden Bildungsabschluss) besetzt werden sollen/müssen. Gibt es für Positionen nicht genug passende Personen (z. B. durch fehlende Ausbildung oder Qualifikationen), die diese Funktion adäquat erfüllen, werden spezielle Anreize geschaffen. Darunter zählen z. B. hohe Gehälter oder spezielle Rechte. Funktionale Argumente gehen somit von einer Notwendigkeit von Ungleichheit aus, um die Funktion von Gesellschaften aufrechtzuerhalten. Sie erörtern aber nicht, wie und von wem »Wichtigkeit« und die »Art der Belohnung« konstruiert werden (Davis und Moore 1945). *Repressive Ansätze* gehen von einem Zusammenhang zwischen Ungleichheit und Macht aus. Ungleichheiten, wie Bourdieu (1987) und Dahrendorf (1972) argumentieren, entwickeln sich durch Herrschafts- und Machtstrukturen. Es können jedoch auch durch die Ansammlung von Kapital Herrschaft- oder Machtpositionen errungen werden. Bei repressiven Ansätzen, aber auch bei der funktionalen Perspektive geht es somit um Macht und Herrschaft.

Repressive Ansätze und Klassismus

Besonders die repressiven Ansätze sind für eine Theoretisierung eines Klassismusbegriffs von großer Wichtigkeit, da sie auf die Legitimation und jeweilige Akzeptanz der Beziehung zwischen Herrschenden und Beherrschten sowie deren Folgen für die Betroffenen fokussieren. Erkennen Beherrschte und Herrschende jeweils ihre Rolle an, kommt es zu einer Balance. In diese Balance, in der soziale Ungleichheit und Differenz von Macht/Herrschaft bereits bestehen und Gruppen davon – zumindest teilweise – profitieren, werden Individuen hineingeboren (Gamper 2017). Wird von einer der Seiten die Balance nicht akzeptiert, werden – unbewusst oder auch bewusst und insofern vorhanden – Machtmittel eingesetzt, um die eigene Position zu erhalten oder zu verbessern. Beispiele für einen solchen Einsatz sind eine größere Belohnung für die Beherrschten (z. B. mehr Lohn), die Reduktion des Höchststeuersatzes, Polizeigewalt oder Demonstrationen für bessere Arbeitsbedingungen durch die Beherrschten, die eine Veränderung des bisherigen Balanceverhältnisses (und damit auch sozialen Wandel) herbeiführen sollen.

Strukturelles Phänomen

Pierre Bourdieu zeigt diesbezüglich, dass Individuen in Machtpositionen festlegen, was »guter Geschmack« ist. Es werden beispielsweise Handlungsweisen, kulturelle Kommunikationsmittel (z. B. Sprache, Schrift), Mode oder Güter als wertvoll deklariert und damit gleichzeitig ein legitimer und illegitimer Geschmack konstruiert. Die herrschende Kultur verleibt zugleich Normen sowie Werte der Beherrschten unbewusst ein. Abweichungen vom »guten Geschmack« können sanktioniert sowie abgewertet werden und bieten gleichzeitig die Grundlage für Vorurteile oder Stigmatisierungs- sowie Diskriminierungsprozesse und die Reproduktion von Ungleichheit. Aufstieg in höhere Statusgruppen wird damit verhindert bzw. erschwert und es kommt zur Verletzung von Identitäten. Somit ist Macht, auch wenn sie unmittelbar im Alltagsleben spürbar wird, zugleich ein strukturelles Phänomen, das losgelöst von Einzelschicksalen betrachtet werden muss. Vor diesem Hintergrund ist es daher notwendig, Klassen, Schichten und Milieus, Prozesse der Stigmatisierung, Stereotypisierung und Diskriminierung und die Herstellung von Vorurteilen näher zu betrachten.

2. Theoretische Grundlagen der »sozialstrukturell-ungerechtigkeitsorientierten« Position

2.1 Soziale Ungleichheiten und Gesellschaft

Asymmetrische Gesellschaftsstruktur

Klassismus geht von einer hierarchisierten Gesellschaftsstruktur aus, in der einige Gruppen über viele wertvolle Güter verfügen, während andere Gruppen, auch da diese Güter endlich sind, wenig oder fast nichts besitzen (Kemper 2016). Als Beispiel soll hier nochmals die Oxfam-Studie über die globale Vermögensverteilung angeführt werden, die statistisch zeigt, dass 1 % der Weltbevölkerung fast zwei Drittel des neuen Vermögens ihr Eigen nennen können (Christensen et al. 2023). In den Sozialwissenschaften wird das Phänomen dieser asymmetrischen Gesellschaftsstruktur unter dem Konzept der sozialen Ungleichheit diskutiert. Obwohl das Konzept der sozialen Ungleichheit zu den wohl wichtigsten Themen der Sozialwissenschaften zählt (Sachweh 2010; Bader und Benschop 1989), existiert dennoch insgesamt kein klarer Konsens, was soziale Ungleichheit auszeichnet und welche Dimensionen und Analyseebenen zu berücksichtigen sind. Nicole Burzan (2011) begründet diese begriffliche Unschärfe damit, dass soziale Ungleichheit als gesellschaftliches Konstrukt stets an ihre historische Zeit gebunden ist und nie objektiv sein kann. Stefan Hradil und Jürgen Schiener (2005) verweisen hier bspw. auf den Bedeutungswandel von Bildungsabschlüssen als »wertvolles Gut« und Ressource. Vor diesem Hintergrund ist eine Präzisierung, auch zu einem besseren Verständnis des Klassismusbegriffs, unabdingbar.

Forschungsüberblick

Krause (2020c) zufolge ist soziale Ungleichheit »jede Art verschiedener Möglichkeiten der Teilhabe an Gesellschaft (der Verfügung über gesellschaftlich relevante Ressourcen[9])«, wobei üblicherweise jeweils größere Personengruppen betroffen sind und jene Ungleichheiten als relativ dauerhaft gelten (Krause 2020c, S. 812). Jene Teilhabe definieren Solga und Kolleg*innen (2009) als ungleichen Zugang zu sozialen Positionen, die ihrerseits systematisch mit vorteilhaften oder nachteiligen Handlungs- und Lebensbedingungen verbunden sind (Solga et al. 2009, S. 15). Im Anschluss an Hradil und Schiener (2005) liegt soziale Ungleichheit somit »dann vor, wenn Menschen aufgrund ihrer Stellung in sozialen Beziehungsgefügen von den ›wertvollen Gütern‹ einer Gesellschaft regelmäßig mehr als andere erhalten« (Hradil und Schiener 2005, S. 30). Dabei ermöglicht die Verfügung über eben jene »wertvollen« Güter (wie bspw. Geld, eine unkündbare Stellung, gesunde Arbeitsbedingungen), Lebens- und Handlungsbedingungen herzustellen, die helfen, allgemein verbreitete Zielvorstellungen[10] einer Gesellschaft zu erreichen (wie z. B. Wohlstand, Sicherheit, Gesundheit, Integration, Ansehen) (Hradil und Schiener 2005). Ungleich verteilt sind die Güter und Positionen zudem dann, wenn sie nicht absolut gleich verteilt sind (z. B. Lohndifferenz zw. Ingenieur*in und Hilfsarbeiter*in). Im Begriff nicht angelegt, so Stefan Hradil und Jürgen Schiener (2005), ist die Antwort auf die Frage, ob soziale Ungleichheit auch zugleich ungerecht oder gar illegitim ist. Sie stellt »nur« eine Ungleichheit fest. Die Frage nach einer nicht gerechten bzw. ungerechten Ungleichheit ist für den Klassismusbegriff jedoch wichtig. Interessanterweise wird diese Frage in einigen Studien zu sozialen Ungleichheiten implizit beantwortet, indem z. B. Vorschläge gemacht werden, wie die jeweilige Ungleichheit beseitigt werden kann. Diese Handlungsorientierungen deuten darauf hin, dass in vielen Studien Ungleichheiten nicht hingenommen und damit als nicht gerecht bewertet werden. Ausführlicher widmet sich diesem Aspekt die Gerechtigkeitsforschung, auf die wir später noch zu sprechen kommen (vgl. Kapitel II. 2.6).

Definition sozialer Ungleichheit

Zusammenfassend kann unter sozialer Ungleichheit demnach die relativ dauerhafte, systematische, da an Gruppenzugehörigkeiten gebundene, ungleiche Verteilung von Teilhabe, Handlungsfähigkeit und/oder Erreichung anerkannter Lebensziele/-zustände, relevanter Ressourcen und sozialer Positionen verstanden werden.

Von »natürlicher Verschiedenartigkeit« über soziale Differenzierung bis hin zu sozialer Ungleichheit

Vier Dimensionen

Veit Michael Bader und Albert Benschop (1989) beziehen sich auf Dahrendorf (1966) und unterscheiden zwischen (1) Ungleichheiten der ›natürlichen‹ Eigenschaften der Individuen oder Ungleichheiten ihrer

›sozialen Lage‹ und (2) Ungleichheiten, welche nicht sozial bewertet werden oder sozial bewerteten Ungleichheiten – beide Achsen sind kombinierbar, sodass vier Dimensionen beschrieben werden können:

> »1. Die natürliche Verschiedenartigkeit des Aussehens, des Charakters, der Interessen sowie 2. die natürliche Verschiedenwertigkeit der Intelligenz, der Talente und Kräfte (wobei zunächst offen bleiben soll, ob es eine solche gibt); entsprechend im Hinblick auf die Gesellschaft [...] 3. die soziale Differenzierung prinzipiell gleichwertiger Positionen und 4. die soziale Schichtung nach Ansehen und Reichtum als Rangordnung des sozialen Status.« (Dahrendorf 1967, S. 355)

Verschiedenartigkeit

Bader und Benschop (1989) unterscheiden daran anschließend natürliche Verschiedenartigkeit, natürliche Verschiedenwertigkeit sowie Arbeitsteilung und Rollendifferenzierung von sozialer Ungleichheit, auch wenn natürliche Verschiedenartigkeit durch gesellschaftliche Machtverhältnisse zu sozialer Ungleichheit führen kann. So sprechen die Autor*innen von natürlicher Ungleichheit, wenn genetisch vorbestimmte, von Geburt aus angelegte äußere Merkmale, wie bspw. Hautfarbe, Körpergröße und Befähigungen, wie Schnelligkeit, hierarchisch gewertet werden und eine ungleiche Teilhabe an Gesellschaft (Zugang zu anderen Ressourcen) zur Folge haben. Eben jene Formen gesellschaftlich verankerter Privilegierung und Benachteiligung aufgrund natürlicher Verschiedenartigkeit hängt von jeweils herrschenden kognitiven und normativen Deutungsmustern und gesellschaftlichen Machtverhältnissen ab (Bader und Benschop 1989; Krause 2020c; Sachweh 2010).

Soziale Differenzierung

Die *soziale Differenzierung* – wie die o. g. Arbeitsteilung und Rollendifferenzierung (z. B. auch religiöse Differenzierung, berufliche Arbeitsteilung) – ist klar von sozialer Ungleichheit zu unterscheiden. Sozialwissenschaftler*innen gehen hier zunächst von einer horizontalen und nicht vertikalen Differenzierung aus, denn Berufe, die zu unterschiedlichen sozialen Tätigkeiten und Positionen führen, können durchaus nebeneinanderstehen, ohne dass sie mit besonderen Privilegien verbunden sind (Sachweh 2010). »Zwar gehen Gruppenzugehörigkeiten und Statusunterschiede[11] empirisch oft miteinander einher, analytisch sind diese beiden Ebenen aber prinzipiell unabhängig voneinander und daher zu trennen.« (Sachweh 2010, S. 23) Soziale Differenzen sind demnach gesellschaftlich verankerte Unterschiede ohne gleichzeitig mit Benachteiligungen oder Privilegien einherzugehen, können aber zur Grundlage sozialer Benachteiligungen werden (Solga et al. 2009).

Vertikalisierung als Motor und strukturelle Ungleichheit

Vertikalisierung

Soziale Ungleichheit ist demnach dann vorhanden, wenn verschiedene soziale Positionen strukturell asymmetrische Ressourcen und ungleiche Belohnungen implizieren und im Sinne einer hierarchischen Rangordnung als ungleichwertig bewertet werden (Bader und Benschop 1989). Relevant sei immer eine Vertikalisierung als Motor sozialer Ungleichheit, indem Ungleichheit der Bewertung zu Ungleichbehandlung führe. Nicht der Vergleich als verschiedenartig, sondern die gleichzeitige Bewertung als besser oder schlechter, wertvoll oder wertlos, höher oder tiefer (in der Bezahlung) führt zu Erscheinungen sozialer Ungleichheit (Hradil und Schiener 2005). »Vertikalisierung aber setzt strukturierte Ungleichheit der Verfügungsgewalt über gesellschaftliche Ressourcen ihrerseits bereits voraus.« (Bader und Benschop 1989, S. 42) Das heißt, ohne Macht und Definitionsgewalt – die unter dem Konzept des Klassismus diskutiert werden –, ohne strukturelle Machtverhältnisse, kann es soziale Ungleichheit nicht geben.

Soziale Lagen

Soziale Ungleichheit wird Bader und Benschop (1989) zufolge auf doppelte Weise strukturell: Die ungleiche Verteilung der Verfügungsgewalt über Ressourcen und Privilegien, die ihrerseits ungleiche Positionen konstituiert, darf nicht zufällig sein. Soziale Lagen müssen sozial institutionalisiert (auskristallisiert, nicht flüssig) sein und ein Mindestmaß an zeitlicher Dauer aufweisen.

> »Nicht alle Vor- und Nachteile, nicht alle Besser- bzw. Schlechterstellungen sind also Erscheinungsformen sozialer Ungleichheit, sondern nur jene, die in gesellschaftlich strukturierter, vergleichsweise be-

ständiger und verallgemeinerbarer Form zur Verteilung kommen.« (Hradil und Schiener 2005, S. 29)

Mobilitätsbarrieren

Eben jene verfestigte Ungleichheit von Positionen wird im Klassismusdiskurs thematisiert, wenn sich Mobilitätsbarrieren zeigen, also bestimmte Individuen, Gruppen oder Organisationen in der Lage sind, strukturell ungleiche Positionen für sich zu monopolisieren oder den Zugang mehr oder weniger drastisch zu beschränken. Das heißt zugleich, dass soziale Ungleichheit immer auch einerseits durch individuelles, kollektives wie gesellschaftliches Handeln produziert und reproduziert wird und andererseits soziale Ungleichheit selbst individuelles und kollektives Handeln strukturiert (Hradil und Schiener 2005). Ebenen der Handlungsstrukturierung können unter anderem die objektive Lebenslage als Lagerungsstruktur der Gesellschaft sein. Sie bildet die ungleiche Verteilung der Verfügungsgewalt über die jeweiligen gesellschaftlichen Ressourcen und dadurch bestimmte ungleiche Privilegien ab. Zum anderen können (die Orientierung an) Habitus und Lebensstile(n) – als spezifische Kombinationen von körperlichen, psychischen, normativen und kognitiven Haltungen oder Dispositionen von Individuen und Gruppen, beeinflusst durch die objektive Lebenslage (siehe Kapitel II. 2.2, 2.4) – Handeln strukturieren (Bader und Benschop 1989). Im Verlauf unserer Ausführungen werden wir zeigen, dass an eben jener (Re-)Produktion und Dauerhaftigkeit sozialer Ungleichheit aufgrund von Klassenzugehörigkeit Klassismus ihren (Erklärungs-)Anteil hat.

Die Unterscheidung zwischen positionaler und allokativer Ungleichheit

Positionale Ungleichheit

Daneben kommt es zu einer Differenzierung zwischen positionaler und allokativer Ungleichheit: *Positionale Ungleichheit* ist hierbei eine Form distributiver Ungleichheit und beruht auf der Differenzierung sozialer Positionen, »insoweit diese mit ungleichen Möglichkeiten der einflusswirksamen Verfügung über Ressourcen, wie z. B. Geld, Macht, Wissen oder Prestige verbunden ist.« (Krause 2020b, S. 812) Zu der oben beschriebenen sozialen Differenzierung bspw. zwischen Berufen oder – allgemeiner formuliert – der Verteilung von Leitungs-

und Ausführungspositionen kommen »ungleichheitsfördernd« daran geknüpfte unterschiedliche Kompetenz- und Ressourcenausstattungen hinzu (Schwinn 2007). »Positionale Ungleichheit ist das Ergebnis strukturell ungleicher Verteilung der Verfügungsgewalt über Objekte.« (Bader und Benschop 1989, S. 190) Grundtypen einer positionalen Struktur können hier Elitepositionen, Interaktionspositionen und Positionen in institutionalisierten Prestigehierarchien sein (vgl. ausführlicher in ebd., S. 192 ff.).

Allokative Ungleichheit

Allkokative Ungleichheit ist ebenfalls eine Form distributiver Ungleichheit und meint die ungleiche Zuweisung von Ressourcen bzw. ungleiche Zugriffsmöglichkeiten auf solche Ressourcen, die ungleiche Möglichkeiten der gesellschaftlichen Teilhabe begründen (Krause 2020a). Thomas Schwinn (2007) zufolge ist hier die Rekrutierung von Individuen oder Gruppen auf die strukturell ungleichen Positionen gemeint. Allokative Ungleichheiten seien, so Bader und Benschop (1989), z. B. rassistische oder sexistische Ungleichheiten.

Dimensionen sozialer Ungleichheit

Dimensionalisierungen

Da im Klassismusdiskurs die Ungleichverteilung von Gütern und Positionen (als ungerecht) kritisiert wird, ist ein Blick darauf angebracht, *welche* Güter und Positionen und damit welche Dimensionen sozialer Ungleichheit grundlegend diskutiert werden. Das ist auch daher notwendig, da unsere spätere Auseinandersetzung mit gesellschaftlichen Bereichen (vgl. Kapitel IV., z. B. Arbeit, Bildung, Wohnen) und darin eingelagerten klassistischen Mechanismen an derartige Dimensionalisierungen anschließt.

Basisdimensionen

Dabei ist zunächst anzumerken, dass aufgrund der »historischen und gesellschaftlichen Variabilität in der Bewertung und Bedeutung bestimmter Dimensionen« (Sachweh 2010, S. 27) keine Einigkeit über die konkret zu benennenden Dimensionen herrscht. Als Basisdimensionen sozialer Ungleichheit werden jedoch wiederkehrend und zentral materieller Wohlstand, Prestige und Macht benannt (Hradil und Schiener 2005). In postindustriellen Gesellschaften kam später noch als vierte Basisdimension Bildung hinzu. Weitere Dimensionen sind beispielsweise Gesundheit, Arbeits-, Wohn- und Umweltbedingungen.

Zum Teil sind die genannten Dimensionen ineinander konvertierbar, d. h. nur logisch, jedoch nicht empirisch voneinander unabhängig.

> »Ungleichheitslagen ergeben sich aus ökonomisch verwertbaren Marktchancen, aus politisch nutzbaren Herrschaftschancen und dem über Bildung erworbenen Wissen sowie der daran hängenden Deutungskompetenz. Schlechte Chancen in einem Feld können durch gute in einem anderen ausgeglichen werden.« (Schwinn 2007, S. 56)

Auch Martin Bolte et al. (1974) halten schon in den 1970er Jahren Einfluss als Macht und Herrschaft, Vermögen und Einkommen, Ansehen und Bildung, aber auch (die Verteilung von) Rechte(n), soziale(r) Sicherheit und Verhaltensautonomie als Dimensionen sozialer Ungleichheit fest (so ähnlich auch Kreckel 2004).

Determinanten sozialer Ungleichheit

Determinanten

Hinsichtlich der Determinanten sozialer Ungleichheit stellt sich die Frage, über welche Einheiten Ressourcen bzw. die eben angeführten Dimensionen ungleich verteilt sind. Oder anders: Aufgrund welcher gesellschaftlicher Struktur- oder Sozialkategorien erleben Akteur*innen bestimmte Zugangsbeschränkungen (Sachweh 2010; Solga et al. 2009)? Zu diesen Determinanten zählen soziale Positionen, wie das Alter, das Geschlecht, die Wohnregion, die natio-ethno-kulturelle(n) Zugehörigkeit(en) aber eben auch die u. a. Klassen(milieu)zugehörigkeit.

> »So ist es an sich kein Vorteil, ein Mann zu sein. Aber mit dem männlichen Geschlecht sind in unserer Gesellschaft beträchtliche Vorteile verknüpft: Unter anderem haben Männer bessere Berufs-, Einkommens- und Durchsetzungschancen.« (Hradil und Schiener 2005, S. 34)

Nicht beeinflussbar vs. konstruiert

Es wird demnach davon ausgegangen, dass mit der Einnahme oder auch Zuweisung bestimmter sozialer Plätze bestimmte Handlungserwartungen und -bedingungen sowie Gelegenheitsstrukturen vordefiniert sind – unabhängig von den persönlichen Eigenschaften (Solga et al. 2009, S. 14). Von einigen Determinanten, wie z. B. Alter,

Behinderung oder Geschlecht, wird behauptet, dass diese quasi-biologisch[12] gegeben, und damit kaum beeinflussbar sind; andere, wie Bildung, Beruf und Familienstand, seien hingegen gesellschaftliche Konstrukte und erworben. Sie sind aus der sozialen Position resultierende Benachteiligungen oder Privilegien (Solga et al. 2009).

Chancen- und Ergebnisungleichheit als Formen sozialer Ungleichheit

Chancen- und Ergebnisungleichheit

Heike Solga, Peter A. Berger und Justin Powell (2009) unterscheiden zwischen zwei Formen sozialer Ungleichheit: der Chancen- und der Ergebnisungleichheit. Chancenungleichheit meint »ungleiche Chancen von sozialen Gruppen beim Zugang zu sozialen Positionen oder Handlungsressourcen (zum Beispiel zu Bildungs-, Arbeitsmarkt- oder Einkommenspositionen) aufgrund zugeschriebener Merkmale« (Solga et al. 2009, S. 21). Ergebnis- bzw. Verteilungsungleichheit bezieht sich hingegen auf Vor- bzw. Nachteile aufgrund des Zugangs zu erstrebenswerten sozialen Positionen oder Besitzes wertvoller Güter. Wir werden für die Zugehörigkeit zu unteren Klassen zeigen, inwieweit aufgrund der sozialen Position »Unterklasse« (als Determinante), bestimmte Güter und Ressourcen (als Dimensionen) sowohl hinsichtlich des Zugangs (z. B. Erreichen von Bildungsabschlüssen, Zugang zu gesundheitlicher Versorgung) als auch hinsichtlich des Ergebnisses bzw. der Verteilung (z. B. von Strafen im Justizsystem, Wohnbedingungen) ungleich verteilt sind.

Was bestimmt soziale Ungleichheit? Die Suche nach der Frage

Ursprung sozialer Ungleichheit

> »Wenn die Menschen von Natur gleichranging sind – woher stammt dann die Ungleichheit im sozialen Bereich?« fragt Ralf Dahrendorf 1967 (S. 358) und weiter: »Wenn alle Menschen frei und gleich an Rechten geboren sind – wie ist es dann zu erklären, daß die einen reich, die anderen arm, die einen angesehen, die anderen unbeachtet, die einen mächtig und die anderen untergeordnet sind?« (Ebd.)

Forschungsfragen

Die Exploration nach dem Ursprung der Ungleichheit gibt hierbei verschiedenste Antworten[13] – in Abhängigkeit auch von der jeweils konkret formulierten Forschungsfrage (Bader und Benschop 1989,

S. 43) und Theorie, die wir im Anschluss noch detaillierter skizzieren werden: sind die Ursachen, die Grundlagen oder die Basis sozialer Ungleichheit von Interesse; sucht man Ursachen für die Entstehung oder die Dauerhaftigkeit sozialer Ungleichheit; fragt man nach Gründen für die Reproduktion und Transformation sozialer Ungleichheit; fragt man nach ursächlichen oder historisch-kausalen Erklärungen, teleologischen oder funktionalen Erklärungen; interessieren Gründe für die Ungleichheit von Positionen oder Ursachen für die ungleiche Rekrutierung oder Allokation von Personen.

Ursachen sozialer Ungleichheit

Was auch immer gesucht wird, es ist nicht leicht zu bestimmen. Schon Bader und Benshop (1989, S. 43 ff.) nehmen hier eine Strukturierung vor. Einen Teil der vorhandenen, unterschiedlich breit diskutierten (oft monokausalen) Erklärungsversuche[14] werden wir, ebenso wie die für soziale Ungleichheit von Schwinn (2007) benannten »Bestimmungsbereiche« Bildung und Arbeitsmarkt (s. u.), vor dem Hintergrund des Klassismusbegriffs diskutieren (siehe u. a. Kapitel II. 1.3). Denn bezüglich der Frage nach zentralen Ursachen sozialer Ungleichheit sind, so u. a. Solga, Berger und Powell (2009), neben Ausbeutungsverhältnissen auch soziale Vorurteile, Stereotypisierungen und Diskriminierungen von Bedeutung und damit Klassismus, wie wir noch sehen werden, eine Erklärung für auf Klassenzugehörigkeit basierende soziale Ungleichheit. Dabei merkt Thomas Schwinn (2007) zur Rolle informeller Herkunftseffekte – neben der Rolle formaler institutioneller Leistungskriterien – für soziale Ungleichheitslagen an, dass sie auf interaktiver Ebene eine erstaunlich stabile Strukturierungswirkung einnähmen, die nicht ausreichend durch Organisationen oder Recht begrenzt würden (Schwinn 2007, S. 59).

Die Sozialstrukturanalyse und die Bedeutung von Klassen-, Schicht- und Milieumodellen

Sozialstrukturanalyse

Dass eben jene »Zufälligkeit, in eine bestimmte Klasse hineingeboren zu sein (=askriptiv), das weitere Lebensschicksal grundlegend bestimmt« (Schwinn 2007, S. 94), befeuert die (kritische) Sozialstrukturanalyse. Als Form der Gesellschaftsanalyse behandelt sie vor allem Fragen der sozialen Ungleichheit. Für die Analyse der Sozialstruktur und sozialer Ungleichheit werden dazu oft Klassen- und Schichtungs-, wie z. T. auch Milieumodelle verwendet (Hradil 1987, S. 7), weshalb sie Burzan (2011) auch als Ansätze zur sozialen Ungleichheit bezeichnet. Eine Stärke der traditionellen Klassen- und Schichtenanalysen, wie z. T. auch Milieukonzepte, ist hierbei ihr Vermögen, die *systematische* Produktion und Reproduktion ungleicher Lebenschancen aufzuzeigen (Schwinn 2007), wie wir sie unter dem Schirm »Klassismus« als »doing class« weiterdenken wollen.

Oben und Unten

Im Anschluss werden wir daher Theorien vorstellen, die als Grundlage für die präzise Definition des Klassismusbegriffs von Bedeutung sind.[15] Hierbei werden wir nicht nur Klassen- sondern auch Schicht- und klassenorientierte Milieutheorien skizzieren (siehe zur Begründung u. a. Kapitel II. 2.5). Die dargelegten Modelle gehen jeweils von einer vertikal strukturierten Gesellschaft aus, die ein »Oben« und »Unten« anhand von Zugängen zu gesellschaftlich wichtigen Ressourcen konstruiert, die für die Analyse von Klassismus Grundvoraussetzung sind.

2.2 Gesellschaft als Klassengesellschaft

Klassenbegriff umstritten

Den essentiellen Teil des Wortes *Klass*ismus bildet der Begriff der *Klasse*.[16] Er ist vermutlich deshalb so relevant, da er einerseits darauf zielt, soziale Ungleichheit (auch in ihren Ursachen) zu erklären, andererseits aber beansprucht, kapitalistische Gegenwartsgesellschaften sowie den sozialen Wandel und die gegenwärtigen Sozialstrukturen zu beschreiben (Bell 2006). So sieht Baron (2014, S. 229) »Klassen [...] in erster Linie [als] analytische Kategorien, die Aussagen über Widersprüche innerhalb des kapitalistischen Systems treffen«. Was aber unter »der Klasse« bzw. »den Klassen« (als gesellschaftliche Strukturierung) zu verstehen ist, wird sehr unterschiedlich diskutiert und definiert. Der Klassenbegriff, so bspw. Bader und Benschop (1989, S. 194), sei (daher) einer »der am meisten umstrittensten Begriffe in den Sozialwissenschaften«.

Klassengesellschaft zurückgekehrt

Dabei greifen aktuelle Gesellschaftsanalysen ebenfalls wieder auf das Klassenkonzept zurück, auch in Anlehnung an die hier vorzustellenden Klassiker Karl Marx und Friedrich Engels, Max Weber und Pierre Bourdieu, und skizzieren die Ungleichverteilung wichtiger gesellschaftlicher Güter als gesellschaftliche Herausforderung. Besonders hervorzuheben sind hier die aktuelleren Arbeiten von Reckwitz (2020; Reckwitz 2019) oder Nachtwey (2018), die feststellen und zugleich zeigen: die Klassengesellschaft ist zurück im Diskurs und darüber zu sprechen löst keine weitreichenden Irritationen mehr aus. »Wir haben es in der Spätmoderne (wieder) mit einer Klassengesellschaft zu tun.« (Reckwitz 2020, S. 275).

H. Schelsky

Dass lange nicht von Klassen und Klassengesellschaft gesprochen wurde, kann auch als eine Reaktion auf Gesellschaftsdiagnosen gedeutet werden, die von einer Nivellierung und teils Klassenlosigkeit der Gesellschaft ausgingen. Eine derartige gesellschaftliche Zustandsbeschreibung findet sich u. a. bei Helmut Schelsky (*1912, †1984). Anhand eigener empirischer Untersuchungen »über die gegenwärtigen sozialen Verhaltensweisen der deutschen Familie sowie über die Rolle der arbeitenden und arbeitslosen Jugend« konstatiert er für die Bundesrepublik der 1960er Jahre eine Nivellierung der Klassengrenzen. Aufgrund weitreichender sozialer Aufstiegs- und Abstiegsprozesse komme es zu einer »sozialen Nivellierung in einer verhältnismäßig einheitlichen Gesellschaftsschicht, die ebenso wenig proletarisch wie bürgerlich ist; d. h. durch den Verlust der Klassenspannung und sozialen Hierarchie gekennzeichnet ist.« (Schelsky 1965, S. 332) Mit der Nivellierung des realen wirtschaftlichen und politischen Status, so Schelsky (1965) weiter, würden sich auch sozial-kulturelle Verhaltensformen in einer »nivellierten Mittelstandsgesellschaft« (Schelsky 1965, S. 332) widerspiegeln, die als »kleinbürgerlich-mittelständisch« (Schelsky 1965, S. 332) charakterisiert werden können und eben *keine* hierarchische Gliederung (mehr) abbilden. Soziale Mobilität sei dann kein Umschichtungsvorgang mehr, sondern ein Entschichtungsvorgang, der zum Bedeutungsverlust gesellschaftlicher Schichten beitrage.

Sozialer Nivellierungsprozess

Schelskys Analysen folgend entzögen sich nur noch wenige kleinere Gruppen diesem sozialen Nivellierungsprozess. Der Großteil der deutschen Gesellschaft würde das Gefühl entwickeln, »nicht mehr ganz ›unten‹ zu sein, sondern an der Fülle und dem Luxus des Daseins schon teilhaben zu können.« (Schelsky 1965, S. 332) Dabei wirke seiner Argumentation folgend vorrangig die Massenproduktion von Konsum-, Komfort- und Unterhaltungsgütern mit an der »Überwindung des Klassenzustandes der industriellen Gesellschaft« (Schelsky 1965, S. 333) und führe zugleich zur »Uniformierung in Lebensstil und sozialen Bedürfnissen.« (Ebd.)

Klassenlose Gesellschaft

Schelskys (und Ulrich Becks, wie wir später sehen werden) Anti-Klassentheorie oder auch: »Analyse der Klassenlosigkeit« (Geißler 2014a, S. 96) hat – so lässt sich also vermuten – zu einer weitgehenden Distanzierung vom Klassen- und Schichtbegriff beigetragen und die Idee einer »klassenlosen Gesellschaft« verstärkt. Dabei wurde sie schon in den 1960ern und 1970ern von zentralen Vertretern wie Ralf Dahrendorf und Karl Martin Bolte stark kritisiert.

> »Dennoch ist unsere Gesellschaft – von den gröberen Abstufungen des Besitzes und Einkommens, des Prestiges und der Macht ganz abgesehen – durch eine solche Vielfalt ebenso subtiler wie tiefgehender Unterschiede des Ranges gekennzeichnet, daß die gelegentlich gehörte These einer Nivellierung der Ungleichheit nur Staunen erregen kann.« (Dahrendorf 1967, S. 353)

Vertikal vs. horizontal

So existierten in der Bundesrepublik der 1960er Jahre weiterhin Mobilitätsbarrieren, wären Lebenschancen ungleich verteilt und schichtspezifische Mentalitäten würden fortleben (Burzan 2011; Geißler 2014a). Klassen und Schichten, so Rainer Geißler (2014a), lösten sich als Ergebnis des Modernisierungsprozesses nicht etwa auf, sondern würden dynamischer und pluraler und so spielen neben vertikalen Dimensionen, wie Einkommen oder Vermögen, auch horizontale Dimensionen wie Geschlecht oder natio-ethno-kulturelle Zugehörigkeit(en) eine Rolle. Dominant hinsichtlich der Lebenschancen bleiben aber Bildung und Beruf (Geißler 2014a).

> »Die radikale Kritik an den Schicht- und Klassenkonzepten, die lang andauernde heftige Kontroverse um die Relevanz der vertikalen (›alten‹) Ungleichheiten und ein Mainstream in der Sozialstruktur-

> forschung, der von der Auflösung der Klassen und Schichten ausgeht, sind Kennzeichen eines deutschen Sonderweges der Sozialstrukturanalyse, der weder in Europa noch in Nordamerika ein entsprechendes Pendant hat. Dort gehören Klasse und Schicht – trotz vereinzelter kritischer Stimmen dazu – nach wie vor zu den bewährten soziologischen Grundbegriffen, die zur Analyse einer modernen Sozialstruktur als unverzichtbar gelten.« (Geißler 2014a, S. 127)

Dabei bliebe die moderne Schichtstruktur eher latent, der Alltagsbeobachtung entzogen, in der »Tiefenstruktur« einer Gesellschaft verankert: So finde sich beispielsweise in fast jedem Haushalt ein Fernseher, was und wie lange geschaut werde, sei jedoch schichtspezifisch unterschiedlich (Geißler 2014a) und die Marke wie auch die Preise der Endgeräte (feine Unterschiede) unterschieden sich.

Polarisierte Gesellschaft

Wie wir im Verlauf des Buches anhand von Studien noch deutlicher zeigen werden, können wir gegenwärtig in keiner Weise von einer nivellierten Gesellschaft, sondern vieler eher von einer polarisierten Gesellschaft reden (u. a. Christensen et al. 2023; Hartmann 2018; Groh-Samberg et al. 2020; Chancel et al. 2022),

> »Die Dynamik der spätmodernen Gesellschaft umfasst also zwei Richtungen: Nach oben steigt eine neue Mittelklasse aus der traditionellen Mittelklasse empor, nach unten fällt eine prekäre Klasse aus ihr heraus – wir befinden uns im spätmodernen Paternoster.« (Reckwitz 2019, S. 86)[17]

Vier Ansätze

Deshalb werden wir zunächst wichtige Klassentheorien, Schicht- und Milieumodelle, auf die Klassismusforscher*innen z. T. direkt oder auch indirekt Bezug nehmen, genauer vorstellen. Der jeweils aufgerufene Klassenbegriff wirkt sich hierbei auf die Verwendung des Konzeptes Klassismus aus. Aufgrund der Seitenbeschränkung fokussieren wir uns im Rahmen der Klassenmodelle auf die Ansätze von Karl Marx und Friedrich Engels, Max Weber und Pierre Bourdieu, die wir in historischer Reihenfolge skizzieren und die zum Teil auch aufeinander aufbauen.

Gemeinsamkeiten

Bevor wir nun Klassenanalysen vorstellen, möchten wir jedoch folgende, über die sich inhaltlich unterscheidenden Klassentheorien hinweg formulierbare Gemeinsamkeiten der Klassenanalysen festhalten, die sich zugleich von Schichtanalysen sowie Milieuanalysen unterscheiden (Geißler 2014a; Burzan 2011): (a) Für Klassenanalysen und damit die Einteilung einer Gesellschaft in Klassen stehen, neben Merkmalen wie z. B. Bildung oder auch Beziehungen, besonders ökonomische Kriterien im Fokus der Beschreibung. Gemeint sind hier insbesondere die Stellung im Produktionsprozess und der Besitz oder der Nicht-Besitz von Produktionsmitteln. Aktuelle Theorien berücksichtigen jedoch auch die Verbindung unterschiedlicher Kapitalsorten, jenseits von ökomischen Gütern, und stellen damit eine Verbindung zu Milieutheorien her. (vgl. Kapitel II. 2.4) (b) Es stehen immer auch Konflikt- und Machtbeziehungen sowie deren Ursachen im Zentrum der Analyse. (c) Klassen werden stets in ihrem historisch-sozialen Kontext gesehen (Geißler 2014). Angelehnt an Solga et al. (2009) handelt es sich beim Klassenkonzept zudem nicht um ein hierarchisches, sondern um ein relationales Konzept – sodass es die Klasse der Besitzenden/Herrschenden nur geben kann, wenn es auch eine besitzlose/beherrschte Klasse gibt. Demzufolge existieren – wenn von Klassengesellschaft die Rede sein soll – immer mindestens zwei Klassen. Die Beziehungen zwischen ihnen werden, wie eben bereits genannt, durch unterschiedliche Kapitalsorten bestimmt (wobei den ökonomischen Ressourcen die bedeutendste Rolle eingeräumt wird) und die Klassen sind als gegensätzlich zu betrachten. Vor diesem Hintergrund entwickeln sich nicht nur Ungleichverteilungen von Kapitalsorten, sondern es entstehen auch Konflikt- und Machtfragen (vgl. Kapitel II. 1.1).

Karl Marx und Friedrich Engels

K. Marx/F. Engels

Eines der wohl bekanntesten Klassen-Konzepte geht auf Karl Marx und Friedrich Engels zurück. Zusammen entwarfen sie die bekannte 23-seitige Schrift »Manifest der kommunistischen Partei«, die im Jahre 1848 erschien (Marx und Engels 1848). Beide Autoren gelten zwar nicht als Begründer des Klassenbegriffs, jedoch sind sie einflussreiche Wegbereiter der Klassentheorie. Sie haben mit ihren Schriften zu politischen Bewegungen in der Mitte des 19. Jahrhundert beigetragen und insbesondere die Arbeiter*innenbewegung mit ihren Ideen mitgeprägt. Ihre Grundgedanken besitzen heute immer noch großen politischen Einfluss in der ganzen Welt, vor allem in der als linkspolitisch definierten Szene, und dienen als Basis vieler moderner Klassen- und Schichttheorien.

Kommunistisches Manifest

Der *Bund der Kommunisten*, dem Karl Marx angehörte, wollte keine reine wissenschaftliche Abhandlung zur sozialen Klassengesellschaft verfassen, sondern auch konkrete politisch-gesellschaftliche Veränderung einleiten. So heißt es schon im Manifest der kommunistischen Partei: »Es ist hohe Zeit, daß die Kommunisten ihre Anschauungsweise, ihre Zwecke, ihre Tendenzen vor der ganzen Welt offen darlegen, und den Mährchen vom Gespenst des Kommunismus ein Manifest der Partei selbst entgegenstellen.« (Marx und Engels 1848, S. 3) Durch die Übersetzung des »Manifest der kommunistischen Partei« in die englische, französische, italienische, flämische und dänische Sprache sollte eine breite Masse von Unterdrückten erreicht werden.

Proletariat vs. Bourgeoisie

Nach Marx und Engels ist die Gesellschaft, auch aus historischer Perspektive, hierarchisch gegliedert und durch Ungleichheitsstrukturen gekennzeichnet. Im »Manifest der kommunistischen Partei« sprechen die Autoren von zwei großen Lagern: dem Proletariat und der Bourgeoisie.[18] Beide Gruppen werden als Klassen bezeichnet, die sich durch die Verteilung von Produktionsmitteln (z. B. Fabriken, Eigentum) in Besitzende (Bourgeoisie) und Nicht-Besitzende (Proletariat) differenzieren lassen (Burzan 2011, S. 15). Das Proletariat und die Bourgeoisie stehen sich aufgrund unterschiedlicher gesellschaftlicher Interessen (konflikthaft) gegenüber, wobei die Zugehörigkeit zu den jeweiligen Klassen durch die Besitzverhältnisse zementiert ist. Durch die ungleiche Produktionsmittelverteilung ist es dem Proletariat nicht möglich Kapital bzw. Eigentum anzueignen oder durch Investitionen in die herrschende Klasse der Bourgeoisie aufzusteigen (Groß 2015, S. 21). Dieses Verhältnis wird daher als Beziehung von ›Ausbeutern und Ausgebeuteten‹ bzw. ›Unterdrückern und Unterdrückten‹ beschrieben (Marx und Engels 1848). Es handelt sich somit um Konfliktgruppen, die in asymmetrischen Strukturen voneinander abhängig sind. Das Proletariat wird durch die Abhängigkeitsarbeit von der Bourgeoisie unterdrückt und durch das Lohnarbeitsverhältnis ausgebeutet. Indem die Bourgeoisie sich Kapital aneignet und durch die Produktionsmittel Gewinn erwirtschaften kann, befindet sich das Proletariat, die Lohnarbeiter*innen, in Abhängigkeitsarbeit, um ihren Lebensunterhalt zu verdienen. Durch das Ziel der Gewinnmaximierung, kommt es zur Ausbeutung des Proletariates, das kaum eine Möglichkeit besitzt, aus dieser Spirale der Lohnarbeit zu entkommen (Groß 2015, S. 21). Ferner kann die Entlohnung der Arbeiter*innen durch die Abhängigkeit so weit reduziert werden, bis diese ausschließlich für das Existenzminimum reicht.

> »Die wesentlichste Bedingung für die Existenz und für die Herrschaft der Bourgeoisklasse ist die Anhäufung des Reichthums in den Händen von Privaten, die Bildung und Vermehrung des Kapitals. Die Bedingung des Kapitals ist die Lohnarbeit.« (Marx und Engels 1848, 10 f.)

Ungleichverteilung

Die Verteilung des Privateigentums ist für Marx somit das wichtigste Element für die Klassenbildung (Marx 1923), dennoch kommt es dadurch auch zu einer sozialen und politischen Unterdrückung. Die Ungleichverteilung der Produktionsmittel wirkt sich ebenfalls auf das Rechtssystem, den kulturellen Sektor, auf die Politik sowie das religiöse System aus.

»Klasse an sich«

Die Zugehörigkeit zu einer Klasse wird in Anlehnung an Marx nochmals unterschieden (Burzan 2011). Befindet sich ein Individuum in einer Klasse, ohne sich dieser Zugehörigkeit bewusst zu sein, dann spricht man von »Klasse an sich«. Eng genommen bildet sich daher keine Klasse im Sinne eines Klassenbewusstseins.

> »Insofern ein nur lokaler Zusammenhang […] besteht, die Dieselbigkeit ihrer Interessen keine Gemeinsamkeit, keine nationale Verbindung und keine politische Organisation unter ihnen erzeugt, bilden sie keine Klasse. Sie sind daher unfähig, ihr Klasseninteresse im eigenen Namen, sei es durch ein Parlament, sei es durch einen Konvent geltend zu machen.« (Marx 1869, S. 189)

Klassenbewusstsein

Sind sich die Individuen ihrer Mitgliedschaft ihrer Klasse bewusst, handeln sie solidarisch und organisiert, werden sie zu einer »Klasse (für sich)«. Indem die Individuen gemeinsame Interessen sowie gleiche Ideen bündeln und eine Art politische Gruppierung bilden, entsteht ein *Klassenbewusstsein* und damit eine Klasse (Dahrendorf 1957).

Konflikte innerhalb Klassen

Auch wenn Marx die Gesellschaft in zwei Klassen differenziert, zwischen denen es zu einem Klassenkampf kommen kann, macht er zugleich deutlich, dass innerhalb der Klassen Konflikte bestehen (können). Beispielsweise ist die Bourgeoisie keine Klasse ohne Antagonismen. Auch hier kommt es zu Machtkämpfen, denn um Reichtum und Wachstum auf lange Zeit zu gewährleisten, muss die Bourgeoisie zugunsten der eigenen Position weiter verkleinert werden.

Klassenidentität

Dadurch wird mit der Zeit auch der Kreis der Bourgeoisie klein und elitär gehalten (Herz 1983, S. 23). Festzuhalten ist, dass die Gesellschaft in zwei Klassen eingeteilt wird, die sich durch Besitz und Nicht-Besitz, aber auch durch ihre gruppenbezogenen Lebenslagen und ihren Lebensstil unterscheiden. Hierbei versucht die Bourgeoisie das Proletariat auszubeuten, um Reichtum und Macht aufrechtzuerhalten, was Marx und Engels hauptsächlich an den Produktionsmitteln festmachen. Von Klasse kann man dabei sprechen, wenn sich eine Klassenidentität ausbildet.

Max Weber

Gesellschaftsanalyse

Anders als bei Karl Marx und Friedrich Engels hat Max Weber mit seiner Theorie keine direkte politisch-gesellschaftliche Umwälzung als Ziel, sondern im Fokus steht eine weiterentwickelte Gesellschaftsanalyse – auch wenn der Marxismus, der vor allem durch die von Karl Marx und Friedrich Engels gegründete »Erste Internationale« propagiert wurde – seine Arbeit beeinflusst hat. Gleichwohl war Weber in seinem Leben auch politisch aktiv und wurde hierbei u. a. von der italienischen Nationalbewegung gegen den Liberalismus und Nationalismus inspiriert (Schöllgen 1998, S. 11).

»Wirtschaft und Gesellschaft«

In seinem Werk »Wirtschaft und Gesellschaft«, dass von 1909 bis nach seinem Tod im Jahre 1920 von seiner Frau zusammengeführt wurde, löst er sich von dem rein ökonomischen Aspekt zur Einteilung von Gruppen innerhalb einer Gesellschaft. Seine Untersuchungen und Ausführungen konzentrieren sich neben dem ökonomischen Aspekt auch auf weitere Faktoren von sozialen Ungleichheiten. Der Soziologe unterscheidet vor diesem Hintergrund zwischen *Klassen, Stände* und *Parteien*. Er macht deutlich, dass die »Phänomene der Machtverteilung innerhalb einer Gemeinschaft [...] nun die ›Klassen‹, ›Stände‹ und ›Parteien‹« (Weber 1980, S. 531) darstellen. Diese Einteilungen sollen Lebensumstände, Bildungsunterschiede und die Machtverteilung in der Gesellschaft verdeutlichen. Max Weber verortet die Konzepte *Klassen, Stände* und *Parteien* wie folgt:

> »Während die ›Klassen‹ in der ›Wirtschaftsordnung‹, die ›Stände‹ in der ›sozialen Ordnung‹, also in der Sphäre der Verteilung der ›Ehre‹, ihre eigentliche Heimat haben und von hier aus einander gegenseitig sowie die Rechtsordnung beeinflussen und wiederum durch diese beeinflußt werden, sind ›Parteien‹ primär in der Sphäre der ›Macht‹ zu Hause.« (Weber 1980, S. 539)

Parteien

Parteien können als institutionelle Interessengruppen bezeichnet werden, deren Handlungen auf Macht ausgerichtet sind und die miteinander in Konkurrenz stehen. Aus der Macht können jedoch auch Ehre und Prestige für die Anhänger*innen dieser Parteien, als auch für die Anführer*innen, abgeleitet werden. Sie sind Organisationen zwischen Gesellschaft und Staat, deren Gründung »prinzipiell in einem geselligen ›Klub‹ ebenso gut [...] wie in einem ›Staat‹ « (Weber 1980, S. 539) möglich ist. Dabei können sie aus Klassen- oder Ständeinteressen hervorgehen. Um jedoch Machtpositionen einzunehmen, müssen sie ihr eigenes Parteiprogramm durchsetzen, um dadurch Parteianhänger*innen zu gewinnen und zu binden (Weber 1980, S. 167).

Stände

Für die Strukturierung der Stände spielt das Konzept der ›Ehre‹ eine entscheidende Rolle und bestimmt, inwieweit Individuen durch ihre Mitgliedschaft zu einem Stand als positiv oder negativ privilegiert bewertet werden können. Zentrale Faktoren sind hier besonders die Lebensführungsart, die formale Erziehung sowie das Abstammungs- und Berufsprestige (Weber 1980, S. 179 f.). Daneben geht das Konzept der Ehre mit einer spezifischen Lebensführung einher, die die Zugehörigkeit zu einem Stand verdeutlicht und determiniert (z. B. Wohnsituation, Kleidungstil). Dies wiederum ist nicht losgelöst von ökonomischen Faktoren zu betrachten, da der Lebensstil vermögensintensiv sein kann (Weber 1980, S. 535). Im Unterschied zur Klasse sind Stände zusammenhängende, aber auch amorphe Gemeinschaften, da sich die Mitglieder untereinander nicht unbedingt persönlich kennen müssen (Burzan 2011, S. 22). Dennoch stehen die Stände durch vorgegebene Normen durch *Commensalität* (z. B. Mitgliedschaften, Einladungen zu Festen) und *Conubium* (z. B. Liebes- und Heiratsbeziehungen) in sozialem Austausch. Durch diese Lebensführungen und Regelung der sozialen Netzwerke kommt es zu sozialen Schließungen, weshalb die einzelnen Stände zu geschlossenen Gesellschaftsstrukturen neigen. Obwohl Weber keine genaue Anzahl bestimmter Stände aufführt, unterscheidet er die Berufsstände, Geburtsstände und die politischen Stände (Weber 1980, S. 180).

Klassenlage

Weber definiert Klasse wie folgt: »›Klasse‹ soll jede in einer gleichen Klassenlage befindliche Gruppe von Menschen heißen.« (Weber 1980, S. 177) Die Klassenlage basiert hierbei auf der Güterversorgung, der äußeren Lebensstellung und dem inneren Lebensschicksal. Güterversorgung beinhaltet die Möglichkeiten und Wahrscheinlichkeiten, Güter beschaffen zu können, die für den eigenen Lebensunterhalt erforderlich sind. Die äußere Lebensstellung umfasst die Aussichten auf Einkommen und Erwerb, während das innere Lebensschicksal sich auf die Formierung der sozialen Züge im Verhältnis zum Subjektwerden bezieht (Ritsert 1998, 78 f.). Anders ausgedrückt: Es geht um Lebenschancen, die auf der Güterversorgung aber auch auf äußere Lebensstellungen (z. B. kein*e Kapitalbesitzer*in zu sein) basieren, und um das innere Lebensschicksal, sich z. B. Kapitalbesitzer*innen fügen zu müssen (Steinbicker 2020). Vor diesem Hintergrund unterscheidet Weber drei unterschiedliche Klassen (Weber 1980, S. 177).

Besitzklasse

Als erste ist die *Besitzklasse* zu nennen, die sich durch Besitz und Besitzlosigkeit definiert: »Besitzklasse soll eine Klasse insoweit heißen, als Besitzunterschiede die Klassenlage primär bestimmen.« (Weber 1980, S. 177) In diesem Zusammenhang stellt Weber die Monopolbildung ins Zentrum der Ungleichheitsverteilung und meint damit die Chance, sich Vorteile zulasten von anderen verschaffen zu können (Ritsert 1998, 79 f.). Dabei kommt es zu einer weiteren Unterscheidung zwischen *»positiv privilegierten Besitzklassen«* und *»negativ privilegierten Besitzklassen«*. Die Individuen der ›positiv privilegierten Besitzklassen‹ sind diejenigen, die vom Monopol profitieren. Eine Monopolstellung kann beispielsweise durch den Kauf oder Verkauf bestimmter Güter, die Vermögensbildung durch unverbrauchte Überschüsse, die Kapitalbildungschancen durch Sparen, sowie die Verfügung über ständische Erziehungsprivilegien erreicht werden. Demnach gehören ›Besitzer*innen‹ von Menschen (Sklavenbesitzer*innen), von Boden (Vermieter*innen von Häusern, Verpächter*innen), von Bergwerken, von Arbeitsanlagen, Gläubiger*innen und Anteilseigner*innen, zu den positiv privilegierten.[19] »Negativ privilegierte Besitzklassen« sind Nicht-Besitzende wie Unfreie (z. B. Sklav*innen), Deklassierte (z. B. land- und besitzlose Lohnabhängige, die keine Sklav*innen sind), Verschuldete und Arme, die nicht genug Besitz zum Leben haben. Dazwischen ist die Mittelstandsklasse anzusiedeln. Dazu gehören beispielsweise Bauern und Bäuerinnen, Handwerker*innen und Beamt*innen (Weber 1980, S. 177).

Als nächste folgt die *Erwerbsklasse*, deren Unterscheidung auf Leistungsvermögen, Qualifikationen und Talenten basiert. »Erwerbsklasse soll eine Klasse insoweit heißen, als die Chancen der Marktverwertung von Gütern oder Leistungen die Klassenlage primär bestimmen.« (Weber 1980, S. 177) Die »positiv privilegierten Erwerbsklassen« beeinflussen die Monopolisierung, indem sie die Güterbeschaffung in ihrem eigenen Erwerbsinteresse leiten und somit ihre eigenen Erwerbschancen beeinflussen und sichern, auch auf politischer Ebene. Diese positiv Privilegierten sind beispielsweise Unternehmer*innen wie Händler*innen, Bankiers sowie freie Berufe (z. B. Anwält*in, Ärzt*in). *»Negativ privilegierte Erwerbsklassen«* sind gelernte, angelernte, ungelernte Arbeiter*innen. Auch hier besteht eine Mittelstandsklasse. Zu denen gehören selbstständige Bauern und Bäuerinnen und Handwerker*innen sowie öffentliche und private Beamt*innen (Steinbicker 2020).

Erwerbsklasse

Soziale Klasse

Quer dazu liegt die *soziale Klasse*, die die Chancen einer Mobilität ermöglicht (Groß 2015, S. 25 f.). Weber definiert die soziale Klasse wie folgt: »Soziale Klasse soll die Gesamtheit derjenigen Klassenlagen heißen, zwischen denen ein Wechsel α. persönlich, β. in der Generationenfolge leicht möglich ist und typisch stattzufinden pflegt.« (Weber 1980, S. 177) An dieser Stelle verzichtet Weber auch auf die Einteilung der Klasse in positiv und negativ privilegierte Klassenlagen. Zugehörige dieser Klasse sind die Arbeiterschaft als Ganzes, das Kleinbürgertum, Techniker*innen, kommerzielle und andere Angestellte, das Beamtentum und die Klassen der Besitzenden und durch Bildung Privilegierte (Weber 1980, S. 179).

Obwohl in der theoretischen Ausführung Klassen und Stände sich unabhängig voneinander entwickeln und bestehen, gibt es durchaus Überschneidungen. So führt Weber aus:

> »Ständische Lage kann auf Klassenlage bestimmter oder mehrdeutiger Art ruhen. Aber sie ist nicht durch sie allein bestimmt: Geldbesitz und Unternehmerlage sind nicht schon an sich ständische Qualifikationen, – obwohl sie dazu führen können –, Vermögenslosigkeit nicht schon an sich ständische Disqualifikation, obwohl sie dazu führen kann. Andererseits kann ständische Lage eine Klassenlage mit- oder selbst allein bedingen, ohne doch mit ihr identisch zu sein.« (Weber 1980, S. 180)

Dadurch ergibt sich, dass die Klasse und der Stand sich untereinander zum Teil oder komplett beeinflussen können, aber nicht müssen.

Gesellschaftsgruppen existieren

Zusammenfassend kann hier festgehalten werden, dass Max Weber ein weitaus komplexeres Bild der Gesellschaft zeichnet, was wohl auch der Epoche geschuldet ist, in der er lebt. Auch ist sein Modell nicht so starr wie bei Karl Marx und Friedrich Engels und bezieht sich nicht nur allein auf die Produktionsgüter, sondern Faktoren wie z. B. Macht und Ehre mit in die Analyse ein. Dennoch geht er davon aus, dass Gesellschaftsgruppen existieren, die sich ähnlich sind und die als Gruppe sozial benachteiligt werden.

Pierre Bourdieu

Bourdieu analysiert vor allem die vorherrschenden Machtverhältnisse in der französischen Gesellschaft der 1970er Jahre. Seine Forschungen und Theorien lehnen sich beispielsweise an Karl Marx und besonders an Max Weber an, deren Klassentheorien der französische Soziologe weiterentwickelt. Bourdieu befasst sich mit vielen Gesellschaftsthemen wie z. B. Religion und Bildung, wobei er sich hauptsächlich den Fragen widmet, was soziale Ungleichheit ist, wie diese konstruiert wird und welche Folgen sie hat. Es geht ihm dabei darum, wie Individuen gemeinschaftliche Denk-, Wahrnehmungs- und Handlungsweisen entwickeln und sich voneinander abgrenzen. Machtverhältnisse

Soziale Klasse kann nach Bourdieu wie folgt definiert werden:

> »Eine soziale Klasse ist [...] definiert durch die Struktur der Beziehung zwischen allen relevanten Merkmalen, die jeder derselben wie den Wirkungen, welche sie auf die Praxisformen ausübt, ihren spezifischen Wert verleiht.« (Bourdieu 1987, S. 182)

Um diese Definition zu konkretisieren, müssen bestimmte Begriffe seines Konzepts wie Kapitalsorten, Sozialer Raum und Habitus näher erörtert werden.

Die relevanten Merkmale, die miteinander in Verbindung stehen, leitet Bourdieu aus Statistiken ab und umfassen Aspekte wie beispielsweise Berufsstellung, Bildungsabschluss, Geschlecht oder auch Einkommen (Bourdieu 1987, S. 182). Diese Merkmale werden von Bourdieu in sogenannte Kapitalsorten theoretisch zusammengeführt und unterteilt (Bourdieu 1983). Hierbei sind es vier unterschiedliche Kapitalsorten, mit denen ein Individuum, mehr oder weniger, ausgestattet sein kann. Da wäre zuerst das *ökonomische Kapital* zu nennen. Darunter fallen Besitztümer die auf direkten oder indirekten Wegen zu Geld transformiert werden können. Aber auch die verschiedenen Formen von Vermögensbeständen, wie z. B. Produktivvermögen, Geldvermögen, Sachvermögen, Grundbesitz sowie das Einkommen durch Lohneinkommen, Gewinnentnahmen, Zinsen oder Mieten werden hier unter ökonomischem Kapital zusammengefasst (Fuchs-Heinritz und Kapitalsorten

König 2014, S. 163 f.). Zweitens führt Bourdieu das *kulturelle Kapital* an, welches in drei Unterarten differenziert wird. Das (a) ›*inkorporierte Kulturkapital*‹ wird durch Verinnerlichungsprozesse, wie z. B. Lernen, an den Körper gebunden. Der Prozess kann als Bildung bezeichnet werden, schließt aber auch Körperkraft ein und kann nur durch eigene Anstrengung über einen Zeitraum erworben werden. Vererbbar oder eine andere Weitergabe ist ausgeschlossen. Ferner ist es nicht direkt in ökonomisches Kapital umwandelbar. Inwieweit bestimmte Dinge (z. B. Klavierspielen, Akzentfreisprechen) erlernt werden können, hängt stark von der Sozialisation innerhalb eines gewissen Herkunftsmilieus ab (Bourdieu 1983, S. 186 f.). Daneben existiert zweitens das (b) ›*objektivierte Kulturkapital*‹. Dieses zeichnet sich durch den Besitz von materiellen Kulturgütern, wie z. B. Büchern, Kunstgütern oder/und Musikinstrumenten aus. Diese Kapitalform ist, da vielen Gegenständen (z. B. Bildern) ein Geldpreis zugeordnet werden kann, leicht in ökonomisches Kapital zu transformieren und kann daher auch vererbt oder weitergegeben werden. Um aber den Wert von diesen Kulturgütern taxieren zu können, muss Wissen über die Kulturgüter (inkorporiertes Kulturkapital) vorhanden sein (Bourdieu 1983, S. 188 f.). Ein weiterer Bestandteil des kulturellen Kapitals ist das (c) ›*institutionalisierte Kulturkapital*‹. Darunter versteht man Bildungstitel (z. B. Promotionstitel) oder auch Abschlusszeugnisse (z. B. Schulzeugnis). Damit werden (nur) Teile des inkorporierten Kulturkapitals durch Institutionen (z. B. Schule oder Universität) zertifiziert sowie Wissen legitimiert. Diese Titel können dann gegen ökonomisches Kapital eingetauscht werden (Bourdieu 1983, S. 189 f.). Als ›*soziales Kapital*‹ werden die Ressourcen verstanden, die aus den sozialen Netzwerken gezogen werden können (z. B. Geldleihen, emotionale Unterstützung). Dazu gehören Beziehungen zu Menschen (z. B. Freund*innen, Bekannte, Nachbar*innen) und/oder die Mitgliedschaft zu Gruppen, Vereinen oder anderen Zusammenschlüssen, die Ressourcen haben, die man selbst nicht besitzt. Institutionalisiert werden diese Beziehungen beispielsweise durch die Übernahme eines gemeinsamen Namens, der die Zugehörigkeit zu einer Familie oder der Mitgliedschaft einer Partei oder exklusiven Vereinigungen (z. B. Yachtclub) (Fuchs-Heinritz und König 2014, S. 168 f.). Der Aufbau oder auch die Konservierung von sozialen Netzwerken unterliegt hierbei bestimmten Investitionsarbeiten (z. B. Veranstaltung von Partys, kleine Geschenke), um materiellen oder symbolischen Gewinn zu generieren. Daneben kommt es zu Verpflichtungen der Mitglieder einer Gruppe, wie z. B. das Zollen von Anerkennung und Respekt. Gleichzeitig werden Grenzen aufgestellt, die bestimmtes Handeln ausschließlich innerhalb dieser Gruppen zulassen, wie z. B. die Heirat unter bestimmten Mitgliedern. Eine weitere Kapitalart, ist das *›symbolische Kapital‹*. Darunter fallen vor allem das Prestige, Statussymbole und das Renommee eines Individuums. Diese werden beispielsweise durch Formen der Anerkennung und Legitimation, wie z. B. (Film-, Literatur-, Musik-)Preise, Bildungstitel, Auszeichnungen oder auch durch Statussymbole, wie Markenkleidung, sichtbar gemacht (Fuchs-Heinritz und König 2014, S. 171 f.). Diese besondere Form von Kapital legitimiert, gewährleistet und macht die soziale Anerkennung und Wertschätzung der anderen drei Kapitalarten greifbar (Bourdieu 2016, S. 11 f.).

Um Klassen bilden zu können, entwickelt Bourdieu das Konzept des *»sozialen Raums«*. Mithilfe des sozialen Raums erfasst Bourdieu die Stellung des Individuums innerhalb einer Gesellschaft, in dem dieses vor dem Hintergrund der jeweiligen zur Verfügung stehenden Kapitalausstattung angeordnet werden. Relevant ist also das Volumen der vier beschriebenen Kapitalsorten sowie deren Zusammensetzung und hier vorrangig das ökonomische und kulturelle Kapital (Bourdieu 1987, S. 279). Neben dieser »objektiv«, wissenschaftlichen Zuordnung der Kapitalausstattung der Individuen, werden auch Lebensstile, Wertvorstellungen, Geschmäcker und/oder Konsumverhalten erhoben und mit der »objektiven« Verortung im sozialen Raum in Verbindung gesetzt. Hierbei stellt Bourdieu heraus, dass die Kapitalausstattung und somit die Position innerhalb der Gesellschaft, die Lebensstile, Wertvorstellungen, Geschmäcker sowie Konsumverhalten miteinander verwoben sind. Vor diesem Hintergrund bildet Bourdieu drei Klassen. Er unterscheidet zwischen herrschender Klasse, Mittelklasse bzw. Kleinbürgertum und einer Volksklasse bzw. beherrschten Klasse; wobei in den drei Hauptklassen auch sogenannte Fraktionen existieren.

Herrschende Klasse

Die *›herrschende Klasse‹* ist die oberste der genannten Klassen. Diese kann durch die verschiedenen Kapitalverteilungen in zwei Fraktionen unterteilt werden: Der Fraktion aus Individuen mit einem hohen ökonomischen Kapital, aber wenig kulturellem Kapital und der Fraktion mit hohem kulturellen Kapital, aber geringerem ökonomischen Kapital. In die erste Gruppe können Unternehmer*innen aus den Handelsbranchen und der Industrie subsumiert werden. In die zweite Gruppe gehören z. B. Hochschullehrer*innen und Künstler*innen. Nach Bourdieu gibt es weitere Individuen, die sich von beiden Fraktionen abgrenzen, aber selbst keine Fraktion bilden. Diese weisen gleichviel ökonomisches und kulturelles Kapital auf (Bourdieu 1987, S. 405). Zu erwähnen ist, dass Bourdieus Fraktionsaufteilung auch als eine Herrschaftsaufteilung gelesen werden kann. Individuen aus der Fraktion mit höherem ökonomischen Kapital können als Machthaber*innen betitelt werden. Die Gruppe mit höherem kulturellen Kapital werden als die Beherrschten unter den Herrschenden bezeichnet (Weischer 2011, S. 396 f.).

Mittelklasse/ Bürgertum

Die zweite Klasse, die *›Mittelklasse‹*, wird auch *›Bürgertum‹* genannt. Diese Klasse zeichnet sich durch den Mangel an ökonomischem und kulturellem Kapital aus und kann in drei Unterkategorien differenziert werden: Die erste Gruppe wird als *›absteigendes Kleinbürgertum‹* betitelt und verfügt über weniger werdendes ökonomisches Kapital und wenig kulturelles Kapital. Individuen dieser Fraktion zeichnen sich vor allem durch das Festhalten an alten, vergangenen Werten, traditioneller Musik und Vorstellungen aus (Bourdieu 1987, S. 541). Berufsgruppen, die hier zugeordnet werden können, sind Handwerker*innen und kleine Händler*innen. Die nächste Fraktion wird als *›exekutives Kleinbürgertum‹* bezeichnet, die ein mittleres Volumen der Kapitalsorten besitzt. Diese Gruppe strebt nach dem größtmöglichen ökonomischen sowie kulturellen Kapital. Sie legen einen großen Fokus auf Bildungsabschlüsse, jedoch stehen sie stets in einem untergeordneten Arbeitsverhältnis mit Führungskräften aus der herrschenden Klasse. Diese Fraktion beinhaltet Berufsgruppen, wie etwa Volksschullehrer*innen, aber auch mittlere Führungskräfte und Büroangestellte (Bourdieu 1987, S. 549 ff.). Die letzte Fraktion betitelt Bourdieu als *›neues Kleinbürgertum‹*. Diese ist sehr heterogen. Sie stammen z. T. aus der oberen Klasse, wobei sie aufgrund der fehlenden Bildungstitel nicht mehr ihre Position einnehmen können und in neuen Berufsgruppen Fuß fassen müssen (Bourdieu 1987, S. 566). Von größerer Bedeutung ist hier das Sozialkapital, das als Eintrittskarte in das Berufsleben herangezogen werden kann. Hier steht der Aufstiegsgedanke oder das Zurückkehren in die Bourgeoisie im Fokus der Akteur*innen. Auf der anderen Seite gehören dazu auch Individuen, die ihre Arbeit als Berufung beschreiben. Unter diese Gruppe fallen beispielsweise Verkaufs- und Vertreterberufe, wie z. B. Handels- und Werbeagent*innen für Mode und Innen-Dienstleistungen, aber auch medizinisch-soziale Betreuer*innen wie z. B. Eheberater*innen oder Kinderpfleger*innen, aber auch Kulturvermittler*innen wie Animateur*innen, Rundfunk-, Fernseh- und Pressejournalist*innen. Daneben sind auch etablierte Berufsgruppen wie Kunsthandwerker*innen und Pflegepersonal dieser Fraktion zugehörig (Bourdieu 1987, S. 561 ff.).

Beherrschte Klasse

Die letzte Klasse bezeichnet Bourdieu als *›beherrschte Klasse‹* oder auch *›Arbeiterklasse‹*. Diese Gruppe hat »nur« ihre Arbeitskraft, daher ergibt sich eine besonders große Abhängigkeit vom Arbeitsmarkt. Vor allem die körperliche Kraft und der physische Mut sind ein Kennzeichen dieser Klasse. Die beherrschte Klasse hat weder viel ökonomisches noch viel kulturelles Kapitalvolumen. Durch diese ökonomischen Möglichkeiten sind für die beherrschte Klasse die Möglichkeiten des Lebensstils (Wohnungseinrichtungen und Kleidungswahl) beschränkt, der durch Bourdieu als ›einfach‹, pflegeleicht und preiswert charakterisiert wird (Bourdieu 1987, S. 591 ff.). Zu erwähnen ist hier auch die gängige Geschlechterrollenaufteilung, die in dieser Klasse laut Bourdieu am ehesten zu erkennen ist. Diese spiegelt sich nicht nur in den Arbeitsverhältnissen und den Berufen wider, sondern auch z. B. im ästhetischen Empfinden, den Einstellungen und in den Manieren. In dieser Klasse werden neben den einfachen Arbeiter*innen, auch Landarbeiter*innen, Hilfsarbeiter*innen und Bauern wie Bäuer*innen zugeordnet (Bourdieu 1987, S. 600). Daneben unterscheidet Bourdieu noch zwischen *›objektiver‹* und *›mobilisierter Klasse‹*. Die objektive Klasse kann durch Hinzunahme von bestimmten Parametern (wie etwa der Kapitalausstattung) z. B. durch Wissenschaft oder Politik konstruiert werden, während die letztere, wenn diese je existiert hat, erst durch politische Aktionen, Mobilisierung und den Kampf um Anerkennung im realen Leben aus sich heraus entstehen muss (Bourdieu 1998).

Habitus

Die Verbindung zwischen sozialer Klasse und Lebensstilen erfolgt durch den *Habitus*. Bourdieu definiert Habitus wie folgt:

> »[...] [D]er Habitus ist Erzeugungsprinzip objektiv klassifizierbarer Formen von Praxis und Klassifikationssystem (principium divisionis) dieser Formen. In der Beziehung dieser beiden den Habitus definierenden Leistungen: der Hervorbringung klassifizierbarer Praxisformen und Werke zum einen, der Unterscheidung und Bewertung der Formen und Produkte (Geschmack) zum anderen, konstituiert sich die repräsentierte soziale Welt, mit anderen Worten der Raum der Lebensstile.« (Bourdieu 1987, S. 277 f.)

Individuelle Wahrnehmung

Der Habitus bestimmt somit, wie ein Individuum die Welt wahrnimmt und wie es auf diese reagiert. Unter den Habitus fallen Lebensweisen, Werthaltungen, Einstellungen, ästhetische Vorlieben, Bewertungssystem und Dispositionen, die das Individuum durch die Sozialisation innerhalb eines sozialen Umfeldes gelernt hat. Damit ist die soziale Praxis jedes Menschen nicht frei wählbar, sondern an die soziale Lage gebunden und Grenze und Freiheit zugleich, was Bourdieu wie folgt beschreibt:

> »Wer z. B. über einen kleinbürgerlichen Habitus verfügt, der hat eben auch, wie Marx einmal sagt, Grenzen seines Hirns, die er nicht überschreiten kann. Deshalb sind für ihn bestimmte Dinge einfach undenkbar, unmöglich; es gibt Sachen, die ihn aufbringen oder schockieren. Aber innerhalb dieser Grenzen ist er durchaus erfinderisch, sind seine Reaktionen keineswegs immer voraussehbar.« (Bourdieu 1989, S. 26 f.)

Klassenhabitus

Damit ist der Habitus ein unbewusstes Skript, das durch herkunftsspezifische Sozialisation soziale Handlungsweisen, Bewertungen und Attitüden determiniert und damit auch die Klassenherkunft sichtbar macht. In anderen Worten: Es ist ein Klassenhabitus. Bei Bourdieu sind Individuen mit unterschiedlichen Kapitalsorten ausgestattet, die ihre Position in der Gesellschaft darstellen. Diese Ausstattung bestimmt nicht nur die Positionen innerhalb der Gesellschaft, sondern auch Lebensführung, Einstellungen und Bewertungssysteme, die durch Sozialisation gelernt und durch den Habitus verfestigt und sichtbar werden. Durch die jeweilige Kapitalausstattung und dem damit zusammenhängenden Lebensstil resultiert somit ein Klassenhabitus, der wiederum die Zugehörigkeit zu einer Klasse bestimmt.

2.3 Soziale Schichtung der Gesellschaft

> »Wo das 18. Jahrhundert vom Ursprung der Ungleichheit und das 19. Jahrhundert von der Klassenbildung sprach, sprechen wir heute von der Theorie der sozialen Schichtung – ohne daß das Problem sich verändert oder eine befriedigende Lösung gefunden hätte.« (Dahrendorf 1967, S. 354)

So schreibt Dahrendorf im Jahr 1967 und weist darauf hin, dass auch Schichttheorien soziale Ungleichheit in den Blick nehmen und Gesellschaften in ein »Oben« und »Unten« differenzieren. Soziale Schichtung gehört hierbei neben dem Klassen- und Milieubegriff zu den wichtigsten soziologischen Grundbegriffen der Sozialstrukturanalyse und »dient zur Beschreibung des Ungleichheitsgefüges einer Gesellschaft.« (Endruweit und Burzan 2014, S. 417) Ziel aller Schichtungsanalysen und -konzepte ist es, die Gesamtbevölkerung einer Gesellschaft in verschiedene Gruppierungen, die sogenannten ›Schichten‹ zu untergliedern, die sich hinsichtlich ihrer Lebensbedingungen und Lebenslagen und damit zusammenhängenden (ungleichen Lebens-)Chancen (auf Einkommen, Bildung, Einfluss, Prestige – s. a. Kapitel II. 2.1) unterscheiden (Edinger 1992; Burzan 2011). Der Schichtbegriff beschreibt damit

Schichttheorien

> »eine Gruppe von Menschen, die durch gleiche oder ähnliche Ausprägungen in einem oder mehreren ›Schicht‹-definierenden Merkmalen (wie Einkommen, Bildung, Prestige) gekennzeichnet sind.« (Solga et al. 2009, S. 25)

Schichtmodelle

Nachfolgend werden neben den oben beschriebenen Klassenmodellen auch Schichten und Schichtmodelle thematisiert. Dies soll hier erfolgen, da in vielen Analysen zu sozialer Ungleichheit *Schicht-* und nicht Klassenmodelle im Zentrum stehen und die in Schichtmodellen angelegte soziale Mobilität für Klassismus grundlegende Annahmen und Zugänge sind. In den unten dargestellten Schichtmodellen werden das vertikale Gefüge und mehrheitlich damit zusammenhängende Chancen oder auch sog. Privilegien und Benachteiligungen thematisiert. Wie zu sehen sein wird subsumiert ein Teil der Schichttheoretiker*innen sogar Klassen- unter Schichtmodelle. Im Kontext englischsprachiger Analysen sei zudem angemerkt, dass »social class« und Schichtmodelle oftmals gar nicht unterschieden werden (Endruweit und Burzan 2014).

Hierarchischer Aufbau

Alle Schichtmodelle gehen dabei grundlegend von der Annahme aus, dass sich strukturierte soziale Ungleichheiten in einer vertikalen Ordnung von mindestens drei Schichten abbilden lassen (Bell 2006, S. 23). Es handelt sich also um einen hierarchischen Aufbau mit Untergliederungen und nicht etwa um die Vorstellung eines Kontinuums (Burzan 2011). Differenziert wird somit häufig zwischen (mindestens) der Oberschicht (Eliten), der Mittelschicht (oder Mittelstand) und der Unterschicht (Endruweit und Burzan 2014).[20] Welche und wie viele Merkmale der Soziallage berücksichtigt werden, in wie viele Schichten unterschieden und wo die Schichtgrenzen gezogen werden, ist jedoch abhängig vom jeweils spezifischen Schichtmodell und kann je nach Gesellschaft und betrachtetem historischen Zeitraum variieren (Bell 2006; Burzan 2011). Kriterien zur Zuordnung in eine bestimmte Schicht sind häufig, theoretisch aber nicht notwendigerweise, sozioökonomisch orientiert (Einkommens- aber auch Bildungsschichten) (Solga et al. 2009). Vielfach zentral sind äußere Merkmale wie der Beruf (bzw. Berufsprestige), Bildung, Einkommen und Macht.

Definition von Schicht(en)

Der Begriff Schicht wirkt gleichsam als bildliche Metapher. Übernommen aus der Geologie häufen sich übereinanderliegende (Gesteins-) Schichten horizontal auf, sodass sich soziale Schichten nicht nur nach ihrer Art, sondern auch nach ihrem Rang unterscheiden und mit Bewertungen und Differenzierungen wie »mehr oder weniger«, »höher oder tiefer« einhergehen (Edinger 1992). Schichten definieren demzufolge eine hierarchische Gliederung der Gesellschaft nach bestimmten Merkmalen – etwa höhere und niedrigere Einkommensgruppen, prestigereichere und ärmere Gruppen, sog. bildungsnahe und bildungsferne[21] Schichten (Solga et al. 2009).

> »Der Begriff der Schichtung, genauer gesagt der sozialen Schichtung, bzw. Klassen bezieht sich auf die verschiedenen Hierarchiepositionen von Individuen und Gruppen in den Machtrastern der Gesellschaft.« (Yuval-Davis 2013, S. 212)

Schichtgrenzen fließend

Zugleich bilden Schichtanalysen keinen Kausalzusammenhang ab, so Solga et al. (2009). Es werde keine Relation in dem Sinne unterstellt, dass die eine Gruppe von Menschen einer höheren Schicht angehört (z. B. als »ausbeutende« Schicht reicher ist), *weil* eine andere Gruppe von Menschen einer unteren Schicht angehört (z. B. als »ausgebeutete« Schicht ärmer ist). Schichten müssen sich ergo nicht antagonistisch gegenüberstehen und Schichtgrenzen sind eher fließend und graduell, d. h. an den Übergängen können die an sich klar voneinander getrennten Schichten unscharf sein (Burzan 2011). Das bedingt zugleich die prinzipielle Möglichkeit sozialer Mobilität, d. h. des sozialen Aufstiegs, indem z. B. der/die Einzelne ›mehr‹ leistet und beruflich aufsteigt (Burzan 2011). Hinsichtlich der Prozessbetrachtung in der Schichtungsforschung werden daher vor allem die Auswirkungen *individueller* Mobilität erforscht (Burzan 2011).

Schichtbegriff

Insgesamt, so Bolte et al. (1974), ist der Schichtbegriff weit angelegt: Die einen sehen darin eine auf formalen Kriterien beruhende statistische Untergliederung der Bevölkerung nach bestimmten Merkmalen, wie Einkommen; die anderen fordern für einen Schichtbegriff auch ein Gemeinsamkeitsbewusstsein. Edinger (1992) betont ebenfalls, dass Schichtbegriffe u. a. danach variieren, welche und wie viele Merkmale und Schichtgrenzen zur Untergliederung der Gesellschaft herangezogen werden. Es finden sich sehr einfache bis sehr komplexe Modelle; es gibt Einkommensschichten, Bildungsschichten bis hin zur Kombination und sozioökonomische Schichten (Edinger 1992). Dabei wird unterstellt, dass Bildung, Einkommen und Berufsposition wichtige

Ressourcen der Lebenschancen darstellen und dass Personen, die sich hinsichtlich der Schichtkriterien ähneln, in ähnlichen Verhältnissen mit ähnlichen Chancen leben (Edinger 1992). Komplexere Modelle versuchen Bevölkerungen nach solchen Kriterien(-kombinationen) aufzuteilen, die sich auf Einstellungen und Verhalten auswirken und kommen damit, so Edinger (1992), den wirklichen Chancenstrukturen schon näher.

> »Schichten unterscheiden sich danach nicht nur im Hinblick auf Unterschiede in der sozioökonomischen Situation, sondern auch durch unterschiedliche ›schichtspezifische‹ Einstellungs- und Verhaltensmuster, die von den unterschiedlichen Lebensverhältnissen herrühren.« (Edinger 1992, S. 31)

Objektive vs. subjektive Modelle

Die Zugehörigkeit zu einer – relativ homogenen – Schicht habe dann auch Einfluss auf Einstellungen und Verhalten, wie z. B. auf Heiratskreise (Burzan 2011). Grundsätzlich wird hier zwischen objektiven und subjektiven Schichtungsmodellen differenziert, wobei innerhalb objektiver Modelle vorab festgelegt wird, wonach die jeweilige Gesellschaft derzeit zwischen Oben und Unten unterscheidet und das subjektive Modell auf Überlegungen des Forschenden beruht (Endruweit und Burzan 2014).

Modellunterschiede

Wie auch bei den Klassentheorien existieren hier eine Menge unterschiedlicher Einteilungen: »Die komplizierte, im wahrsten Sinne des Wortes ›vielschichtige‹ Sozialstruktur der Bundesrepublik hat dazu geführt, dass eine große und verwirrende Fülle von Schichtmodellen entwickelt wurde.« (Geißler 2014a, S. 99) Diese Modelle unterschieden sich hinsichtlich der Art und Anzahl der Merkmale zur Soziallage, Subkultur und Lebenschancen, die in die Analyse einbezogen werden, sowie in Bezug auf die Anzahl der Schichten und den angesetzten Schichtgrenzen (Geißler 2014a). Die am weitesten verbreiteten Schichtungsmodelle sollen nachfolgend vorgestellt werden.[22]

Karl Martin Boltes »Zwiebelmodell«

Zwiebelmodell

Karl Martin Bolte (*1925, †2011), später gemeinsam mit Dieter Kappe (*1935, †2018) und Friedhelm Neidhardt (1974), untersuchte u. a. in norddeutschen Wohngemeinden Statusunterschiede und entwarf daraufhin ein aus mehreren Typen bzw. Schichten bestehendes Zwiebelmodell.

> »Mit aller Vorsicht – wegen der methodischen Probleme – läßt sich auf Grund dieser Untersuchungen insgesamt feststellen, daß die Verteilung der Bevölkerung im (Prestige-)Statusaufbau unserer Gesellschaft heute also ganz offenbar einer Form entspricht, die einer Zwiebel ähnelt.« (Bolte et al. 1974, S. 99)

Die Autoren definieren Schichten hierbei als Abstufungen zwischen Sozialmerkmalen, die mit Bewertungen (Privilegien, Benachteiligungen) und Verhaltensdifferenzierungen einhergehen.

Schichtausprägung

Als Schichten gelten Gruppen, die sich hinsichtlich ihres Ranges als eigenständig empfinden und entsprechend verhalten.

> »Je nach der mittelbar oder unmittelbar am Verhalten ablesbaren ›Schärfe‹ der Grenzen und der sich im Verhalten der Schichtzugehörigen abzeichnenden ›sozialen Kluft‹ zwischen den Schichten lassen sich unterschiedliche Grade der Schichtausprägung erkennen« (Bolte et al. 1974, S. 15).

Statusbeschreibungen

Es ist somit von einem »Kontinuum[s] von Schichtballungen mit unscharfen Grenzen« (Bolte et al. 1974, S. 99) auszugehen. Die eindeutigsten Schichtungstendenzen und damit auch Schichtungsgrenzen zeigen sich oben und unten, als eher fixierter gesellschaftlicher Status, in dem soziale Mobilität unwahrscheinlicher wird. Die im Zwiebelmodell abgebildeten Statuszonen[23] sind die Oberschicht (ca. 2 %), die obere Mitte (ca. 5 %), die mittlere Mitte (ca. 14 %), die untere Mitte (ca. 29 %), die unterste Mitte/das obere Unten (ca. 29 %), das Unten (ca. 17 %) und die sozial Verachteten (ca. 4 %). Innerhalb der vertikalen Statusbeschreibungen mischen sich zumindest teilweise Angehörige des sogenannten neuen Mittelstandes, des sogenannten alten Mittelstandes und der sogenannten Arbeiter*innenschicht. Insgesamt zeigt sich im Zwiebelmodell eine starke Mitte (77 %, »der Zwiebelbauch«), mit einer kleinen Oberschicht (2 %, »die Zwiebelspitze«) und einer im Vergleich zu heutigen Schätzungen geringeren Unterschicht (21 %, »die Zwiebelwurzel«).

Schichtspezifisches Verhalten

Innerhalb der drei Großgruppen Oberschicht, Mittelschicht und Unterschicht lassen sich dabei, so Bolte et al. (1974), teilweise schichtspezifische Denk- und Verhaltensweisen differenzieren (ausführlicher in Bolte et al. 1974, S. 117 ff.). Beispielsweise vereinen sich unter der insgesamt uneinheitlichen »Oberschicht« Gesellschaftsmitglieder, die i. d. R. die höchsten Positionen im Berufsbereich besitzen, über die beste schulische Ausbildung verfügen und die höchsten Einkommen beziehen. Sie zeigen aber – und die Autoren begründen das Warum – ihre »Oberschichtenkultur« bspw. anhand der Mode nicht offensichtlich (für Nichtwissende) in der Öffentlichkeit. Hinsichtlich der Mittelschichten konstatieren sie nach innen eine Uneinheitlichkeit und aufgrund der Aufstiegswünsche (der neuen Mittelschicht) oft fehlende Solidarität, jedoch nach außen und hier vor allem nach unten ein starkes Bedürfnis der Abgrenzung.

Zuschreibungsprozesse

Auch Bolte et al. (1974) thematisieren Zuschreibungsprozesse, die innerhalb der Statusgruppen abhängig von sozial relevanten Merkmalen beobachtetet werden können. So werden mit bestimmten Merkmalen Wertungen verbunden, die auf den Merkmalsträger übertragen werden und dessen »Prestige« bestimmen. »Sie empfinden ihn als besser- oder schlechtergestellt, bevorzugt oder benachteiligt und lassen ihm eine höhere oder geringere Wertschätzung zukommen.« (Bolte et al. 1974, S. 102) Dabei spielen auch Verhaltenserwartungen eine Rolle, indem Vorstellungen dazu existieren, wie sich jemand abhängig vom betrachteten Merkmal zu verhalten hat. Hier verbinden sich u. U. objektive soziale Merkmale – wie Einkommen, Beruf – mit solchen, die aus persönlichkeitsprägenden Verhaltensweisen folgen: »Wer arm ist, muß auch faul sein; wer einen Doktortitel hat, ist ein anständiger Mensch; wer an der Macht ist, ist auch mit Weisheit ausgestattet usw.« (Bolte et al. 1974, S. 105)

Ralf Dahrendorfs Schichtmodell als Haus

Ein weiteres, sehr bekanntes Schichtmodell ist das *Dahrendorf'sche Haus*. Es beruht auf seiner Definition sozialer Schichtung »als ein System der Ungleichheit des distributiven Status von Menschen,

d. h. [als] ein System unterschiedlicher Verteilung von begehrten und knappen Dingen.« (Dahrendorf 1967, S. 373) Einkommen und Prestige sind Ralf Dahrendorf zufolge zentrale Instrumente solcher Rangdifferenzierungen. Die von Dahrendorf analysierten Schichten werden von ihm im Modell eines Hauses dargestellt, wobei die abgebildeten Größenangaben auf begründeter Schätzung (»informierter Willkür«) beruhen (Dahrendorf 1965). Die Gesellschaftsspitze besteht aus den Eliten, die in unterschiedlichen institutionellen Bereichen Führungsaufgaben übernehmen (unter 1 %). Sie stehen oben an der Dachkuppel. Nachfolgend findet sich die bürokratisch tätige Dienstklasse aus nichttechnischen Beamt*innen und Verwaltungsangestellten (12 %). Sie belegen gemeinsam mit dem alten Mittelstand das Obergeschoss. Der alte Mittelstand umfasst Freie Berufe bis Kleinbäuer*innen und Einzelhändler*innen sowie selbstständige Unternehmer*innen (20 %). Sie belegen gemeinsam mit der Dienstklasse das Obergeschoss. Die Arbeiter*innenelite meint zum Teil unselbstständige Handwerker*innen, gelernte Arbeiter*innen, Meister*innen, die besonders durch ihre »Verbürgerlichung« charakterisiert werden (5 %). Sie hat sich nach oben hin von der Arbeiter*innenschaft abgesetzt. Der »falsche« Mittelstand fasst nominelle Angestellte, wie Arbeiter*innen der Tertiärindustrien – Kellner*innen, Verkäufer*innen, Postbot*innen etc., die sich eher der Mittelschicht zugehörig fühlen (12 %). Sie bewohnen gemeinsam mit der Arbeiter*innenschicht das Hauptgeschoss. Die Arbeiter*innenschicht, wenn auch häufig angezweifelt, nach Dahrendorf (1965) doch existent, beschreibt eine diverse Gruppe von in Klein- bis Großbetrieben handwerklich Tätigen, Landarbeiter*innen, Industriearbeiter*innen etc. mit eigener Mentalität (45 %). Sie bewohnen gemeinsam mit dem ›falschen‹ Mittelstand das Hauptgeschoss. Die Unterschicht als Schicht der Dauererwerbslosen, ›Unsteten‹, die häufig sozial verachtet werden (5 %), bewohnt den Keller des Hauses.

Ungleichheit besteht fort

Dahrendorf (1967) selbst stellt dabei fest, dass auch in der Gesellschaft im Überfluss die ungleiche Stellung der Menschen eine beharrliche Tatsache bleibt und meint hier nicht nur die monetäre Ausstattung, sondern auch »Kinder, die sich ihrer Eltern schämen, weil sie meinen, durch ein akademisches Studium ›etwas Besseres‹ geworden zu sein.« (Dahrendorf 1967, S. 352) In der Welt unserer Erfahrung sei eine Gesellschaft, in der jedwede Rangunterschiede zwischen Menschen beseitigt sind, nicht möglich, so Dahrendorf.

Rainer Geißlers Idee der sozialen Schichtung

Soziale Schichtung nach Geißler

Rainer Geißler Schichtbegriff schließt an Theodor Geigers (1932) Vorstellung der Gruppierungen mit ähnlicher sozialer Lage und daran geknüpften typischen Subkulturen und Lebenschancen an. Geißler entwickelt hierbei mit Rückgriff auf Daten des Mikrozensus 2009[24] das Dahrendorf'sche Haus weiter und konstruiert »Ein Modell der Schichtung im Jahr 2009« (s. Abbildung 2), in dem weitere Differenzierungslinien eingezogen und damit Umschichtungen des vorangegangenen halben Jahrhunderts abgebildet werden. Unter anderem finden nun Dienstklassen auf Kosten sowohl des oberen Mittelstandes als auch der Arbeiter*innenklasse mehr Raum und die Gruppe der ausländischen Arbeiter*innen und Dienstleister*innen kommt hinzu (Geißler 2014a).

Aufzählung der Schichten

Das Haus besteht aus folgenden Schichten (Geißler 2014a, S. 102 f.): den Eliten (u. a. Politik, Wirtschaft, Medien; unter 1 %), der oberen Dienstklasse (abhängig Beschäftigte mit akademischer Ausbildung wie höhere Beamt*innen und leitende Angestellte, Manager*innen in Großunternehmen; 13 %), dem oberen Mittelstand (freie akademische Berufe, wie Anwält*innen, Ärzt*innen sowie große und mittlere Unternehmer*innen in Industrie, Handel und Finanzen mit mindestens 10 Beschäftigten; 3 %), der mittleren Dienstklasse (»Semiprofessionen«, Berufe mit höherer Fachausbildung wie Computertechniker*innen, Sozialarbeiter*innen, Therapeut*innen; 19 %), dem mittleren Mittelstand (mittlere und kleinere Selbstständige mit 1 bis 9 Beschäftigten in Handwerk, Handel, Gastronomie u. a., Selbstständige mit höherer Fachausbildung; 3 %), der Arbeiter*innenelite (Meister, 1 %), dem unteren Mittelstand (Selbstständige ohne Beschäftigte; 4 %), den gelernten Dienstleister*innen (Fachkräfte in Büro, Verkauf, Gastronomie, Betreuung, Pflege u. ä.; 10 %), den Facharbeiter*innen (qualifizierte manuelle Facharbeiter*innen und Fachhandwerker*innen, Elektriker*innen, Mechaniker*innen u. ä.; 11 %), an- und unge-

Abbildung 2: Schichtungsmodell von Rainer Geißler.

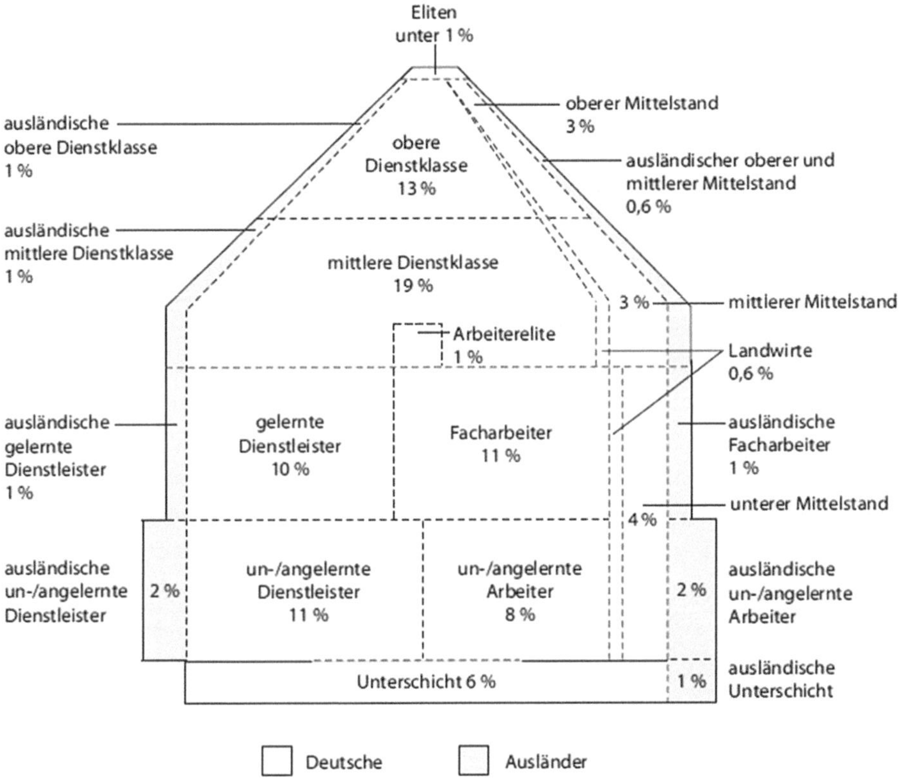

Quelle: Geißler 2014a, S. 101.

lernte Dienstleister*innen (gering qualifiziertes Personal für einfache Routinetätigkeiten in Büro, Verkauf und verschiedenen Diensten; 11 %), an- und ungelernte Arbeiter*innen (gering qualifizierte Arbeiter*innen in Produktion, Bau- und Transportgewerbe; 8 %) und der Unterschicht (Haushalte, die ihren Lebensunterhalt überwiegend durch staatliche Mindestunterstützungen finanzieren; 6 %). »Ausländer sind in Anbauten zum deutschen Haus untergebracht, da sie rechtlich nicht gleichgestellt sind und häufig vor Integrationsproblemen stehen.« (Geißler 2014a, S. 102)

2.4 Milieu und Lebensstile – Hierarchisierte Gesellschaftsstruktur und Lebensweisen

Lebensstilforschung

In den 1980er und 1990er Jahren wurden – mit der Zunahme von Wohlstand, Bildung, sozialer Sicherheit und damit auch der Freiheit und den Unterschieden der Lebensgestaltung – Milieu- und Lebensstilmodelle wiederbelebt,[25] die traditionelle Schicht- und Klassenmodelle erweitern sollten.[26] Laut Geißler (2014b) zählt die Milieuforschung neben dem Soziallagenansatz zu den wichtigsten neueren Ansätzen der deutschen Sozialstrukturanalyse. Ziel dieser klassischen soziologischen Konzepte, wie das des »sozialen Milieus«, war es, die veränderte Sozialstruktur postmoderner Gesellschaften zu erfassen (Vester 2014). So kritisierten die Milieu- und Lebensstilforscher*innen die Konzentration auf (ausschließlich) vertikale Achsen der Ungleichheit (wie etwa Bildung, Beruf, Einkommen und Macht) durch die Klassen- und Schichttheorien. Der zunehmenden Bedeutung von Werthaltungen, Mentalitäten und Prinzipien der Lebensführung innerhalb von Schichten und damit der »subjektiven Seite« der Gesellschaft sollte nun über den Lebensstil- und Milieubegriff Rechnung getragen werden (Endruweit und Burzan 2014; Hradil 2006). Statt also allein von »objektiven« Lebensbedingungen auf bestimmte Subkulturen und Lebenschancen zu schließen, ordnen Milieu- und Lebensstilmodelle zunächst die kulturelle Vielfalt (Einstellungen, Verhaltensweisen, Wertorientierungen etc.) nach bestimmten Mustern und fragen, wenn überhaupt, im zweiten Schritt, wie diese kulturellen Muster mit »objektiven« sozialstrukturellen Merkmalen zusammenhängen (Geißler 2014a). »Man kann sie als ›subjektivistischen‹ oder ›kulturalistischen‹ Ansatz der Sozialstrukturanalyse bezeichnen.« (Geißler 2014b, S. 9) Einige Milieumodelle bringen dabei auch – wie wir es bereits bei Bourdieus Klassenmodell vorfinden – subjektive Lebensstile und vertikale Schichtungsmerkmale zusammen und können damit u. E. anschlussfähig für die Konkretisierung des Klassismuskonzeptes sein. Wir werden daher zwei zentrale Milieumodelle vorstellen, die strukturelle Reproduktionsmechanismen und die damit verbundene Legitimierung und Stigmatisierung von Lebensstilen verbinden.

Für eine bessere Nachvollziehbarkeit wollen wir jedoch zunächst die Begriffe Lebensstil und Milieu skizzieren.

Lebensstil

Subjektivistische Lebensstile sind nach Geißler (2014a, S. 110) und Burzan (2014, S. 268) relativ stabile, regelmäßig wiederkehrende, raumzeitlich strukturierte Muster der (alltäglichen) Lebensführung, wie sie bereits bei Bourdieu (vgl. Kapitel II. 2.2) beschrieben wurden. Sie schließen bestimmte Verhaltensmuster wie beispielsweise Freizeitaktivitäten, Familienleben oder (Medien-)Konsum mit ein und umfassen auch den »Geschmack« bspw. bezüglich Kleidungs- oder Musikstil. Teilweise kommen in Begriffsbestimmungen neben den Verhaltensaspekten noch Werte und Ziele hinzu sowie die Betonung der expressiven Rolle, also des Zurschaustellens des eigenen Geschmacks (Burzan 2014). Im Gegensatz zu Klassen- und Schichtmodellen stehen in den Lebensstilmodellen demnach kulturelle und symbolische Faktoren im Mittelpunkt. Hradil (1987) betont, dass Lebensstile weniger alltägliches Verhalten als vielmehr *typische* Verhaltensmuster sozialer Gruppierungen beschreiben und erst durch Abstraktion vom konkreten Denken und Verhalten zu erschließen sind. »Lebensstile in diesem Sinne stehen gewissermaßen zwischen den strukturellen Bedingungen menschlichen Handelns und dem praktischen Handeln selbst.« (Hradil 1987, S. 164) Lebensstilbegriff

Geißler (2014a) und Müller (2009) beschreiben folgende formale Merkmale des Lebensstilbegriffs, die den meisten Lebensstilansätzen zugrunde liegen[27]: Merkmale

- *ganzheitlich und sinnstiftend:* Lebensstile übergreifen Bereiche wie Familie, Konsum, Freizeit etc. Es gibt ein »holistisches Moment«, das die Gestalt der Gruppe/Epoche/Person erfasst. Sie ergeben für Personen subjektiv Sinn.
- *freiwillig:* Es gibt einen spezifischen Bereich der Wahlmöglichkeiten.
- *expressiv und stilisierend:* Lebensstile zielen auf eine mehr oder weniger bewusste Selbstdarstellung der Individuen. Expressiv-ästhetische Orientierungen und Handlungen rücken mit ihnen ins Zentrum.

- *charakteristisch:* Es gibt eine typische Ausformung eines Musters, das den jeweiligen Lebensstil unverwechselbar macht.
- *identitätsstiftend und distinktiv:* Geißler (2014a) verweist hier darauf, dass Lebensstile über die Identifizierung mit bestimmten Mustern der Lebensführung individuelle oder auch kollektive Identitäten erschaffen. Spezifischer führt Hans-Peter Müller (2009) dies zu Statusneigung aus.
- *Statusneigung und Stilisierungschancen:* Inwieweit Stilisierungschancen vorhanden sind, hängt vom Wert- und Normsystem sowie dem materiellen Wohlstand einer Gesellschaft ab. Umso höher der materielle Wohlstand und umso egalitärer Lebenschancen verteilt sind (Güter, Bildung etc.), desto eher stehen Alternativen und Wahlfreiheiten bereit. Müller (2009) betont, dass
- mit Blick auf die *gesellschaftliche Ebene* die Stilisierung der Lebensführung in ›modernen Gesellschaften‹ v. a. ein Phänomen der Mittelschicht ist (siehe dazu aktuell Reckwitz 2020). Oberschichten – ohne den Zwang zur Abgrenzung – gerieren sich »so, wie sie sind« (Müller 2009, S. 334) und strahlen »›Natürlichkeit‹ und ›naturwüchsige Freiheit‹ gegenüber gesellschaftlichen Konventionen aus. Unterschichten dagegen sind so, wie sie sind, weil sie nicht anders können. Das Diktat der Notwendigkeit und der Zwang der materiellen Verhältnisse, oktroyiert eine Lebensführung, die wenig Spielraum für Stilisierungsexperimente läßt.« (Müller 2009, S. 334)
- mit Blick auf die *individuelle Ebene,* also Biografien und den Lebenslauf einer Person, sind Stilisierungsneigungen ebenfalls ungleich verteilt. Müller (2009) verweist hier vor allem auf den Einfluss des Lebensalters und nimmt die größten Gestaltungsmöglichkeiten für das Jugend- und Erwachsenenalter an.

Weitere Funktionen

Diese Lebensstil-Merkmale können im Anschluss an Burzan (2011) um folgende Funktionen erweitert werden: *Komplexitätsreduzierung* und *Distinktion.* So sichert der Lebensstil Verhaltensroutinen, wodurch im Alltag nicht fortlaufend Grundsatzentscheidungen über Verhaltensweisen getroffen werden müssen. Zudem ermöglicht der Lebensstil soziale Zugehörigkeiten und die Distinktion von anderen Gruppen.

Über die Lebensstilforschung sollen, ähnlich wie bei und teilweise eng verbunden mit den Milieuansätzen, soziale Ungleichheiten differenzierter erfasst werden. Als dafür geeignete Vorteile werden die *mögliche* Verknüpfung von Mikro- und Makroebene, das Verbinden struktureller und prozessualer Aspekte sowie das Erfassen auch kultureller und symbolischer Dimensionen (neben Ressourcen) gesehen (Burzan 2014; Müller 2009). Lebensstilanalysen schlössen nicht von sozioökonomischer Lage oder sozialstruktureller Position direkt auf spezifisches Verhalten und seien damit (auch) für komplexe Sozialstrukturanalysen geeignet (Müller 2009). Soziale Ungleichheiten differenzieren

Die Lebensstilforschung geriet jedoch zunehmend in die Kritik: Ihr fehle es an Theorien, die soziale Ungleichheit und deren Reproduktion erklären würden und sie verliere Benachteiligungen, Herrschaftsaspekte und gesellschaftliche Beschränkungen aus dem Blick. Ab Ende der 1990er Jahre verlor die reine Lebensstilforschung im wissenschaftlichen Diskurs langsam an Bedeutung. Kritik

Soziale Milieus

Soziale Milieus beschreiben Hradil (2006) zufolge üblicherweise Gruppierungen handlungsfähiger Menschen, die in praktischer Auseinandersetzung mit aktuellen Lebensbedingungen sowie historischen Hinterlassenschaften bestimmte gemeinsame Mentalitäten, ähnliche Werthaltungen, Prinzipien der Lebensführung und Beziehungen zu Mitmenschen entwickeln. Innerhalb des Milieubegriffs existieren Modelle, die weniger die »objektiven« Faktoren wie Beruf, Einkommen oder Bildungsabschluss, sondern eher »subjektive« Faktoren wie bspw. Mentalitäten in den Fokus rücken. Zu nennen ist hier z. B. das Konzept der Erlebnisgesellschaft von Gerhard Schulze (1996). Andere Ansätze, die näher an der Klassen- oder Schichttheorie anzusiedeln sind, gehen verstärkt davon aus, dass, wenn Menschen einem bestimmten sozialen Milieu angehören, sie auch relativ ähnlich denken und sich ähnlich verhalten (ähnliche Lebensstile entwickeln). Sie kaufen gleichartige Konsumgüter, wählen ähnliche Parteien, erziehen ihre Kinder ähnlich etc. (Hradil 2006). Milieus sind demnach nicht unabhängig von sozioökonomischen und soziodemographischen Be- Milieubegriff dingungen, Milieuangehörige filtern diese »objektiven« Bedingungen jedoch in milieuspezifischer Weise (Burzan 2011). Oder wie Helmut Bremer und Andrea Lange-Vester (2014, S. 13) es beschreiben: »Vielmehr werden gesellschaftliche Veränderungen aus der Perspektive der inkorporierten Prinzipien der Lebensführung interpretiert und entsprechend integriert«. Daran anschließend würde das Konzept des »sozialen Milieus« Analysen unterstützen, die danach fragen, »inwiefern sich für die sozialen Gruppen Verhaltenszumutungen oder auch Gestaltungsspielräume für die Umsetzung ihrer antizipierten sozialen Laufbahnen ergeben«. (Bremer und Lange-Vester 2014, S. 14) Damit sind Milieukonzepte zugleich mehrdimensional und ergänzen »die herkömmlichen Klassen- und Schichtkonzepte, die wesentlich von der ökonomischen Gliederung der Sozialstruktur ausgehen.« (Vester 2014, S. 310)

M. Vester

Michael Vester (2014) verweist in seiner Definition auf grundlegende soziologische Begrifflichkeiten und Vordenker*innen, auf denen die gegenwärtigen Begriffsbestimmungen des »sozialen Milieus« aufbauen. So bezeichnet »soziales Milieu« Beziehungszusammenhänge, die mit Durkheim[28] gesprochen, die »grundlegenden Bestandteile« der gesellschaftlichen Gliederung bilden. Gruppen grenzen sich durch ihre praktische Lebensführung und ihrer ganzen Lebensweise voneinander ab (vgl. ausführlicher in Vester 2014, S. 310 f.).[29]

Theoriegrundlage

Milieustudien und damit auch Erklärungsansätze zur Entstehung von sozialen Milieus liegen Hradil (2006) zufolge häufig folgenden Theorien zugrunde: (1) die Habitustheorie Bourdieus (Habitus, Lebensstile, vgl. ausführlicher Kapitel II. 2.2), (2) Identitätstheorien, wonach soziale Milieus Ergebnis sozialer Identitätsentwicklung sein können (sich integrieren, sich von anderen abgrenzen wollen) und (3) Individualisierungstheorien, denen zufolge zunehmende persönliche Ressourcen, Freiheiten und Sicherheiten sowie das Herauslösen aus kulturellen, sozialen und wirtschaftlichen Bindungen zu einer freiwilligen (zeitlich begrenzten, widerrufbaren) Zugehörigkeit zu sozialen Milieus führt (u. a. Beck, vgl. ausführlicher Kapitel II. 2.4).

Milieugrenzen fließend

Soziale Milieus, wie wir sie nachfolgend in unterschiedlichen, beispielhaft ausgewählten Modellen finden, sind hierbei allerdings von Sozialwissenschaftler*innen »künstlich« abgegrenzte und benannte Gruppierungen. »In Wirklichkeit sind die Grenzen zwischen sozialen Milieus fließend. Viele Menschen stehen am Rand eines Milieus, zwischen Milieus bzw. sind zwei oder mehr Milieus zugleich zuzuordnen.« (Hradil 2006, S. 7, s. a. Geißler 2014) Zugleich wird es in Milieukonzepten als eher unwahrscheinlich angesehen (ähnlich den Klassen- und Schichtkonzepten), dass ein Wechsel zwischen den (Milieu-)Gruppen erfolgt (insofern keine massiven Lebenskrisen oder Einflussveränderungen auftreten) (Hradil 2006). Wie und auf welcher Basis *Mentalitäten* konkret entstehen, bleibt im Milieubegriff offen und kann u. a. religiöse, berufliche, moralische, politische Ursachen haben – wohingegen im Schichtbegriff und bezogen auf schichtspezifische Mentalitäten klar auf den Einfluss des Berufs-, Einkommens- und Bildungsstatus verwiesen wird (Hradil 2006).

Lebensstil und Milieu im Kurzvergleich

Lebensstil vs. Milieu

Die Milieu- und Lebensstilbegriffe überschneiden sich stark und sind je nach Definition teilweise sogar deckungsgleich (Hradil 2006; Geißler 2014a). Hradil (2006) betont als einen zentralen Unterschied, dass – während der Milieubegriff stärker auf relativ tief verankerte und beständige Werthaltungen und Grundeinstellungen abzielt (s. u.) – der Lebensstilbegriff vor allem äußerlich beobachtbare Verhaltensroutinen fasst. Lebensstile können sich damit auch eher verändern als das bzgl. der Milieuzugehörigkeit angenommen wird (Hradil 2006).[30] Burzan (2011) erklärt zudem, dass für Lebensstilkonzepte, in deren Zentrum Verhaltensweisen stehen, Wahlfreiheiten und Expressivität bedeutsam sind, wie sie im Milieubegriff nur in begrenzter Form angelegt sind. »Dort geht es stärker um milieuspezifische Wahrnehmungen und Nutzungen gegebener Bedingungen.« (Burzan 2011, S. 104) Damit, so schlussfolgert Burzan (2011), seien Milieubegriffe näher an den »objektiven« Gegebenheiten orientiert als Lebensstile. Vor dem Hintergrund der Klassismusdebatte sind besonders solche Milieutheorien von Bedeutung, die sowohl Lebensstilansätze (»subjektive Merkmale«) als auch vertikale Schichtungsmerkmale zusammenbringen und damit Macht und sozial reproduzierende Mechanismen verbinden. Hier möchten wir speziell die Konzepte von Stefan Hradil sowie Michael Vester und dessen Arbeitsgruppe vorstellen.

Stefan Hradils Typologie ungleichheitsrelevanter Makromilieus

Stefan Hradil ist einer der wichtigsten Vertreter (Hradil 1987) des Milieuansatzes in den Sozialwissenschaften (Bremer und Lange-Vester 2014). Sein Ziel ist es, jene Strukturen sozialer Ungleichheit zu beschreiben, »die für den einzelnen wirklich erfahrbar sind und seine soziale Stellung im Vergleich zu anderen Gesellschaftsmitgliedern bestimmen.« (Hradil 1987, S. 139) Hierbei greift Hradil (1987) zuerst auf das Konzept der sozialen Lagen zurück.[31] Damit meint er »typische Kontexte von Handlungsbedingungen, die vergleichsweise gute oder schlechte Chancen zur Befriedigung allgemein anerkannter Bedürfnisse gewähren.« (Hradil 1987, S. 153) Soziale Lagen beziehen sich damit auf die Lebensbedingungen einzelner Gruppen, wie bspw. die soziale Lage von Menschen in der Obdachlosigkeit. Im Konzept der sozialen Lagen sieht Hradil den Mehrwert, auch horizontale, »neue« soziale Ungleichheiten – wie die Ungleichheit der Geschlechter, regionale, alters- und nationalitätenspezifische Ungleichheiten – berücksichtigen zu können (ebd.).[32] Die Betonung der subjektiven Faktoren (Einstellungen, Absichten, wertgebundenen Bedürfnisprioritäten), einschließlich der Handlungsvoraussetzungen, -verkettungen und -konsequenzen, vertieft er schließlich in seinem Milieukonzept. Bezüglich der Funktion von Milieus verweist Hradil (Hradil 1987, S. 167) darauf, dass sie »Ehrerbietung und Verachtung, Ausschluß und Integration, Privilegien und Diskriminierungen, Vertrauen und Vorurteile« produzieren (Hradil 1987, S. 167) – was ihre Relevanz für das Konzept Klassismus verdeutlicht. Denn sie haben demnach nicht nur auf die eigenen Mitglieder Ungleichheitswirkungen, sondern auch auf Außenstehende. »Im Lebensstil der einzelnen Milieus werden ungleiche Lebensbedingungen manifestiert, ›verdoppelt‹ und nach außen hin demonstriert.« (Ebd.) Zugleich können sich bei unterschiedlicher Milieuzugehörigkeit gleiche Lagen u. U. recht ungleich gestalten oder bei gleicher Milieuzugehörigkeit die Wirkungen ungleicher Lagen im Rahmen des »objektiv« Möglichen angeglichen werden. Im Begriff der »sozialen Milieus« werden demzufolge die weiter oben benannten sozialen Dimensionen der Ungleichheit, wie ungleiche soziale Beziehungen, soziale Rollen sowie Privilegien und Diskriminierungen, aufgegriffen.

Hradil (1987) entwirft zudem selbst eine Typologie ungleichheitsrelevanter Makromilieus. Richtungsweisend waren hierfür die jeweils dominierenden allgemeinen Lebensziele sowie die vorherrschenden Dimensionen ungleicher Lebensbedingungen. Er betont hierzu, dass die Lebensformen der Bevölkerung selbst über den Zuschnitt von Milieugliederungen entscheiden (s. Abbildung 3). Makromilieus

Abbildung 3: Soziale Milieus in der Bundesrepublik Deutschland nach Stefan Hradil.

Name	Vorherrschende »allgemeine Lebensziele«	Vorherrschende Dimensionen ungleicher Lebensbedingungen
Konservativ gehobenes Milieu	Erfolg Macht	Formale Bildung Formale Macht
Kleinbürgerliches Milieu	Erfolg Sicherheit Wohlstand	Formale Bildung, Berufsprestige Risiken Geld
Traditionelles Arbeitermilieu	Sicherheit Wohlstand Entlastung	Risiken, soziale Absicherung Geld Arbeits- und Freizeitbedingungen
Aufstiegsorientiertes Milieu	Erfolg Wohlstand	Formale Bildung, Berufsprestige Geld
Technokratisch-liberales Milieu	Partizipation Erfolg Selbstverwirklichung	Demokratische Institutionen Formale Bildung Soziale Rollen
Hedonistisches Milieu	Selbstverwirklichung Entlastung Integration	Soziale Rollen Arbeits- und Freizeitbedingungen Soziale Beziehungen
Alternativ-linkes Milieu	Integration Partizipation Selbstverwirklichung	Soziale Beziehungen Demokratische Institutionen Soziale Rollen

Quelle: Hradil 1987, S. 169.

Abhängig von Schichtstruktur

Bezugnehmend auf verfügbare empirische Befunde zeigt Hradil zudem, dass »das Gefüge sozialer Milieus in Deutschland zu einem guten Teil von der Schichtstruktur abhängig ist.« (Hradil 2006, S. 7) Können wir weiterhin zumindest zwischen Ober-, Mittel- und Unterschicht unterscheiden, zeigen sich innerhalb dieser vertikalen Ordnung jedoch mehrere Milieus nebeneinander. Zum Teil erstrecken sich Milieus auch »senkrecht« über Schichtgrenzen hinweg.

Michael Vesters Milieulandkarte

Milieuanalyse

Michael Vester und die »Hannoveraner Arbeitsgruppe Interdisziplinäre Sozialstrukturforschung« (agis) griffen das Konzept der Milieuanalyse auf und entwickelten dieses weiter (siehe auch Bremer und Lange-Vester 2014). Angelehnt an das Modell Pierre Bourdieus und dessen Verknüpfung von Lebensstilforschung und Klassentheorie sowie an den sozialhistorischen Arbeiten Edward P. Thompsons und Theodor Geigers orientiert, besitzt das Milieukonzept Vesters und seiner Kolleg*innen starke klassentheoretische Bezüge (Geißler 2014a).

Milieulandkarte

Ihr Milieumodell (s. Abbildung 4) basiert dabei auf eigenen repräsentativen Forschungsarbeiten sowie Sekundärdaten, die sie in einer sogenannten Milieulandkarte abbilden (Vester 2006, 2009):

Zentrale Achsen

In dem der Darstellung zugrunde gelegten theoretischen Konzept des mehrdimensionalen Feldes sind für Vester (2009) folgende vier (nicht statische) Achsen zentral:[33] (1) Arbeitsteilung, (2) Herrschaft, (3) Institutionen und (4) Geschichte. Dabei nimmt Vester (2009) bzgl. der horizontalen Achse (1) Arbeitsteilung an, dass Arbeit, Produktionsmittel und Lebensweisen über die Zeit immer vielfältiger und spezialisierter werden. Es zeigt sich eine große historische Dynamik. (2) Herrschaftsaspekte finden sich in der vertikalen Achse. Die vertikale Achse bildet Stufen der sozialen Ordnung, also der Über- und Unterordnung und damit auch ein Mehr oder Weniger an Chancen, Wohlstand, Macht und Einfluss ab. (3) Die dritte Raumdimension Institutionen fasst die institutionelle Verselbstständigung verschiedener Handlungsfelder zusammen. Darunter fällt auch, wenn mentale Vorstellungen gegenüber der Praxis ein Eigenleben gewinnen. »Ebenso entwickelt nach und nach das Öffentliche gegenüber dem Privaten,

*Abbildung 4: Milieulandkarte nach Michael Vester und Kolleg*innen.*

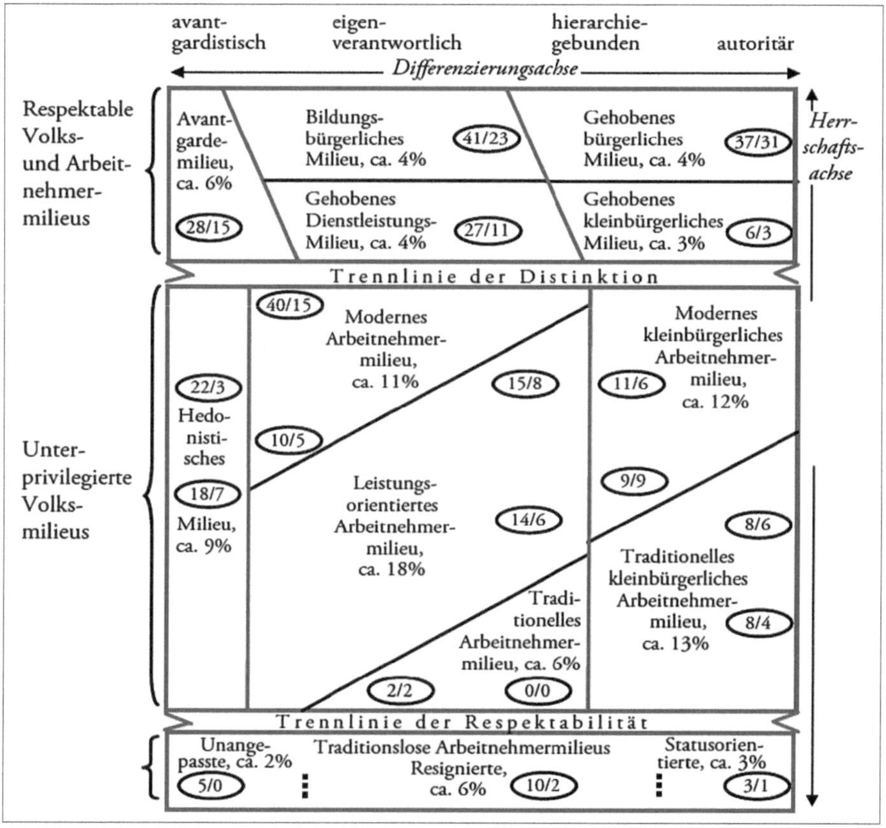

Quelle: Vester 2006, S. 12.

das Politische gegenüber dem Wirtschaftlichen, das Heilige gegenüber dem Profanen abgetrennte und relativ autonome Sphären und Eigengesetzlichkeiten.« (Vester 2009, S. 314) Schließlich kann auf der Achse (4) Geschichte davon ausgegangen werden, dass sich soziale Kräfteverhältnisse mit der Zeit wandeln können.

Habitus in Milieus

Ähnlich zu Bourdieus Analyse gehen Vester et al. von einem Habitus als innere und äußere Haltung eines Menschen aus. Die in ihm zum Ausdruck kommenden Mentalitäten und Aspekte der alltäglichen

Lebensführung sowie sich dann abbildende Ähnlichkeiten innerhalb von Gruppen verdichten sich in Milieus.

> »Milieus bezeichnen Gruppen mit ähnlichem Habitus, die durch Verwandtschaft oder Nachbarschaft, Arbeit oder Lernen zusammenkommen und eine ähnliche Alltagskultur entwickeln. Sie sind einander durch soziale Kohäsion oder auch nur durch ähnliche Gerichtetheit des Habitus verbunden. Insofern sie ähnliche Orte im sozialen Raum einnehmen, sind sie die historischen Nachfahren der sozialen Klassen, Stände und Schichten.« (Vester 2009, S. 314)

Vertikale Achse

Für diesen Band ist besonders die vertikale Achse von großer Bedeutung, da hier strukturelle Merkmale der Klassentheorie mit den daraus entwickelten Lebensstilen nochmals verdeutlicht werden. So unterscheidet Vester (2006; Vester 2009) auf der Herrschaftsachse drei Schichtstufen bzw. Klassenstufen. Dies sind privilegierte, nicht privilegierte und unterprivilegierte Großgruppen, die sich auch aktiv voneinander abgrenzen. Diese drei Differenzierungen gruppieren sich wiederum in unterschiedliche Milieus: (1) das obere, privilegierte, bürgerliche (führende gesellschaftliche) Milieu (20 %, Macht, Bildung und Besitz), (2) das respektable (nicht privilegierte) Volks- und Arbeiter*innenmilieu (knapp 70 %, Arbeiter*innen, Angestellte, Dienstleistende, kleine Selbstständige), (3) das unterprivilegierte Volksmilieu (gut 10 %, gering Qualifizierte) mit jahrelangen, verfestigten Erfahrungen sozialer Ohnmacht. Hier finden sich häufig Menschen ohne Lohnarbeit, gering Qualifizierte und prekär Beschäftigte.

Abgrenzung privilegiertes Milieu

Die zwischen (1) und (2) verlaufende Grenze der Disktinktion verweist auf den sich nach unten abgrenzenden Lebensstil des privilegierten Milieus. Vester führt dazu aus, dass nicht wenige Angehörige der Bildungsmilieus dazu neigen

> »die Welt nach den Gegensatzpaaren rational-emotional, kultiviert-ungebildet, fein-grob, ideell-materiell, spirituell-trivial, asketisch-vergnügungssüchtig, individuell-kollektiv usw. einzuteilen. Sie grenzen damit immer auch sich selbst gegen ›die Masse‹ ab.« (Vester 2009, S. 315)

Diese Grenze würde auch »von unten« wahrgenommen. So würden bei den oberen Milieus unerreichbare Vorbilder ebenso gesehen wie selbige als eingebildet, weltfremd, dünkelhaft gewertet.

Abgrenzung mittleres Milieu

Die zwischen (2) und (3) verlaufende Grenze der Respektabilität verweist auf die Abgrenzung des mittleren Volksmilieus nach unten. Dies geschieht über den Verweis auf eine respektable Lebensführung und eine gesicherte und anerkannte soziale (Berufs-)Stellung, die durch Leistung oder Loyalität verdient wurde. In einer besonderen Leistungs- und Pflichtethik seien die (2) wichtigen, geordneten und stetigen Arbeits- und Lebensverhältnisse verinnerlicht. Den unteren Milieus werden (von den höheren Milieus) die ihnen häufig auferlegten, eher unsteten und unsicheren Beschäftigungsverhältnisse entsprechend als Charaktermangel vorgehalten. Sie seien weniger zuverlässig, weniger bildungsorientiert, warteten eher auf günstige Gelegenheiten als zu planen (Vester 2009, S. 315). Die unteren Milieus, so Vester und Kolleg*innen, versuchen einerseits mehr soziale Anerkennung zu gewinnen, indem sie sich an höhere Milieus anlehnen. Andererseits schätzen sie die von anderen Milieus abgewerteten Eigenschaften positiv ein, indem sie sich als spontan, flexibel, fähig zur Improvisation, sozial etc. beschreiben (Vester 2009).

2.5 Klassen-, Schicht- und Milieutheorien – Wichtige Aspekte für die Klassismusforschung

Vergleich

Bevor wir der Frage der Ungerechtigkeit von sozialer Ungleichheit nachgehen, möchten wir nochmals wichtige Aspekte der Konzepte von Klassen, Schichten und Milieus herausarbeiten und die Grenzen, auch im Vergleich der jeweils unterschiedlichen Konzepte, darlegen.

Kritik an Klassenmodellen

Zunächst zur Kritik: An älteren Klassenmodellen wird beanstandet, sie seien zu undifferenziert und würden mit dem Hauptkriterium der Produktionsmittel zu wenig Merkmale sowie keine Mobilitätsprozesse in den Blick nehmen (Burzan 2011). Sie werden dadurch, so die Kritiker*innen, den neuen Herausforderungen der postmodernen Gesellschaften nicht gerecht. Eine zentrale Kritik an Schichtmodellen ist dagegen deren fehlende Erklärung, welche der vermessenen Ungleichheiten welche Bedeutung für die Struktur und Entwicklung moderner Gesellschaften habe (Benschop, Krätke & Bader 1998 zit. in Bell 2006).

> »Gegen die Schichtungstheorie wird eingewandt, sie könne neue Aspekte von Ungleichheit der Lebenschancen, wie die ungleiche Verteilung sozialer Lasten, nicht erklären; berücksichtige Randgruppen nicht; sei zu grob durch Übersehen von Lebensstilen u. Ä.; sei zu abstrakt für die Erfassung von schichtübergreifenden Interaktionen, Gefühlen, Interessen; sei zu statisch, zu ethnozentrisch durch Vernachlässigung der Unterschiede zwischen Gesellschaften.« (Endruweit und Burzan 2014, S. 419)

Kritik an Schichttheorien

Schichttheorien seien demnach u. a. zu statisch, zu beliebig, zu wenig theoretisch und rein deskriptiv. Sie könnten soziale Ungleichheiten sowie den sozialen Wandel nicht erklären und reflektierten Konfliktpotentiale und Herrschafts- wie Ausbeutungsverhältnisse nicht ausreichend mit, da sie prinzipiell von einer Durchlässigkeit ausgingen (Burzan 2011; Endruweit und Burzan 2014).

Gemeinsamkeiten

Es existieren jedoch auch Gemeinsamkeiten zwischen Klassen- und Schichttheorien. So unterteilen Klassen- wie Schichtmodelle Gesellschaften meist anhand von ökonomisch ausgerichteten Dimensionen in ungleichheitsrelevante Gruppen, die zum einen in der Regel klassen- oder schichtspezifische Handlungsorientierungen beinhalten (Burzan 2011, S. 66). Relevante Determinanten, die eben jene Gruppen identifizieren lassen, sind ähnliche Besitz- oder Einkommensverhältnisse, ähnliche Berufe oder ähnliche Qualifikationen (Geißler 2014a). Schicht- wie Klassenanalytiker*innen treffen zum anderen mehrheitlich die Annahme, dass typische sozioökonomische Lagen als äußere Merkmale oder Lebensbedingungen (über Sozialisationsphänomene) zu typischen Mentalitäten oder Lebensstilen (einem sog. schicht- und klassentypischen Habitus) bzw. »inneren« Persönlichkeitsmerkmalen führen.

> »Es entsteht so etwas wie ein ›Klassenbewusstsein‹ (Karl Marx), ›Schichtmentalität‹ (Theodor Geiger), ›Klassenhabitus‹ (Pierre Bour-

dieu), schichtspezifische Einstellungs- und Verhaltensmuster, klassen- bzw. schichtspezifische Subkulturen.« (Geißler 2014a, S. 94)

»social class«

Schließlich resultieren aus den Klassen- und Soziallagen mit ihren Ressourcen und Prägungen klassen- und schichttypische Lebenschancen und -risiken (Geißler 2014a, 2014b). Darum verwundert es nicht, dass im englischsprachigen Raum im Begriff »social class« Klassen- und Schichtmodelle oftmals nicht unterschieden werden (Endruweit und Burzan 2014).

Klassen-Schichten-Paradigma obsolet

Geißler (2014a) rekapituliert schließlich, dass das Klassen-Schichten-Paradigma mit dem Aufschwung der Lebensstil- und Milieuforschung als überholt und obsolet gewertet und damit zugleich die Bedeutsamkeit vertikaler Dimensionen in ihrer (steten) Bedeutsamkeit lange Zeit übersehen wurde. Über viele Jahre beherrschten »Entstrukturierungs- und Auflösungsvorstellungen den Mainstream der deutschen Sozialstrukturanalyse.« (Geißler 2014a, S. 128) Als Folge verengte sich zum einen die sozialstrukturelle Lebenschancenforschung in weiten Teilen auf eine kultursoziologische Lebensstilforschung und zum anderen verwandelte sich die sozialkritische Ungleichheitsforschung unter der Hand in eine ›postmoderne‹ Vielfaltsforschung ohne politische Verbindlichkeit, die bis hin zu einer (quasi ideologisch verursachten) Vernachlässigung und Verschleierung sozialer Ungleichheit führte. Statt der gesellschaftspolitisch problematischen Ungleichheit der Lebensbedingungen von Individuen stand die Vielfalt der Handlungsmöglichkeiten, Lebensführung und Lebensstile im Zentrum theoretischer Debatten (Geißler 2014a). »Schichten und Klassen werden hinwegindividualisiert, hinwegpluralisiert, hinwegdifferenziert, hinwegdiversifiziert, hinwegdynamisiert.« (Geißler 2014a, S. 129)

Anschlussfähige Milieuanalysen

Dabei, und das ist aus unserer Sicht einschränkend zur vorliegenden Analyse anzumerken, gibt es sehr wohl – wie wir mit Hradils und Vesters Milieumodellen zeigen konnten – Milieuanalysen, die auch die in Klassen- und Schichtmodellen relevanten Aspekte der objektiven Ungleichheitsbedingungen (wie etwa Bildung, Beruf, Einkommen und Macht) aufnehmen. Die in den Milieumodellen Hradils und Vesters eingelagerte Idee, vertikale Achsen der Ungleichheit um subjektive Faktoren, wie der identitätsprägenden Lebensweise, Werthaltungen und Grundeinstellungen, erweitern zu wollen (die u. a. bei Bourdieu bereits angelegt sind) unterscheiden sich dabei von stark auf den Lebensstil konzentrierten Milieuanalysen, wie etwa der Sinus-Studie (SINUS Markt- und Sozialforschung GmbH 01.10.2021). Sie sind damit in ihrer Nähe zu Klassen- und Schichtmodellen sowie der Reflexion von Stigmatisierungs- und Abgrenzungsmechanismen auch für Klassismusanalysen anschlussfähig.

Aktuelle Forschung

Aktuelle wissenschaftliche Arbeiten zeigen, dass die Gesellschaft nach wie vor eine vertikale Struktur aufweist und soziale Milieus wie Lebensstile und dahinterliegende Konsum- und Wahlentscheidungen, Mediennutzungsverhalten, Sozialisation von Kindern etc. nicht unabhängig vom Bildungsgrad, beruflicher Stellung und Einkommen zu sehen sind (Hradil 2006; Nachtwey 2018; Reckwitz 2019, 2020). Hradil (2006) verweist hierzu auf die besondere Prägekraft wirtschaftlicher Umstände in Zeiten der ökonomischen Stagnation und Rezession. In die gleiche Richtung argumentiert Geißler (2014a) im Anschluss an Wehler (2008), wenn aus seiner Perspektive vor allem die Polarisierung des Wohlstands, zunehmende Armut und Prekarisierung sowie anhaltende Bildungsungleichheit die Begriffe Klasse und Schicht sowie Klassen- und Schichtkonzepte wieder in den Mittelpunkt der Forschung rücken. Neuere Milieukonzepte (z. B. von Vester) knüpfen an Klassen- sowie Schichttheorien an und verbinden Lebensstile mit vertikalen Gesellschaftsstrukturen. Klassen-, Schicht- und Milieutheorien schließen sich demnach nicht mehr aus, »sondern [sind] unterschiedliche Ausschnitte einer vieldimensionalen komplexen Sozialstruktur.« (Geißler 2014a, S. 130) Damit kann behauptet werden, dass heute von gesellschaftlichen Klassenstrukturen in modifizierter und komplexerer Form ausgegangen werden kann.

Hierarchische Gesellschaftsstruktur

Klassismustheoretiker*innen der »sozialstrukturell-ungerechtigkeitsorientierten« Position gehen schließlich in Anlehnung an die hier vorgestellten Theorien von einer hierarchischen Gesellschaftsstrukturierung aus. Sie analysieren soziale Ungleichheit sowie Handlungschancen von Individuen *in* einer Gesellschaft und nehmen Mobilitätschancen in den Blick. Hierbei werden diese analysierten sozialen

Prozesse wie die vorgefundene Gesellschaftsstruktur auf der Grundlage normativer Annahmen als ungerecht bewertet (siehe nachfolgendes Kapitel).

Klassismusbegriff konkretisiert

Unter der Betrachtung der Vor- und Nachteile der vorgestellten Konzepte, scheinen uns vor allem Klassentheorien (Bourdieu 1987), die einen Bezug zur Lebensstilforschung besitzen, und/oder Milieutheorien (Vester 2014), die sich stärker an die Klassentheorien anlehnen, für eine Konkretisierung eines Klassismusbegriffs besonders gut geeignet. Durch die Kombination von sozialer Ungleichheit und der damit zusammenhängenden Strukturierung von »Oben« und »Unten« sowie mit den damit zusammenhängenden unterschiedlichen Lebensstilen der jeweiligen Klassen, können sie deutlich zeigen, dass Lebensstile zur Distinktion gebraucht werden. Das »Oben« und »Unten« wird durch die Definitionsmacht von »guten« und »schlechten« Lebensstilen auch kulturell zur Schau gestellt und in der Alltagspraxis sichtbar gemacht. Bourdieu und Vester gelingt es daher, eine Brücke zwischen Stigmatisierung und gesellschaftlicher vertikaler Strukturierung zu schlagen. Ferner verlassen die beiden hier genannten Wissenschaftler auch den Bereich der reinen Beschreibung und diskutieren in vielen ihrer Veröffentlichungen, inwieweit Ungleichheit auch ungerecht ist.

2.6 Mehr als nur ungleiche Sozialverhältnisse – Soziale (Un-)Gerechtigkeit und Klassismus

Ungerechte Ungleichheiten

Wie in den Kapiteln zu sozialer Ungleichheit (Kapitel II. 2.1) und Klassen- wie auch Schicht- sowie Milieutheorien (Kapitel II. 2.2–2.4) bereits erörtert wurde, befasst sich die Klassismusforschung mit gesellschaftlichen Differenzen und der Ungleichverteilung von wertvollen Gütern sowie der Herstellung von sozialen Hegemonien. Dabei tritt sie aus dem Bereich der reinen Beschreibung der Ungleichheiten hinaus und fragt spezifisch nach der *(Un-)Gerechtigkeit von gesellschaftlichen Ungleichheiten.* Hierbei bezieht sie auch zum Teil Stellung für benachteiligte Personen und Subalterne und diskutiert damit, welche Ungleichheiten als problematisch bewertet werden können und wann Gesellschaftsstrukturen, also Unterschiede zwischen Klassen und Schichten, nicht mehr hinnehmbar sind. Damit entfernt sich der Klassismusbegriff von der sogenannten »wissenschaftlichen Deskription« und verlässt den »werturteilsfreien Raum«, indem es die Daten bewertet – wohl auch, da ein Teil der Ungleichheitsforschung »zu dieser (für sie nicht eben unwichtigen) Frage wenig zu sagen hat, eher dazu neigt, sie gleichsam ›vor die Klammer‹ zu ziehen.« (Schmidt 2000, S. 383) Dieser Teil der Ungleichheitsforschung, z. B. die reine Sozialstrukturanalyse, verweilt auf der Ebene der deskriptiven Beschreibung. Daneben wird Ungleichheit auch als soziales Problem definiert, besonders von Vertreter*innen einer kritischen Soziologie oder der Kultursoziologie (Müller und Wegener 1995). Hier wird die Frage nach der Gerechtigkeit von Ungleichheit angesehen (Für einen Überblick zur sozialen Ungleichheitsforschung in Deutschland vgl. Otte 2021).

Bewertung sozialer Ungleichheiten

Auch Klassimusforscher*innen sehen soziale Ungleichheit als ein gesellschaftliches Problem an und beziehen daher die (il-)legitime Ungleichheit von Lebenslagen und deren Konstruktion mit in ihre Analyse ein. Anstatt auf reine Differenzen der individuellen Lebensführung oder Eigenschaften von Personen zu blicken, problematisieren sie die auf Klassenzugehörigkeit beruhende Ungleichbehandlung von Menschen und stellen die Frage nach der Legitimität von Ungleichheit. Klassismustheoretiker*innen beziehen damit Stellung, nehmen, indem sie Gesellschaftskritik üben, am politischen Diskurs teil und verlassen dadurch zum Teil das wissenschaftliche Feld. Klassismusforschung lehnt sich dabei auch an Philosophie, Ökonomie sowie politische Philosophie an. Dies spiegelt auch der Diskurs über die Folgen des Kapitalismus (vgl. Kapitel III. 1.) oder auch der Meritokratie (vgl. Kapitel III. 2.) wider. Es wird dadurch nicht nur ein reiner Vergleich (mehr/weniger, größer/kleiner, gleich/ungleich) gezogen, sondern es erfolgt eine Bewertung dieser sozialen Ungleichheit (gerecht/ungerecht, gut/schlecht) – womit wir bei Gerechtigkeitstheorien angekommen sind.

Gerechtigkeitstheorien

Das Konzept Gerechtigkeit basiert auf zwei Aspekten, die jeweils für sich unterschiedliche Definitionen erfahren können. Erstens sind das deskriptive Analysen von Verteilungen, die ungleich sein können (Neckel et al. 2004). Hierzu gehören beispielsweise unterschiedliche Verteilungen von Vermögenswerten, Macht oder Einkommen innerhalb sozialer Gemeinschaften, wie wir sie im Kapitel zur sozialen Ungleichheit diskutiert haben. Zweitens sind das normative Bewertungen dieser Strukturen, also inwieweit diese Verteilungen wie beispielsweise Vermögen, Macht oder auch Einkommen ungerecht verteilt sind bzw. inwieweit diese gerecht sind. Einfach ausgedrückt, stellt sich die Frage, ob z. B. das Einkommen einer*eines Vorstandsvorsitzenden auch im Vergleich zu einem*einer Bandarbeiter*in angemessen ist. Auf der Makroebene kann die Frage gestellt werden, ob die Vermögensverteilung in Deutschland ungerecht ist. Gerechtigkeit wird demnach an Ungleichheit und Ungleichbehandlung bemessen, insofern sie die sozialen Bedingungen erstrebenswerter Lebensaussichten und sozialer Mechanismen der Reproduktion systematischer Benachteiligung spezifischer Akteur*innen, Klassen bzw. Sozialmilieus darstellen (Böllert et al. 2018, S. 517). Dabei richtet sich der im »sozialstrukturell-ungerechtigkeitsorientierten« Klassismusdiskurs eingelagerte Gerechtigkeitsbegriff an Fragen der sozialen Ungleichheit sowie Ausbeutung und damit in der Stoßrichtung auf die (vertikale) Klassenstruktur der Gesellschaft aus. Ferner finden wir hinsichtlich seiner »antidiskriminatorischen« Position gerechtigkeitsorientierte Fragen der Gleichberechtigung und Identität – jedoch weiterhin innerhalb der vertikalen Struktur (zu der Differenzierung vgl. Nachtwey 2018).

Gerechtigkeitsideal

Um jedoch festzulegen, inwieweit solche sozialen Phänomene gerecht oder ungerecht sind, muss zunächst ein Ideal von *sozialer Gerechtigkeit* konstruiert werden, vor dessen Hintergrund überhaupt erst evaluiert werden kann. Die hierbei existierenden verschiedenen Ansätze zum Thema Gerechtigkeit sind sehr vielfältig und different. Es wird daher nicht möglich sein, einen Gesamtüberblick über Gerechtigkeitstheorien im Allgemeinen zu geben (einen historischen und breiten Überblick findet man bei Ebert 2015). Wir werden vielmehr unterschiedliche Typen von Gerechtigkeitstheorien vorstellen und zeigen, wo hier jeweils die Konzepte der Klassismusforscher*innen verortet werden können. Davor sollen jedoch zunächst allgemeine Konzepte zum Thema Gerechtigkeit skizziert werden.

Individuelle und soziale Gerechtigkeit

Individuelle Gerechtigkeit

Zuerst kann Gerechtigkeit in *individuelle* und *soziale Gerechtigkeit* differenziert werden (Otto 2013; Ebert 2015; Koller 2016). Individuelle Gerechtigkeit bezieht sich auf die einzelnen Akteur*innen in sozialen Gefügen und beruht auf der Forderung, jedem*jeder das zukommen zu lassen, was ihm*ihr zusteht und darauf, dass jede*r so behandelt wird, wie es diese Person verdient (Koller 1995). Somit werden zwei Variablen, nämlich Umstände und Handlungen, miteinander in Verbindung gebracht. Umstände sind situative Konstellationen in denen Akteur*innen handeln und agieren. Mit Handlungen sind Reaktionen auf die Aktionen der Akteur*innen gemeint, die in dieser Situation zur Verfügung stehen. Demnach umfasst individuelle Gerechtigkeit die Forderung, dass »Menschen einander auf eine Weise so behandeln sollen, die unter den jeweiligen relevanten Umständen angemessen, d.h. bei unparteiischer[34] Betrachtung für alle Betroffenen akzeptabel ist.« (Koller 1995, S. 54) Beispielsweise könnte hier eine Person vor Gericht angeführt werden, die vor dem Hintergrund eines Einbruchs, mithilfe der Gesetzesmöglichkeiten, (gerecht) bestraft werden soll. In pluralistischen Gesellschaften existieren unterschiedliche Bereiche, die unterschiedliche Gerechtigkeitsstandards verlangen und auch differente Reaktionen nach sich ziehen. Somit unterscheidet sich z. B. ein Einbruchsdelikt von einer illegitimen Handlung während eines Fußballspiels. Auch die darauffolgende Reaktion des Schiedsrichters bzw. der Schiedsrichterin, wird hier eine andere sein als die von einem*einer Richter*in vor Gericht.

Soziale Gerechtigkeit

Im Unterschied zur individuellen Gerechtigkeit umfasst die *soziale Gerechtigkeit* nicht ein Individuum, sondern eine ganze Gesellschaft.[35] Günter Dux postuliert soziale Gerechtigkeit, auch in Bezug auf moderne Gesellschaften, wie folgt: »[Soziale] Gerechtigkeit meint deshalb, allen die Möglichkeit zu geben, sich so in die Gesellschaft zu integrieren, dass sie an den ökonomischen und kulturellen Errungenschaften der Gesellschaft einen hinreichenden Anteil haben.« (Dux

2019, S. 9) Soziale Gerechtigkeit bezieht sich damit »auf [die] institutionelle Ordnung einer ganzen Gesellschaft, d. h. auf deren Regeln, Institutionen und Verhältnisse [...]«. (Koller 1995, S. 54)

Arten von sozialer Gerechtigkeit und deren Widersprüche

Gerechtigkeitsverständnis variiert

Was aber nun im Detail unter sozialer Gerechtigkeit verstanden werden kann, differiert und kann nicht pauschal beantwortet werden. Wie Peter Koller zeigt, ist der Begriff historischen Veränderungen ausgesetzt, wobei sich der moderne Begriff von Gerechtigkeit vom Verständnis älterer Konzepte deutlich abhebt (Koller 2016). Auch unterscheidet sich das Konzept von Gerechtigkeit sowohl zwischen Gesellschaften als auch innerhalb von Gesellschaften. Nach Ebert ist soziale Gerechtigkeit zunächst die angemessene Verteilung von Gütern und Lasten, wie etwa auch Rechten und Pflichten, Chancen und Freiheitsspielräumen, Macht und Einfluss auf Personen oder Personengruppen. Angemessen und somit gerecht ist die Verteilung dann, wenn sie regelgebunden, d. h. nicht willkürlich, *und* sozialethisch geboten ist (Ebert 2015, S. 38).

Was jeweils unter regelgebundener und gerechter Verteilung verstanden werden kann, ist jedoch weitestgehend different und kann nicht pauschal beantwortet werden. Dies gilt auch für den Begriff der Sozialethik. Vor diesem Hintergrund haben sich unterschiedliche *Postulate* (Koller 1995) oder *Gerechtigkeitsprinzipien* herauskristallisiert (Ebert 2015, S. 39 ff.), die sich zum Teil sehr ähnlich sind, jedoch z. T. auch stark unterscheiden. Nachfolgend werden wir vier zentrale Postulate kurz darstellen:

Vier zentrale Postulate

Gerechtigkeit als formale und unparteiliche Größe: Reaktionen auf Handlungen (z. B. Verteilung von Ressourcen) dürfen demnach nicht parteiisch oder willkürlich vonstattengehen, sondern müssen auf allgemeinen Regeln bzw. Normen basieren und losgelöst sein von den jeweiligen handelnden Individuen.

Reziprozität und soziale Gerechtigkeit: Darunter kann zusammenfassend verstanden werden, dass jede Person jeder anderen Person alle Rechte und Lasten zuspricht, die er*sie für sich selbst als zumutbar erachtet. Es dürfen demzufolge nur solche Handlungen getätigt werden, die selbst auch von anderen erwartet bzw. erwünscht werden.

*»Suum cuique« oder »Jedem*jeder das Seine«*: Dieses Prinzip wurde im römischen Recht auch als »Suum-cuique-Prinzip« tituliert. Hier wird davon ausgegangen, dass jede Person das bekommen soll, was ihm*ihr zusteht. Auf der anderen Seite soll jede*r zu dem verpflichtet werden, für was er*sie* bestimmt ist. Jedes Individuum soll demnach je nach »Wesen« bestimmten Ansprüchen und Verpflichtungen nachkommen und bekommt jeweils die individuelle Reaktion auf das eigene Handeln.

»Jedem das Gleiche« oder Gleichbehandlung als Gerechtigkeit: Im Unterschied zu »Jedem*Jeder das seine*ihre« betont Gleichbehandlung den Aspekt des Vergleichs mit anderen Akteur*innen. Gerechtigkeit besteht hier zwar aus Gleichbehandlung, meint aber nicht Homogenisierung.

> »Gerechtigkeit heißt nicht Gleichheit schlechthin, sondern Gleichheit in Bezug auf einen bestimmten Vergleichsmaßstab. Dies kommt in der klassischen Formulierung zum Ausdruck, dass Gerechtigkeit darin besteht, Gleiches gleich und Ungleiches ungleich zu behandeln.« (Ebert 2015, S. 44)

Gerechtigkeitsprinzipien konkretisieren

Auch wenn die Gerechtigkeitsprinzipien sehr logisch und einfach erscheinen, zeigen sich hier bestimmte Herausforderungen. Zum einen liegt ein Problem darin, dass diese doch sehr allgemein gefasst sind und daher konkretisiert sowie mit unterschiedlichen Inhalten belegt werden können/müssen. Beispielsweise stellt sich die Frage, wann Menschen als gleich gelten können und ob es (überhaupt) möglich ist, unparteiisch zu sein.

Widersprüchlichkeiten

Zum anderen können sich die hier aufgezählten Gerechtigkeitsprinzipien auch in bestimmten Situationen widersprechen. Besonders »Jedem*Jeder das seine*ihre« und der Aspekt der Gleichbehandlung können sich entgegenstehen. Darauf werden wir später noch zurückkommen, wenn die Idealtypen von Gerechtigkeitskonzepten im Konkreten vorgestellt werden. Gerechtigkeit kann, bezogen auf soziale Handlungen, nochmals konkretisiert werden (Koller 1995). Es ergeben sich dabei unterschiedliche Formen, die sich je nach Autor*in in ihrer Anzahl und Form unterscheiden (z. B. Ebert 2015, Koller 1995,

Otto 2013) und z. T. ähneln. Für das Konzept des Klassismus und die Klassismusdebatte stehen besonders die Verteilungsgerechtigkeit, Leistungsgerechtigkeit, Tauschgerechtigkeit, Bedarfsgerechtigkeit vs. Bedürfnisgerechtigkeit, Befähigungsgerechtigkeit und Chancengerechtigkeit im Zentrum.

Verteilungsgerechtigkeit

Koller (1995) sieht besonders die *Verteilungsgerechtigkeit* als bedeutsam an, da diese die Güter und Rechte vorgibt, die jedem Individuum zukommen sollen und andere Konzepte Verteilungsgerechtigkeit als Status quo voraussetzen. Verteilungsgerechtigkeit kommt zur Anwendung, wenn Akteur*innen gemeinsam einen Anspruch auf Güter oder Rechte haben oder Lasten erbringen müssen. Dies liegt z. B. bei Eigentumsgütern vor, wenn eine Dienstleistung oder Produkt in Kooperation produziert wird, wenn eine Gruppe bestimmte Güter bekommt und aufteilen muss oder wenn Individuen durch Kooperationen einen gemeinsamen Vorteil anstreben. Dies gilt auch für eine Sorgfaltspflicht gegenüber Subjekten (z. B. gegenüber anderen Menschen) oder Objekten (z. B. Eigentumsgüter), die von den Kooperationspartner*innen erbracht werden (müssen). Hier stellt sich die Frage, wie diese Handlungen der Personen bewertet und daraufhin die Güter und Lasten gerecht verteilt werden sollen. Die Verteilungsgerechtigkeit sieht sich hierbei unterschiedlichen Herausforderungen ausgesetzt. So treffen beispielsweise die Gerechtigkeitsprinzipien »Jedem*jeder das Gleiche« und »Jedem*Jeder das seine*ihre« oft konträr aufeinander, die je nach Gesellschaftskonzept unterschiedliche Gewichtung finden.

Leistungsgerechtigkeit

Das Konzept der *Leistungsgerechtigkeit* umfasst dagegen die gerechte Entlohnung von Leistung. Hierbei sind zwei Aspekte essentiell, die ihrerseits Leistungsgerechtigkeit bestimmen (Neckel et al. 2004). Das ist zum einen die Aufwandsdimension, also welcher Aufwand als Leistung bezeichnet und wie hoch diese Leistung bewertet wird. Zum anderen besitzt Leistungsgerechtigkeit den Faktor der Ergebnisdimension: Also wie dienlich Leistung ist, die durch den Aufwand erreicht wurde. Wie wir im Kapitel III. 2. über die Kritik des Klassismus am meritokratischen Prinzip zeigen werden, bilden sich auch hier (u. a. evaluative) Herausforderungen ab. Was kann als Leistung bewertet werden? Wie kann Leistung konkret definiert werden und welche Leistung ist, auch in Bezug auf die Entlohnung, »wertvoll«? Dies schließt den zweiten Punkt, nämlich den Aspekt des Ergebnisses mit ein. Welches Ergebnis ist wie viel wert und wer bestimmt das?

Tauschgerechtigkeit

Eine weitere Form von Gerechtigkeit umfasst die *Tauschgerechtigkeit*. Hier geht es darum, einer erbrachten Leistung eine adäquate Gegenleistung entgegenzustellen (Otto 2013, S. 993). Dies wird durch die Handlung der tauschenden Akteur*innen gegenseitig erwartet. Problematisch ist daran beispielsweise, was der tatsächliche Wert der zu tauschenden Güter bzw. Dienstleistungen ist. Dies zeigt sich auch vor dem Hintergrund, dass der Aufwand für die jeweiligen Güter unterschiedlich ist oder die Akteur*innen unterschiedlichen Aufwand betreiben müssen. Hier stellt sich ebenfalls die Frage, wer dies festlegen soll.

Bedarfsgerechtigkeit

Unter *Bedarfsgerechtigkeit* versteht man,

> »dass jedem Individuum die Deckung eines bestimmten Bedarfs – in der Regel im Sinne eines Mindestbedarfs – kraft eines fundamentalen Rechts als das Seine zusteht. Daraus ergibt sich als Gleichbehandlungsregel, dass alle Menschen bezüglich dieses Bedarfs gleichzustellen sind und dass die Befriedigung dieses Bedarfs nicht von anderen Voraussetzungen, etwa von einer Leistung, einem Verdienst oder einem bestimmten Status abhängen darf.« (Ebert 2015, S. 51)

Bedürfnisgerechtigkeit

Im Zusammenhang mit der Bedarfsgerechtigkeit geht das Konzept der *Bedürfnisgerechtigkeit* davon aus, dass Individuen unterschiedliche Bedürfnisse haben. Hier findet man, speziell im Vergleich zur Bedarfsgerechtigkeit, eine stärkere Fokussierung auf individuelle Anliegen von Akteur*innen (Ebert 2015, S. 51). Auch dabei stellt sich die Frage, inwieweit sich Gerechtigkeit an den allgemeinen Bedarfen einer Gruppe oder den individuellen Bedürfnissen orientieren soll?

Befähigungsgerechtigkeit

Befähigungsgerechtigkeit (Capability-Ansatz) setzt radikal an Verwirklichungschancen der Person an und misst gesellschaftliche Zustände daran, ob sie den Individuen solche positiven individuellen Freiheiten lässt, sich nach ihren subjektiven Wünschen zu entwickeln

(Sen 2010). Befähigung richtet sich laut Sen auf vier Dimensionen eines guten Lebens, die die aktiven und passiven Aspekte personaler Lebensführung ansprechen (Böhnisch und Schröer 2012): (1) *well being freedom*: die Freiheit, Dinge zu erlangen, die konstitutiv für das eigene Wohlergehen wichtig sind; (2) *well being achievement*: das Erlangen dieser gesetzten Ziele; (3) *agency freedom*: die Fähigkeit oder Freiheit, sein Handeln auf als wertvoll erachtete Umstände zu richten und (4) *agency achievement*: die Fähigkeit, diese Ziele selbstständig erreichen zu können.

Funktionsweisen

Unterschieden wird zwischen Funktionsweisen – als »tatsächlich realisierte wertgeschätzte Zustände und Handlungen, die für das eigene Leben als wertvoll erachtet werden und die die Grundlagen der Selbstachtung nicht in Frage stellen« (Ziegler 2011, S. 160) – und Capabilities – als »reale praktische Freiheit sich für – oder gegen – die Realisierung von unterschiedlichen Kombinationen solcher Funktionsweisen selbst entscheiden zu können.« (Ziegler 2011, S. 160)

Agency

Tätigkeiten (agency), als Fähigkeit, umfassen hierbei alle Ziele, die sich eine Person wünscht zu erreichen, gemäß der eigenen begründeten Werthaltungen (Sen 2010, S. 315). Hierbei muss die Gesellschaft vor dem Hintergrund von beispielsweise sozialen Grundlagen (Zugang zu Bildungs- und Gesundheitssystem), wirtschaftlichen Grundlagen (Zugang zum Arbeitsmarkt) sowie sozialen Schutzmechanismen (z. B. Schutz vor Gewalt, Ausbeutung) Voraussetzung für diese Befähigung jedes Individuums schaffen.

Chancengerechtigkeit

Chancengerechtigkeit umfasst schließlich die Möglichkeit und die Entwicklung von Fähigkeiten, bestimmte Güter oder Dienstleistungen erwerben und Lasten bzw. Nachteile, so gut wie möglich vermeiden zu können, sodass diese allen Gesellschaftsmitgliedern gleichermaßen offenstehen. Sie wird auch mit der Leistungsgerechtigkeit kombiniert, da diese durch die Chancengerechtigkeit hergestellt werden soll (Ebert 2015, S. 53).

> »Chancengleichheit ist daher das Gerechtigkeitsprinzip einer individualisierten Gesellschaft, denn mit ihr werden Autonomie, Eigenverantwortung und Selbstverwirklichung radikalisiert, die Konkurrenz

der Individuen innerhalb und zwischen den Gruppen erhöht und schließlich werden soziale und solidarische Bindungen untergraben.« (Nachtwey 2018, 112 f.)

Idealtypen von sozialer Gerechtigkeit und Klassismus

Selektionskriterien

Wie diese Ausführungen zeigen, gibt es zwar Gerechtigkeitsprinzipien und -konzepte, sie werden jedoch inhaltlich unterschiedlich ausgelegt und widersprechen sich zum Teil. Die Argumente für die jeweilige Position stammen aus den Wirtschaftswissenschaften, der Philosophie, der Soziologie oder auch den Politikwissenschaften, die aus unterschiedlichen historischen Epochen stammen. Die differenten Begründungen können nicht im Detail dargeboten werden, aber in Anlehnung an Wolfgang Merkel (Merkel 2007) und Harro Otto (2013) wird ein Feld aufgespannt, in dem Theorien und Ausrichtungen der Ungerechtigkeitstheorien verortet werden können. Dies geschieht mithilfe zweier Selektionskriterien: Das erste Kriterium bezieht sich auf die sozialen Akteur*innen und stellt die Frage, ob Gerechtigkeit vom *Individuum (Individualismus)* oder von der *Gemeinschaft (Kollektivismus)* her gedacht wird. Das zweite Kriterium umfasst die *distributive Konsequenz bei Ungerechtigkeit* und fragt nach Ressourcenverteilungsmechanismen. Dieser Punkt umfasst das Kontinuum zwischen *verteilungsorientierten* bis *nicht verteilungsorientierten* (privatisierten) Konzepten, oder anders ausgedrückt marktorientierten oder staatlich orientierten Verteilungsregulierungen. Diese Unterscheidung haben wir in Abbildung 5 dargestellt und vier Idealtypen benannt.

Marktwirtschaftlich-liberal

Der marktwirtschaftlich-liberale Ansatz (oben links in Abbildung 5) lehnt, in seiner strengsten Form, eine staatliche Verteilung bzw. Umverteilung von Gütern ab und stellt die Bedürfnisse des Individuums in den Fokus. Ihm folgend werden die Güter durch den Markt gerecht verteilt, und zwar deshalb, weil dieser natürlich gewachsen ist. Eine Verteilung bzw. Umverteilung würde die naturgegebenen Gerechtigkeitsstrukturen nur negativ verändern. Der Markt bestimmt somit den Tausch sowie die Verteilung. Die Bedürfnisgerechtigkeit kommt in diesem Fall vor der Bedarfsgerechtigkeit. Im Fokus steht »Jedem*Jeder das seine*ihre«, welches durch das Prinzip

Abbildung 5: Idealtypen von Gerechtigkeitstheorien.

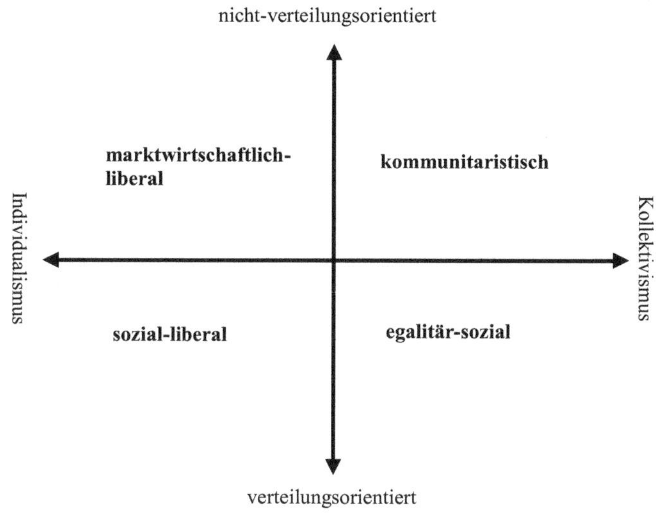

Quelle: In Anlehnung an Merkel 2015, S. 4.

der Meritokratie legitimiert wird. Der Markt fungiert hier als neutrale und unparteiische Größe, der soziale Gerechtigkeit schafft. Ein wichtiger Vertreter dieses marktwirtschaftlich-liberalen Ansatzes ist der Wirtschaftsnobelpreisträger August v. Hayek, der von der »Illusion der Gerechtigkeit« ausgeht (Hayek 1981). Da die Interessen einer Gesellschaft nie vollständig bestimmt werden können, muss die Freiheit geschaffen werden, dass Individuen die Befriedigung der eigenen Bedürfnisse individuell und autonom gestalten können. Der Staat darf und muss daher allgemeine Regeln schaffen, in deren Rahmen Akteur*innen ihre eigenen Interessen verfolgen können. Hierzu zählt beispielsweise die Rahmensetzung über ein Vertragsrecht oder der Schutz des Eigentums, die als Grundlagen für den freien Markt dienen. Eine weitere Einmischung durch staatliche Träger wird jedoch kritisch gesehen (Hayek 1981).

Ein wichtiger Vertreter des sozial-liberalen Ansatzes (unten links in der Abbildung 5) ist John Rawls. Für ihn stehen persönliche Freiheit, Sozial-liberal

Chancengleichheit sowie Verteilungsgerechtigkeit im Fokus. Er stellt folgende Grundsätze von Gerechtigkeit auf:

> »Erster Grundsatz: Jedermann hat gleiches Recht auf das umfangreichste Gesamtsystem gleicher Grundfreiheiten, das für alle möglich ist. Zweiter Grundsatz: Soziale und wirtschaftliche Ungleichheiten müssen folgendermaßen beschaffen sein: (a) sie müssen unter der Einschränkung des gerechten Spargrundsatzes den am wenigsten Begünstigten den größtmöglichen Vorteil bringen, und (b) sie müssen mit Ämtern und Positionen verbunden sein, die allen gemäß fairer Chancengleichheit offenstehen.« (Rawls 1979, S. 336)

Chancengleichheit ermöglichen

Somit stehen beim sozial-liberalen Ansatz die Schaffung von »Chancengleichheit« und die individuelle Freiheit im Fokus. Eine ungleiche Verteilung von begrenzten Gütern ist demnach nur dann zu rechtfertigen, wenn die wenigsten Begünstigten den größten Nutzen daraus ziehen können. Hier ist eine Umverteilung von knappen Ressourcen möglich, um Zufälligkeiten zu reduzieren und Chancengleichheit sowie Verteilungsgerechtigkeit zu gewähren. Dabei wird nicht von einem Markt als neutral regulierender Größe ausgegangen. Weitere Vertreter*innen sind der Nobelpreisträger für Ökonomie Amartya Sen (2010) und die Philosophin Martha Nussbaum (Nussbaum 2020), die den Capability-Ansatz oder auch Befähigungsansatz in den Mittelpunkt ihrer theoretischen Gerechtigkeitsansätze stellen.[36]

> »In diesem Ansatz wird der individuelle Vorteil gemessen an der Befähigung einer Person, die Dinge zu tun, die sie mit gutem Grund hochschätzt. Hat eine Person geringere Befähigung – weniger reale Chancen – als eine andere, die Dinge zu tun, die sie mit Grund hoch bewertet, wird ihr Vorteil niedriger eingeschätzt.« (Sen 2010, S. 259)

Positive Freiheiten

Das Konzept ist damit sehr stark mit der Idee der Freiheit verbunden. Chancen werden hierbei nicht als reine Subsumierungen von Endergebnissen verstanden, sondern als »umfassende Chancen«, Kompetenzen zu erwerben, um sich selbst zu verwirklichen (Sen 2010, S. 259).

Es geht also weniger um die realisierten Bedürfnisse als vielmehr um die realisierbaren Möglichkeitsspielräume. Der Capability-Ansatz verknüpft damit strukturtheoretische und subjekttheoretische Perspektiven und erlaubt »den Blick auf jene Ungleichheiten, die sich durch eine unterschiedliche Transformation von Gütern in positive Freiheiten ergeben, die sich in den Möglichkeiten der Lebensführung niederschlagen.« (Böllert et al., 2018, S. 521)

Dabei gilt bei beiden Ansätzen: Der Markt

> »besitzt zwar die Eigenschaften einer unübertroffenen Allokationseffizienz, aber die Herstellung gerechter gesellschaftlicher Zustände gehört nicht zu seinen Stärken. Der Hauptgrund für diese ethische Blindheit liegt in den ungleichen und ungerechten Zugangsbedingungen zum Markt.« (Merkel 2007, S. 5)

Kommunitarismus

Kommunitaristische Ansätze (oben rechts in der Abbildung 5) gehen davon aus,

> »dass soziale Normen ihren Ursprung und Rechtfertigungsgrund in der Zusammengehörigkeit von Menschen als Mitglieder konkreter historisch gewachsener Gemeinschaften haben. Sozial gerecht ist innerhalb dieser Gemeinschaften, was dem Zusammenhang und dem Bestand des Gemeinwesens dient.« (Otto 2013, S. 995)

Strukturfunktionalismus

Hierbei werden generalisierte Gerechtigkeitsprinzipien abgelehnt. Gerechtigkeit ist immer kontextabhängig und historisch zu betrachten, da beispielsweise plurale Gesellschaften keine gemeingültige Moral mehr besitzen oder weil diese aus der Gesellschaft historisch und durch Aushandlung immer wieder neu entstehen. Einer der bekanntesten Vertreter, Michael Walzer, geht von einer Art Strukturfunktionalismus aus und damit davon, dass in bestimmten Sphären unterschiedliche Arten von »Gerechtigkeiten« vorliegen. Für Walzer existieren unterschiedliche soziale Güter, wie beispielsweise »Mitgliedschaft und Zugehörigkeit«, »Sicherheit und Wohlfahrt«, »Geld und Waren«, »Erziehung und Bildung« sowie »Verwandtschaft und

Liebe«, die in unterschiedlichen Sphären Bedeutung haben und von der Gemeinschaft produziert werden. Während z. B. Geld in der Sphäre Markt als wichtigstes Gut deklariert wird, sollte in der Sphäre der Liebe emotionale Zuneigung dominant sein. Ungerechtigkeit entsteht dann, wenn die Eigenständigkeit einer dieser Sphären aufgehoben wird, d. h. wenn Liebe oder auch politische Ämter gekauft werden können und dann Geld alle anderen Sphären dominiert (Walzer 1994).

Egalitär-sozial

Der egalitäre-soziale Idealtyp (unten rechts in der Abbildung 5) geht in seiner extremen Form davon aus, dass kein Gesellschaftsmitglied »eine Position erlangen kann, die es ihm ermöglicht, andere zu beherrschen oder im Rang über ihnen zu stehen.« (Otto 2013, S. 995) Macht, Eigentum, Rechte und Besitz sind demnach gleich zu verteilen und jede*r sollte gleichbehandelt werden. Politisch sollten alle die gleichen Befugnisse besitzen. Politische Ämter dürfen daher, wenn überhaupt, nur kurz besetzt werden. Auch ökonomisch wie sozial soll die größte Gleichheit herrschen. Individuelle Bedürfnisse müssen dem Bedarf der Gesellschaft untergeordnet werden. Im Fokus des egalitären Ansatzes stehen damit vor allem Leistungs-, Verteilungs- und Bedarfsgerechtigkeit. Wie wir im Kapitel zu Klasse zeigen (vgl. Kapitel II. 2.2), kann Karl Marx als ein Vertreter dieses Idealtyps verstanden werden. Seine Idee von Gerechtigkeit, die er in seiner Theorie nicht explizit ausgearbeitet hat, zeichnet sich vor allem »durch Arbeitszentriertheit (gerechter Anspruch der Arbeiter auf das Arbeitsprodukt) und Klassen- oder Kollektivzentriertheit (Gerechtigkeit für die ganze Klasse statt individueller Gerechtigkeit)« (Ebert 2015, S. 255) aus.

(Un-)Gerechtigkeit benennen

Ein großer Teil der Klassismusforschung zeigt nicht nur Ungleichheiten auf, sondern benennt bestimmte gesellschaftliche Ungleichheiten als (Un-)Gerechtigkeit. Hierbei werden marktwirtschaftlich-liberale Vorstellungen, wie sie soeben idealtypisch beschrieben wurden, abgelehnt – wie wir dies nochmals in Kapitel III zur Kapitalismus-, Individualisierungs- und Meritokratiekritik skizzieren werden. Klassismusforscher*innen gehen davon aus, dass der Markt keine Gerechtigkeit herstellen kann, sondern vielmehr auf Kosten unterer Klassen Ungerechtigkeit produziert bzw. konserviert. Die Argumente, die von

Klassimusforscher*innen angeführt werden, lassen sich vor allem dem egalitär-sozialen Idealtyp zuordnen, der eine Nähe zur Klassentheorie von Karl Marx oder auch Pierre Bourdieu aufweist. Aber auch jene kommunitaristischen und sozial-liberalen Ansätze, die eine Nähe zum egalitär-sozialen Idealtyp aufweisen (z. B. Sen, Nussbaum), finden sich in den Argumenten wieder. Anschluss zu finden wäre hier an Holger Zieglers (2011) Auseinandersetzung mit dem Capability-Ansatz, wenn er konstatiert, dass diesem zufolge die Kritik ungleicher Verhältnisse sich nicht auf die Kritik ungleicher gesellschaftlicher Güter und Status beschränken kann. Vielmehr stellt sich die Frage nach der Herstellung und Verfestigung von (De-)Privilegierungen durch gesellschaftliche wie ökonomische (Re-)Produktionsverhältnisse sowie durch herrschende Repräsentations-, Interpretations- und Kommunikationsmuster. So können eben jene Verhältnisse und Muster (im Anschluss an Young, 2011) nicht nur in Ungleichheit und Armut, sondern auch in Demütigung, Diskriminierung, Entfremdung, Entrechtung, Marginalisierung, Missachtung, Nicht-Repräsentanz und Ausbeutung münden (Ziegler 2011, S. 159 f.). Häufig werden jedoch in Klassismusanalysen diese Gerechtigkeitstheorien nicht explizit genannt, sondern werden aus den Klassen- und Schichttheorien abgeleitet.

Moralismusverdacht

Durch die Bewertung von Ungleichheit begibt sich die Klassismusforschung aber auch in einen sogenannten »Moralismusverdacht«. Dies gilt vor allem aus einer sozialwissenschaftlichen Sicht, die zwar Ungleichheit benennt, vor dem Argument der wissenschaftlichen Neutralität[37] jedoch zum großen Teil keine explizite Bewertung der gesellschaftlichen Zustände vornimmt, sondern diese anderen Akteur*innen überlässt (Mau und Schöneck 2015). Die Klassismusforschung prangert hingegen die Lebensumstände von Subalternen und Menschen aus unteren Schichten/Klassen/Klassenmilieus an und kritisiert die Prozesse, die zu diesen führen.

3. »Antidiskriminatorische« Position und ihre theoretischen Grundlagen

»Antidiskriminatorische« Position

Nachdem wir in den vorherigen Kapiteln sowohl Macht und Herrschaft als Brückenkonzepte als auch die theoretischen Grundlagen der »sozialstrukturell-ungerechtigkeitsorientierten« Position erläutert haben, sollen nachfolgend die »antidiskriminatorische« Position und ihre theoretischen Grundlagen im Fokus stehen. Diese nimmt vor allem den Aspekt von Klassismus in den Blick, der sich auf die negative Bewertung, Benachteiligung, Diskriminierung, Verletzung, Ausgrenzung und den Ausschluss aufgrund von sozialer Herkunft und sozialer Position konzentriert. Um diese Merkmale beschreiben und verstehen zu können, wenden wir uns nun den Begriffen ›Stereotyp‹, ›Vorurteil‹, ›Stigma/Stigmatisierung‹ und ›Diskriminierung‹ zu.

3.1 Stereotype und Vorurteile

Stereotype

Mit *Stereotypen* sind jene Generalisierungen, d. h. verallgemeinernde, vorgefasste Annahmen über eine Gruppe von Personen gemeint, die allen Gruppenangehörigen – unabhängig von tatsächlichen Unterschieden zwischen ihnen – die gleichen charakteristischen Merkmale zuweisen. Die charakteristische Eigenschaft eines Stereotyps kann dabei körperlich, seelisch oder berufsbezogen sein (etwa blonde Haarfarbe als Kennzeichnen für geringe Intelligenz, Obdachlosigkeit als Hinweis auf Alkoholismus, Informatikstudium als Anzeichen für Kontaktscheue) (Aronson et al. 2014). Stereotype oder auch ›Etikettierungen‹ gelten als Folge ungeprüfter Wahrnehmung, als »Schubladen-Denken« und können ihrerseits positiv *oder* negativ sein. Einmal gebildet sind Stereotype auch angesichts neuer Informationen häufig immun gegen Veränderungen, stellen sich allerdings bei bewusster Betrachtung und kritischer Reflexion als unbegründet und oft ressentimentgeladen heraus (Bernstein und Inowlocki 2015).

Vorurteile

Stereotype können dabei zu Vorurteilen werden. Als *Vorurteile* werden mehrheitlich feindselige oder negative, emotional besonders wirkungsvolle Einstellungen gegenüber den Mitgliedern einer bestimmten Gruppe, und zwar allein aufgrund deren Zugehörigkeit zu dieser Gruppe, definiert.[38] Individuelle Eigenschaften oder Verhaltensweisen eines Mitglieds einer Gruppe bleiben entweder unbemerkt oder werden ignoriert (Aronson et al. 2014). Vorurteile umfassen (1) negative *Gefühle* (Abneigung, Abwertung, Furcht, offene Feindseligkeit) als affektive oder emotionale Komponente von Einstellungen. Gruppenunterschiede werden als unüberbrückbar gesehen. Die entwickelten Haltungen sind ablehnend bis feindselig. Sie enthalten (2) als kognitive Komponente negative *Überzeugungen* (Stereotypen), welche die Einstellungen legitimieren. Hierbei sind Annahmen oder Gedanken gemeint, die diese Einstellung ausmachen. Die Vorstellungen sind generalisierend und häufig sehr stabil, d. h. sie können auch bei widersprechenden Erfahrungen kaum korrigiert werden. Um Konsistenz aufrecht zu erhalten werten Menschen mit großer Wahrscheinlichkeit Informationen ab, die den eigenen stereotypen Überzeugungen widersprechen. Und Vorurteile gehen (3) oft mit einer *Verhaltensabsicht* einher, Objekte der Zielgruppe zu meiden, zu kontrollieren, zu dominieren oder gar auszulöschen (Gerrig et al. 2018). Diese Verhaltenskomponente bezieht sich auf das Handeln. Menschen haben demzufolge nicht nur bestimmte Einstellungen, sie verhalten sich auch entsprechend (vgl. Kapitel II. 3.3, zu den Merkmalen vgl. Aronson et al. 2014; Gerrig et al. 2018; Bernstein und Inowlocki 2015).

(Un-)Bewusste Vorurteile

»Der Begriff Vorurteil beschreibt somit Emotionen und Verhalten und bewertet sie vor einem normativen Hintergrund.« (Jonas 2014b, S. 600) Vorurteile können einerseits implizit-automatisch und damit unwillentlich Ergebnis unbewusster Verhaltensweisen sein. Sie können andererseits aber auch explizit und bewusst vorurteilsbehaftetes Handeln darstellen. Verschiedenste Aspekte unserer Identität können von Vorurteilen betroffen sein: u. a. Nationalität, Geschlecht, sexuelle Orientierung, die sozioökonomische Lage, Religion, aber auch Aussehen und körperliche Verfassung (Übergewicht, zugeschriebene Behinderungen, Krankheiten wie Aids etc.). »Stereotype und Vorurteile können Teil dieser Vorstellungen einer sozialen Ordnung sein und auch soziale Ungleichheiten legitimieren« (Bernstein und Inowlocki 2015, S. 16).

Ursprünge von Stereotypen und Vorurteilen – Wahrnehmung als grundlegender Zugang

> »Für die Erkenntnis und Reflexion von Stereotypen ist es wichtig, ihre universale Natur zu verstehen: Jeder Mensch stereotypisiert, weil wir die Komplexität der Wirklichkeit mit ihrem Informationsüberfluss nicht verarbeiten können.« (Bernstein und Inowlocki 2015, 18 f.)

Subjektive Wahrnehmung

Julia Bernstein und Lena Inowlocki (2015) leiten Vorurteile und deren Entstehen von der subjektiv-menschlichen Wahrnehmung ab. So nehmen Menschen Wirklichkeit nicht unmittelbar wahr, sondern erkennen ihre Umwelt in ihrer kulturellen (sprachlichen, bildlichen) Symbolisierung. Individuen erfassen Gegenstände nicht an sich, sondern im Verhältnis zu ihrer Bedeutung aus der je subjektiven Betrachtungsweise heraus. Prägend sind hierbei Sozialisationserfahrungen, die über Prozesse des Benennens und Bewertens den Zugang zur Welt steuern. Abgebildet ist dies in Alltagswissen und Handlungsorientierungen (Bernstein und Inowlocki 2015) oder es findet sich in Wissensbeständen wieder, wie beispielsweise Alfred Schütz in »Der Fremde« und »Denken wie üblich« beschreibt (Schütz 2016). Eben jene sind auch gesellschaftlich bedingt. So entwickeln die meisten Menschen vorurteilsbehaftete Einstellungen und bis zu einem gewissen Maß auch diskriminierende Verhaltensweisen allein dadurch, dass sie in einer Gesellschaft leben, in der sie mit stereotypen Informationen überhäuft werden und diskriminierende Verhaltensweisen die Norm sind (Aronson et al. 2014).

Soziale Kategorisierung

Für das Ausbilden von Stereotypen und Vorurteilen gilt der Prozess der *sozialen Kategorisierung* als grundlegend, durch welchen Menschen ihre soziale Umgebung organisieren (Bernstein und Inowlocki 2015; Aronson et al. 2014; Gerrig et al. 2018). Als erster Schritt für die Entstehung von Vorurteilen und als Kern sozialer Kognition gilt die Bildung von Kategorien – die Zuordnung von Menschen in Gruppen anhand bestimmter Merkmale. Ordnungskategorien sind dabei oft in binären Kategorien organisiert (hoch/tief, weiß/schwarz, lang/kurz, schnell/langsam, kompetent/inkompetent etc.). Demzufolge kategorisieren Menschen sich und andere in Gruppen,[39] wobei das Individuum als Mitglied der »In-Gruppe« gilt und »Out-Gruppen«-Zugehörige jene sind, mit denen das Individuum sich nicht identifiziert. Diese kognitive Unterscheidung führt häufig zu einer »In-Gruppen«-Verzerrung und *Eigengruppenbevorzugung*: um u. a. das eigene Selbstwertgefühl zu stärken, wird die eigene Gruppe als bessere beurteilt. Menschen der »Out-Gruppe« können dann Ziel feindlicher Gefühle und unfairer Behandlungen werden. Neben der Eigengruppenbevorzugung hat hier auch die fehlerhafte Wahrnehmung einer *Fremdgruppenhomogenität* Einfluss, d. h. der Glauben, dass Menschen in der »Out-Gruppe« gleich seien und die Gruppe homogener sei als die eigene Gruppe. Schließlich kann der Prozess der *Attributionsverzerrung* Einfluss nehmen. So neigten Menschen eher dazu, dispositionale Attributionen vorzunehmen, das heißt, das Verhalten eines Menschen auf Aspekte seiner Persönlichkeit oder seines Verhaltens und nicht auf die jeweilige Situation zurückzuführen. Stereotype seien demnach dispositionale Attributionen. Von Vorurteilen Betroffenen die Schuld zuzuweisen und anzunehmen, dass die Personen selbst etwas getan (oder eben nicht getan) haben müssen, um Opfer geworden zu sein, kann den Glauben an eine »sichere, gerechte Welt« stabilisieren – denn, wenn man selbst härter arbeitet, besser aufpasst etc., kann einem »so etwas« nicht passieren (Aronson et al. 2014).

Experimente zu sozialer Kategorisierung

Vorurteile werden auf diese Weise zum einen als unvermeidbares Nebenprodukt verstanden, Informationen zu verarbeiten und einzuordnen und zum anderen als Folge der Neigung beschrieben, Informationen zu kategorisieren, zu ordnen und Schemata zu bilden (soziale Kognitionen). In interessanten Versuchen von Henri Tajfel und Kolleg*innen (Tajfel 1982; Tajfel und Billic 1974) zu »Minimalgruppen« (und ihrer sozialen Identitätstheorie) finden sich Belege für eben jene beschriebenen Prozesse. Anhand eines Münzwurfs (Gruppe X und Gruppe W) oder der Meinung zu Künstler*innen, die die Befragten nicht kannten, wurden zwei Gruppen (»Klee-Stil« und »Kandinsky-Stil«) gebildet. Ungeachtet der Tatsache, dass die Teilnehmer*innen sich untereinander nicht kannten, verhielten sie sich während des Experiments so, als seien diejenigen, »denen man dasselbe bedeutungslose Etikett verpasst hatte« (Aronson et al. 2014, S. 431), gute

Freund*innen oder enge Verwandte. Die Studienteilnehmer*innen mochten »In-Gruppen«-Angehörige lieber, schrieben ihnen eine angenehmere Persönlichkeit zu als den Mitgliedern der Fremdgruppe, waren der Ansicht, »In-Gruppen«-Angehörige hätten bessere Arbeit geleistet und teilten ihnen mehr Geld und Belohnungen zu. Das heißt, selbst wenn die Gründe für eine Differenzierung gering sind, kann man als Mitglied der Eigengruppe gegen eine Fremdgruppe im Vorteil sein wollen und diese nachfolgend unfair behandeln. Gewinnt die eigene Gruppe, können Stolz und Identifikation mit der eigenen Gruppe zunehmen. Diese (Wahrnehmungs- und Handlungs-)Abläufe beschleunigen sich, wenn Ressourcen knapp sind und sich Mitglieder der Eigengruppe durch Mitglieder der Fremdgruppe stärker bedroht fühlen, so die *Theorie des realistischen Gruppenkonflikts* (Vorurteile und wirtschaftliche Konkurrenz). Eine Rechtfertigung der eigenen Vorurteile kann über unterschiedliche Zugehörigkeitserfahrungen und -zuschreibungen, wie etwa Religion oder »Familienwerte« erfolgen (Aronson et al. 2014). In unserem Fall wäre auch die Zugehörigkeit zu einer sozialen Klasse zu nennen.

Selbsterfüllende Prophezeiungen

Stereotype können zudem durch *selbsterfüllende Prophezeiungen* weiter aufrechterhalten werden. So beeinflussen Vorstellungen von Person A über Person B ihr Verhalten gegenüber Person B, was B dazu bringen kann, sich auf eine Weise zu verhalten, die den ursprünglichen Erwartungen von Person A entspricht. Wenn bspw. die Vorannahme besteht, eine Person sei »dumm«, werden ihr womöglich keine interessanten Fragen gestellt, wird ihr nicht genau zugehört, wird vielleicht gegähnt. Person B zieht sich dann ggf. zurück und kann ihre Fähigkeiten und Stärken nicht darstellen – was die Meinung von Person A bestätigt (Aronson et al. 2014). Im weiteren Verlauf können zudem negative Vorannahmen internalisiert werden (vgl. ebd., Bedrohung durch Stereotype). Wie beispielsweise hinsichtlich des Klassismus im Bildungssystem (vgl. Kapitel IV. 2.) zu sehen sein wird, können stereotype Zuschreibungen wie »hoffnungslos dumm«, »unerziehbar« und »nur für niedrigere Tätigkeiten geeignet« auf gesellschaftlicher Ebene für bestimmte Gruppen zu geringeren bis keinen Bildungsteilhabemöglichkeiten und -chancen führen.

3.2 Stigmatisierung als klassistischer Prozess

Auch Erving Goffman (*1922, †1982) befasste sich mit sozialen Zuschreibungen und dessen negativen Konsequenzen für das Individuum. Der kanadische Soziologe interessierte sich vor allem für Identitätskonstruktionen (Selbst- und Fremdzuschreibungen) vor dem Hintergrund von Alltagspraktiken und Lebenswelten (Engelhardt 2010). Besonders wichtig ist hierbei das Konzept von den Identitäten der Menschen, die er in soziale, persönliche und »Ich-Identität« differenziert. Mit *sozialer Identität* ist die Zugehörigkeit zu Gruppen oder auch sozialen Einheiten (z. B. Geschlecht, ›Arbeitslose‹) gemeint, die bestimmte Rollen sowie Rollenerwartungen beinhalten. Die *persönliche Identität* ist geprägt durch die Biografie des Individuums und macht die Person einzigartig sowie unverwechselbar (Goffman 2003, S. 35). Je nach Situation und sozialen Kontakten (z. B. fremde Person oder auch Freund*innen) kann jeweils die soziale Identität oder/bzw. die persönliche Identität in den Vordergrund treten. Dies bedeutet, dass in bestimmten Situationen mehr den Normen einer Gruppe oder eher den individuellen Vorlieben gefolgt wird. Die *Ich-Identität* ist ein Bindeglied zwischen sozialer und persönlicher Identität. Durch eine Art »Rollendistanzierung« steuert das Individuum, welche der beiden Identitäten stärker zum Vorschein kommt und bestimmt damit das eigene Alltagsverhalten (Goffman 2003, S. 65 f.). In diesem Aushandlungsprozess geht es somit darum, Rollenerwartungen zu erfüllen, sich jedoch gleichzeitig gegen die vollkommene Einverleibung durch die Erwartungen des sozialen Umfelds abzugrenzen. Es ist demnach ein Wandeln zwischen Konformität und Abweichung, welches schlussendlich zur Individualität führt (Goffman 1973). E. Goffman

Vor dem Hintergrund dieses Identitätskonzepts entwickelt Goffman seine Stigmatheorie. Indem er untersucht, wie Stigmatisierung entsteht, wie Stigmatisierte damit umgehen bzw. wie sie diese Stigmatisierungsprozesse »managen« und wie sie sich dabei fühlen. Stigmatheorie

»Der Begriff der sozialen Identität erlaubt uns, Stigmatisierung zu betrachten. Der Begriff persönliche Identität erlaubt uns, die Rolle der

> Informationskontrolle im Stigma-Management zu betrachten. Die Idee der Ich-Identität erlaubt uns, zu betrachten, was das Individuum über das Stigma und sein Management empfinden mag, und führt uns dazu, den Verhaltensregeln, die ihm hinsichtlich dieser Dinge gegeben werden, besondere Aufmerksamkeit zu widmen.« (Goffman 2003, S. 65)

Stigmatisierungsprozesse

Der Begriff des Stigmas – von Goffman aus dem Griechischen übernommen – bedeutet so viel wie Brand-, Stich- oder Wundmal und meint damit eine sichtbare Besonderheit, ein diskreditierendes Kennzeichen oder ein Zeichen für gesellschaftliche »Unehre« (Goffman 2003, 5 f.). Stigma und das Konzept der Identitätskonstruktion sind hierbei eng miteinander verwoben, da Stigmatisierungsprozesse die Identitätskonstruktion direkt beeinflussen. Durch Sozialisation werden dem Individuum Handlungs- und Bewertungssysteme an die Hand gegeben, die es ermöglichen, Fremde in bestimmte Kategorien einordnen zu können (s. o.). Sie geben vor, wie Zugehörige einer Gruppe zu sein haben bzw. wie diese sind. Individuen konstruieren beruhend auf gesellschaftlichen Vorannahmen soziale Identitäten, die sie anderen zuweisen. Somit besitzen Personen Vorwissen, wie fremde Personen, die einer Gruppe zugeordnet werden, zu sein haben (z. B. Hartz-IV-Empfänger*in; wohnungslose Menschen; Kinder aus Schichten, die das Bildungssystem nicht erreicht hat). Diese Normalitätsstandards werden im Prozess des sozialen Kontakts bestätigt oder revidiert. Goffman beschreibt dies wie folgt:

> »Die Gesellschaft schafft die Mittel zur Kategorisierung von Personen und den kompletten Satz von Attributen, die man für die Mitglieder jeder dieser Kategorien als gewöhnlich und natürlich empfindet. [...] Wir stützen uns auf diese Antizipationen, die wir haben, indem wir sie in normative Erwartungen umwandeln, in rechtmäßig gestellte Anforderungen.« (Goffman 2003, S. 4)

Ausprägungen sozialer Identität

Dies bedeutet, dass Menschen Erwartungshaltungen entwickeln, indem von Fremden gewisse Verhaltensmuster oder Eigenschaften angenommen werden. Diese gesellschaftlich erlernten Annahmen über den

Fremden betitelt Goffman als *virtuale soziale Identität.* Demgegenüber stehen, wie oben bereits angedeutet, die Eigenschaften, die der*die Fremde während des sozialen Kontakts an den Tag legt. Dies bezeichnet Goffman als *aktuale soziale Identität.* Wenn sich beide Identitäten unterscheiden und der*die Fremde herabgewürdigt wird, dann spricht der kanadische Soziologe von einem Stigma, was mit einer Normabweichung gleichgesetzt werden kann. Durch das Stigma wird die Person

> »[...] von einer ganzen und gewöhnlichen Person zu einer befleckten, beeinträchtigten herabgemindert. Ein solches Attribut ist ein Stigma, besonders dann, wenn seine diskreditierende Wirkung sehr extensiv ist; manchmal wird es auch ein Fehler genannt, eine Unzulänglichkeit, ein Handikap. Es konstituiert eine besondere Diskrepanz zwischen virtualer und aktualer sozialer Identität.« (Goffman 2003, S. 5)

Idealtypische Eigenschaften

Goffman entscheidet zwischen drei idealtypischen Eigenschaften, die einer Stigmatisierung zu Grunde liegen können. Zuerst nennt er die *»Abscheulichkeit des Körpers«* (physische Merkmale). Darunter fallen sogenannte physische Deformationen, wie Behinderungen, Narben oder andere Merkmale. Als zweites spricht Goffman von *»individuelle[n] Charakterfehler[n]«* (psychische Merkmale), worunter er Aspekte, wie z. B. Sucht, subsumiert. Als drittes nennt er das *»phylogenetische Schemata«* und meint damit z. B. nationale, religiöse, aber auch Schicht- bzw. Klassenzugehörigkeit (Goffman 2003).

Diskreditierung

Die Diskreditierung anhand dieser drei Merkmale entsteht immer vor dem Hintergrund sozialer und kultureller Kontexte, die normative Standards festlegen und bestimmen, was ›normal‹ ist und was nicht (vgl. Kapitel II. 1.). Die Person mit dem Stigma tritt hierbei immer in ein hegemoniales Verhältnis mit der von der Gesellschaft als ›normal‹ konstruierten Person, die den Bewertungen zufolge nicht von den Normalitätsstandards abweicht. Welche Folgen daraus entstehen, hängt von mehreren Faktoren ab. Zu nennen ist hier, inwieweit das Stigma durch die Beteiligten ersichtlich ist bzw. glaubt, sichtbar zu sein. Bei einem sichtbaren Stigma oder wenn davon ausgegangen wird, dass es erkenntlich ist, spricht Goffman von *diskreditierten Per-*

sonen; wenn dies nicht der Fall ist von *diskreditierbaren Personen.* Der Unterschied besteht darin, dass diskreditierte Personen so handeln, »als ob ihre bekannte Andersartigkeit irrelevant und nicht beachtet wäre. (Das entscheidende Problem dabei ist es dann,) mit der Spannung, die während sozialer Kontakte erzeugt wird, fertig zu werden« (Goffman 2003, S. 27), was Goffman als Spannungsmanagement bezeichnet. Dagegen steuern die diskreditierbaren Personen die Kommunikation über das Stigma selbst, indem sie die Entscheidungshoheit haben, ob und wem sie das ggf. wann mitteilen, d. h., indem sie Informationsmanagement betreiben (Beschäftigungsstatus, Schulabschluss etc.). Ferner kommt es darauf an, wie die »Nicht-Stigmatisierten« den Kontakt mit den »Stigmatisierten« gestalten. Erstens haben sie Vorannahmen, wie eine Person zu sein hat (s. o.) und zweitens haben sie mit ihrem Verhalten Einfluss auf die gesellschaftlichen Vorgaben über Normalität und »Nicht-Normalität«. Sie können die Normabweichung diskreditieren oder die Person mit dem Stigma besser behandeln als andere bzw. als es gesellschaftlich erwartet wird, was ebenfalls eine Art der Diskriminierung darstellen kann. Sie können Stigmatisierte gezielt *nicht* wahrnehmen und übergehen, sodass Betroffene ihre Stigmatisierung indirekt bemerken können. Ferner können sie die Rolle eines Brokers für diese Gruppe einnehmen, indem sie als eine Art Vermittler*in zwischen »Nicht-Stigmatisierten« und Stigmatisierten fungieren. Schlussendlich können sie so agieren, dass es zu einer Art Normalisierung kommt und das Stigma als solches nicht mehr wahrgenommen wird (Engelhardt 2010, S. 134).

3.3 Diskriminierung

Diskriminierungsbegriff

Ein weiteres wichtiges Konzept, das an die vorgestellten Theorien anknüpft, ist das der Diskriminierung. Der Begriff leitet sich ursprünglich aus dem lateinischen Wort »discriminare« (dt. unterscheiden) ab, hat jedoch im wissenschaftlichen Sprachgebrauch (und auch im Alltagssprachgebrauch) eine weitere, und für die Begriffslegung relevante, Funktion hinzugewonnen: So meint Diskriminierung nicht nur die kategoriale Unterscheidung zwischen Menschengruppen (soziale

Differenzierung, s. o.), sondern eine über die Zuschreibung von vermeintlich typischen Merkmalen und Eigenschaften hinausgehende, jedoch darauf basierende, Privilegierung oder aber strukturelle Benachteiligung bestimmter Personen oder Gruppen (Scherr 2021). Darüber werden – wie es bereits aus der Theorie zu sozialer Ungleichheit bekannt ist (vgl. Kapitel II. 2.1) – Macht, Teilhabe und Ressourcenverteilung mitbestimmt – die ihrerseits auch Gegenstand und Mittel der Diskriminierung sein können. Im Fokus der Begriffsbildung stehen dabei vordergründig die Benachteiligungen, der Ausschluss und die fehlende Teilhabe und damit die übereinstimmend als negativ anerkannte Schlechterbehandlung aufgrund zugeschriebener sozialer oder körperlicher Merkmale (Castro Varela 2022; Jonas 2014a). Diskriminierungen sind demzufolge eng mit sozioökonomischen Ungleichheiten und Machtasymmetrien verknüpft (Scherr 2021) und meinen

> »das Verwehren eines gleichberechtigten Zugangs zu gesellschaftlichen Ressourcen sowie das Verwehren gesellschaftlicher Anerkennung für Menschen basierend auf ihrer oder der ihnen zugeschriebenen Zugehörigkeit zu bestimmten Diversitykategorien.« (Czollek et al. 2019, S. 26)

Kategoriale Unterscheidung

Diskriminierungen liegen hierbei die bereits im Kapitel II. 2.1 und II. 3. angeführten sozialen Kategorisierungen und kategorialen Unterscheidungen zugrunde. Neben Klassismus können weitere Diskriminierungsformen, wie z. B. Rassismus, Ableismus, Adultismus, unterschieden werden (Czollek et al. 2019, 70 f.).

Marginalisierung

Wichtig hinsichtlich der Begriffsbestimmung ist die im Diskriminierungsbegriff angelegte *Verhaltenskomponente*, sodass bspw. innerhalb der Sozialpsychologie eine »ungerechtfertigte negative oder schädliche Verhaltensweise gegenüber einem Mitglied einer Gruppe allein wegen dessen Zugehörigkeit zu dieser Gruppe« (Aronson et al. 2014, S. 428) Diskriminierung ausmacht. Welches Verhalten hierbei als Diskriminierung eingeschätzt wird, kann sich in der Wahrnehmung der Opfer, Täter*innen und nicht direkt betroffener Gruppen mitunter stark unterscheiden (Jonas 2014a). In Anlehnung an Iris Marion Young (2011)[40] meint Diskriminierung also nicht alles, was verletzend ist, sondern: Diskriminierung hängt mit Praktiken der Ausbeutung (exploitation) (vgl. Kapitel III. 1.) und Marginalisierung (marginalization) zusammen (siehe beispielhaft Kapitel IV. 1.).

> »Marginalization is perhaps the most dangerous form of oppression. A whole category of people is expelled from useful participation in social life and thus potentially subjected to severe material deprivation and even extermination.« (Young 2011, S. 53)

Thematisiert wird in diesem Zusammenhang auch die Abhängigkeit von staatlichen Sozialleistungen und Folgen davon für gesellschaftliche Teilhabe.

Machtlosigkeit

Diskriminierung erzeugt zudem Machtlosigkeit (powerlessness), wie Ausbeutung und Unterdrückung zugleich auf Machtlosigkeit gründen (Kapitel II. 1.). Young (2011) verweist hier vor allem auf die Menschen, die in einer Vielzahl von Verhältnissen machtlos sind (fehlende Autorität, mangelnder Status, Selbstwert, in Begegnungen fehlende/r Anerkennung/Respekt).

Hegemonien

Diskriminierung hilft außerdem *hegemoniale Kulturvorstellungen durchzusetzen* (cultural imperialism) (vgl. Kapitel II. 1.). Young (2011) zielt hier auf die Universalisierung der Erfahrungen und kulturellen Werte dominanter Gruppen, die als Normen gesetzt werden (können).

> »Those living under cultural imperialism find themselves defined from the outside, positioned, placed, by a network of dominant meanings they experience as arising from elsewhere, from those with whom they do not identify and who do not identify with them.« (Young 2011, S. 59).

Systematische Gewalt

Schließlich steht Diskriminierung im Zusammenhang mit der Anwendung von Gewalt (violence). Young (2011) spricht hier von systematischer Gewalt, wie bspw. plötzlichen Angriffen auf diskriminierte Personen oder ihr Eigentum mit dem einzigen Ziel, die Person als Mitglieder der imaginierten, adressierten Gruppe zu verletzen, zu entwerten, zu zerstören. Czollek et al. (2019) ergänzen zudem das Auftreten von Exklusionsprozessen.

Wirkmacht von Diskriminierung

Wirkungsmächtige Normalitätsmodelle, historische und gegenwärtige Machtverhältnisse und Ideologien bilden die (Diskriminierungs-)Grundlage dafür, dass *bestimmte* soziale Gruppen markiert werden und für die jeweiligen (Minderheiten-)Gruppenmitglieder der Status eines gleichwertigen und gleichberechtigten Gesellschaftsmitglieds in Frage gestellt wird:

> »Durch Diskriminierung wird die Grenze zwischen dominanten und untergeordneten Gruppen, zwischen der Mehrheitsgesellschaft und Minderheiten, zwischen Normalität und unerwünschter Abweichung markiert« (Scherr 2016, S. VII).

Diskriminierung geht damit durch ihren gesellschafts- und machttheoretischen Bezug über die Konstruktionen »Vorurteil« und »Stereotyp« hinaus, die als Konstrukte eher selten gesellschaftstheoretisch rückgebunden werden. So kann diskriminierendes Handeln teils aufgrund von Vorurteilen, aber eben auch gänzlich ohne Vorurteile entstehen. Diskriminierung kann sich als Stigmatisierung, aber auch als De-Thematisierung oder/und Ignoranz äußern. Zudem kann gesellschaftsstrukturell verankerte Diskriminierung für Gesellschaften funktional werden, wenn ungleich verteilte Lebensbedingungen und -chancen über Zuschreibungspraktiken gerechtfertigt und akzeptabel[41] werden (Scherr 2021; s. u.; Scherr 2016).

Diskriminierungshandeln

Diskriminierungshandeln wird häufig auf den folgenden drei miteinander verwobenen Ebenen diskutiert (Scherr 2018). Auf der *Ebene alltäglicher/individueller Diskriminierung (1)* sind persönliche Haltungen, Aktionen, herabsetzende Äußerungen und benachteiligende Handlungen gemeint. Sie können, müssen aber nicht auf Vorurteilen gegenüber einer Gruppe basieren. Auf der *Ebene struktureller und institutioneller Diskriminierung*[42] *(2)* werden die gesellschaftliche Ebene sowie damit Praktiken der Herabsetzung und Ausgrenzung auf der Ebene von sozialen Institutionen (Regierungen und Verwaltungssystemen, Schulsystemen, Justiz, Kirche, Gesundheitssystem etc.), Organisationen und darin tätige Professionen in den Blick genommen. Von Interesse sind die Auswirkungen von Gesetzen, Politiken, Normen, Regeln und Sitten, die durchgesetzt werden und mit denen einige soziale Gruppen benachteiligt und andere bevorteilt werden (Gomolla 2017).

Strukturell

Strukturelle Diskriminierung meint hierbei das Vorliegen von Ausgrenzungs- und Benachteiligungsmechanismen in der Struktur der Gesamtgesellschaft. So werden in Gesellschaften, die auf Mittelschicht und Bildungsbürgertum ausgerichtet sind, Menschen aus Armutsklassen strukturell diskriminiert (vgl. Kapitel IV.). Strukturelle Diskriminierung kann sich aber auch darin zeigen,

> »wenn Kinder aus immigrierten und/oder materiell armen Familien wohnortbedingt auf Schulen angewiesen sind, in denen überdurchschnittlich viele Schüler_innen mit anderen Erstsprachen als Deutsch und/oder in prekären Lebenslagen aufeinandertreffen und die Ressourcenausstattung gemessen an den Erfordernissen unzureichend ist.« (Gomolla 2017, S. 149)

Institutionell

Institutionelle Diskriminierung als Hervorbringung und Verfestigung sozialer Unterschiede geht dagegen vom organisatorischen Handeln der Institutionen aus und resultiert aus vorgegebenen rechtlichen organisationalen Rahmenbedingungen, Arbeitsweisen und -kulturen der Organisationen, eingespielten Deutungsmustern sowie dem Handlungswissen und Berufskulturen der Akteur*innen und Entscheidungssituationen (Gomolla 2010). Diskriminierungen können hier (auch) ohne benachteiligende Absicht und unabhängig von individuellen Vorurteilen operieren und aufrechterhalten werden (Gomolla 2017). Als zentral – und um eine verkürzte Lesart zu vermeiden – gilt der Blick auf ein über die Organisationen hinausgehendes breiteres politisch-institutionelles und soziales Kräftefeld (Gomolla 2017). Auf der *Ebene der kulturellen Diskriminierung (3)* kommen diskursive und epistemische Aspekte in den Blick. Das heißt,

> »Wissen, Normen und Sprach-/Bilder, die in öffentlichen Diskursen sowie in Musik, Literatur, bildender Kunst (und anderen Künsten) vermittelt werden und in denen sich ausdrückt, dass eine soziale Gruppe über einer anderen steht.« (Czollek et al. 2019, S. 16)

Sie zielt auf soziale Rollen.

Diskriminierung kann von ihrer Art und Weise zudem folgendermaßen weiter ausdifferenziert werden:

Direkte vs. indirekte Diskriminierung: Vor allem hinsichtlich institutioneller Diskriminierung werden die zwei idealtypischen Varianten der direkten und indirekten Diskriminierung unterschieden (Gomolla 2017). *Direkte institutionelle Diskriminierung* wird als Folge regelmäßig stattfindender, intentionaler Handlungen in Organisationen beschrieben. Diese Handlungen werden entweder durch Gesetze und Vorschriften legitimiert oder sie sind in den Organisationen als informelle Routinen (›ungeschriebene Regeln‹) abgesichert (Gomolla 2017, S. 145). Beispiele sind hier das Aussetzen der Schulpflicht für Kinder mit unsicheren Aufenthaltsstatus, Selektionspraktiken im Bildungswesen entlang der Klassenposition, Benachteiligungen auf dem Wohnungsmarkt oder bei der Vergabe von Krediten. *Indirekte institutionelle Diskriminierung* sind dagegen alle institutionellen Vorkehrungen, Regeln und Praktiken, die *ohne* negative Absicht umgesetzt werden, jedoch Angehörige bestimmter Gruppen überproportional negativ treffen können. »Die Diskriminierung resultiert daraus, dass die Chancen, vermeintlich neutrale Normen erfüllen zu können, bei Angehörigen verschiedener sozialer Gruppen grundsätzlich ungleich verteilt sind.« (Gomolla 2017, S. 146) Direkte vs. indirekte Diskriminierung kann auf der Alltagsebene beobachtet werden, wenn z. B. tätliche Angriffe, Beleidigungen u. ä. direkt, unmittelbar und bewusst erfolgen können, aber auch indirekt die Privilegierung bestimmter Gruppen – bewusst oder unbewusst intendiert – zu Benachteiligungen anderer führen kann. Direkt vs. indirekt

Bewusste vs. unbewusste Diskriminierung: Wie bereits verdeutlicht, kann Diskriminierung intendiert, mit Absicht und bewusst über die Folgen für die negativ betroffene Person geschehen, wenn etwa Personen aufgrund des Namens, des Wohnorts etc. nicht zu einem Vorstellungsgespräch eingeladen werden. Diskriminierung kann jedoch auch unbewusst, ohne von Täter*innenseite intendiert, erfolgen, bspw. wenn Lehrer*innen deswegen keine Bildungsempfehlung für ein Gymnasium aussprechen, da andere Bildungswege für die Fami- Bewusst vs. unbewusst lie oder das Kind als die besseren, leichteren, eher erreichbaren erscheinen (vgl. Kapitel IV.).

Unmittelbar vs. mittelbar

Unmittelbare vs. mittelbare Diskriminierung: Hinsichtlich der unmittelbaren vs. mittelbaren Diskriminierung steht die zeitliche Dimension der Diskriminierung im Fokus. Ein Schuljahr wiederholen zu müssen oder aufgrund der Klassenzugehörigkeit – trotz gleicher Leistungen – keine Gymnasialempfehlung zu erhalten, kann als unmittelbare Diskriminierung gelten. Mittelbar ist sie dann, wenn durch die jeweilige Schullaufbahn, das Wiederholen einer Klassenstufe oder den niedrigeren Schulabschluss im Anschluss schlechtere Chancen z. B. auf dem Arbeitsmarkt bestehen.

Gesetzlich vs. ritualisiert

Gesetzlich-normative vs. ritualisiert-organisationelle Diskriminierung: Als gesetzlich-normative Diskriminierung kann bspw. die fehlende Berücksichtigung der Kategorie Klasse im Allgemeinen Gleichbehandlungsgesetz (»Antidiskriminierungsgesetz«) des Bundes gelesen werden. Beispielhaft für die ritualisiert-organisationelle Diskriminierung steht auch die Schulempfehlung, insofern sie bei gleichem Notenstand schichtabhängig unterschiedlich ausfällt.

Legitim vs. illegitim

»Legitime« vs. »illegitime« Diskriminierung: Bestimmte Ungleichheitsbehandlungen gelten gesellschaftlich (größtenteils) als problematisch, wie die Diskriminierung von Frauen*, andere – wie die Diskriminierung aufgrund der Staatsbürgerschaft – als eher legitim.

Wechselwirkungen

Zugleich existieren die unterschiedlichen Diskriminierungsformen nicht unabhängig voneinander. Seit den 1960er Jahren[43] wird daher in den Sozialwissenschaften über Zusammenhänge und Dynamiken verschiedener Diskriminierungsformen nachgedacht und die Blindheit gegenüber Differenzen innerhalb von Gruppenzugehörigkeiten (»intragroup differences«) kritisiert (Jacubowski-Torres und Ahrens 2015). Ein häufig zitiertes Konzept, das die Verschränkung und Wechselwirkungen unterschiedlicher Zugehörigkeiten und Positionierungen vertieft, ist das Intersektionalitätskonzept (Lutz et al. 2013; Winker und Degele 2009; Kupfer 2019; Marten und Walgenbach 2017).

Aufrechterhaltung beider Perspektiven

Albert Scherr (2010) betont die Verwobenheit sozioökonomischer Ungleichheiten und diskriminierender Unterscheidungen und fordert zugleich das Aufrechterhalten beider Perspektiven, denn es handele »sich um zwei zu unterscheidende, aber nicht voneinander unabhängige Formen gesellschaftlicher Hierarchiebildung.« (Scherr 2010, S. 36) Beide haben weitreichende Auswirkungen auf Lebenschancen und -bedingungen, wie den Zugang zu materiellen Ressourcen, Macht, sozialer Wertschätzung sowie zu Bildung und beruflichen Karrieren. Diskriminierungen können nur in Verschränkung mit Strukturen sozialer Ungleichheit angemessen analytisch und rechtlich-politisch bearbeitet werden (ebd.). Dabei geht er davon aus, dass im Rahmen der Diskriminierungsforschung und Antidiskriminierungspolitik solche Formen der Benachteiligungen thematisiert werden, die sich eben »nicht zureichend als Bestandteil oder Effekt von Klassenlage, Schicht- und Milieuzugehörigkeit bestimmen und erklären lassen« (ebd., S. 38). Gemeint sind hier Kategorien wie Alter, Geschlecht, natio-ethno-kulturelle Zugehörigkeiten(en) etc. Aus einem politisch breit diskutierten und rechtlich vorherrschenden Verständnis von Diskriminierung wird damit also Klassismus – als Diskriminierung aufgrund sozialer Herkunft und Position – ausgeklammert. Scherr (2010, S. 43) hält hierzu fest:

> »Diskriminierungen sind demnach – im Unterschied zu klassen- und schichtenbezogener Benachteiligung – konstitutiv mit Annahmen verschränkt, die in einem jeweiligen sozialen Kontext Normalität definieren und aus denen Mitgliedschaftsbedingungen und Teilnahmeregulierungen abgeleitet werden.« (Scherr 2010, S. 43)[44]

Folgenreiche Unterscheidungspraxis

Der aufgeführte Unterschied zwischen Diskriminierung und klassen- und schichtbezogener Benachteiligung wird damit begründet, dass Diskriminierung eben »nicht allein für soziale Positionszuweisungen bedeutsam« sei (ebd.), sondern auch negative Eigenschaftszuschreibungen umfasse und damit »Auswirkungen [habe], die über die Zuweisung einer benachteiligten Position in sozioökonomischen Hierarchien und Machthierarchien hinausreichen.« (Scherr 2010, S. 44)

> »Diskriminierung ist somit als eine mit bestimmten Personenkategorien und Gruppenkonstruktionen operierende, sozial folgenreiche

> Unterscheidungspraxis auf der Grundlage von gesellschaftlich einflussreichen Normalitätsannahmen und Wertemustern analytisch zu unterscheiden von solchen Privilegierungen und Benachteiligungen, die aus der direkten und indirekten Vererbung von Vermögen, Einkommen, formellen und informellen Qualifikationen und der an Klassenlagen und Schichtungspositionen gebundenen Verfügung über soziales Kapital und Chancen der Machtausübung resultieren.« (Scherr 2010, S. 46)

Klassismus als Klammer

Scherr (2016) verweist hierzu auf das Ausklammern von sozialer Herkunft und Armut aus dem Antidiskriminierungsrecht und das gerade hinsichtlich der Klassismusphänomene häufig unklar bleibe, was Folgen sozialer Ungleichheit und was Formen von Diskriminierung sind. Dass Benachteiligung aufgrund der Klassenlage und Diskriminierung als Konstrukte unter dem Schirm Klassismus zusammen gedacht werden können, stellen wir über die beiden Positionen der »sozialstrukturell-ungerechtigkeitsorientierten« und »antidiskriminatorischen« Position dar.

4. Klassismus - Ein Definitionsversuch

Zusammenfassung

Zum Abschluss dieses Kapitels werden die Ergebnisse hier nochmals kurz zusammengefasst und eine Definition vorgestellt (s. Abbildung 6). Zuallererst muss festgehalten werden, dass Klassismus in einem engen Zusammenhang mit Macht und Herrschaft steht. Macht und Herrschaft umfassen – knapp formuliert (vgl. genauer in Kapitel II. 1) – die Durchsetzung von Interessen wie Ansichten und dienen dem Statuserhalt oder der Statuserweiterung. Beide Prozesse sind damit für die Produktion und Reproduktion von Sozialstrukturen verantwortlich und führen gleichzeitig zur Legitimierung vertikaler Gesellschaftsstrukturierungen und Ausgrenzungen. Ferner eröffnen sie Handlungsoptionen, die exklusiv wirken können. Im Fokus stehen daher Fragen wie: Mit welchen Mitteln werden Macht bzw. Herrschaft durchgesetzt? Wie werden Macht- bzw. Herrschaftskonstellationen von bestimmten Gruppen für ihren eigenen Nutzen geschaffen? Welche Konsequenzen haben bestimmte Macht- bzw. Herrschaftskonstellationen auf die Gesellschaftsstruktur und bestimmte soziale Gruppen? Es geht somit um Legitimation, die Durchsetzung von Privilegien und die daraus entstehenden Folgen für die »Machtlosen« (Bourdieu 2003; Dahrendorf 1957; Weber 1972).

Zwei Idealtypen

Wenngleich der Begriff der Klasse als zentrales Merkmal dient, kann Klassismus, auch in Bezug auf Macht und Herrschaft, in zwei Idealtypen differenziert werden: die »sozialstrukturell-ungerechtigkeitsorientierte« Position und die »antidiskriminatorische« Position. Beide idealtypische Unterscheidungen wurzeln in unterschiedlichen Theoriefamilien (s. o.), können sich jedoch untereinander bedingen (Baron 2014).

Abbildung 6: Theorie und Definition des Begriffs Klassismus.

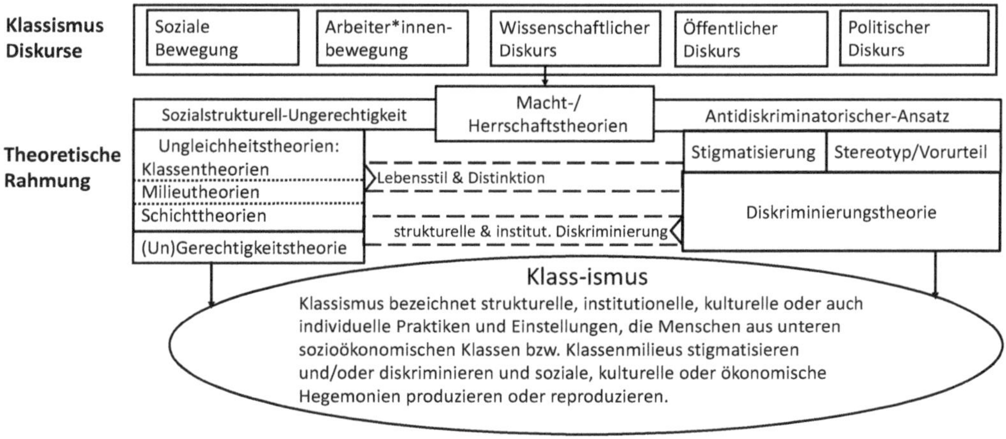

Quelle: Eigene Darstellung.

»Sozialstrukturell-ungerechtigkeitsorientierte« Position

Gesellschaftlich-strukturell

Die »sozialstrukturell-ungerechtigkeitsorientierte« Position baut vor allem auf Ungleichheitstheorien auf und entwickelt ihre Gesellschaftskritik aus Klassen-, Schicht sowie Milieutheorien. Diese Theorien fokussieren gesellschaftlich-strukturelle Ungleichheiten von sozialen Gruppen. Demnach bestehen Gesellschaften aus hierarchisch geordneten Fraktionen, sogenannten Klassen, Schichten oder Milieus (vgl. zur Unterscheidung Kapitel II. 2.5), die sich durch ungleiche materielle und immaterielle Ressourcenverteilung und Lebensstile sowie nachfolgend ungleich verteilten Lebens(-verwirklichungs-)chancen auszeichnen. Obere Klassen, Schichten oder Milieus besitzen demnach mehr materielle und immaterielle Güter als Personen aus unteren Klassen, Schichten bzw. Milieus, was eine ungerechte individuelle gesellschaftliche Teilhabe determiniert. Dieser Zustand wird im sozialstrukturell-ungerechtigkeitsorientierten Klassismusdiskurs aus einer Gerechtigkeitsperspektive analysiert.[45] Diese Rahmung besitzt insofern einen normativen Charakter, als dass Zustände auf Basis von Ungleichheitsparametern als ungerecht bezeichnet werden. Kritisiert werden vor allem die Folgen des Kapitalismus, das Konzept der Meritokratie und die Folgen von sozialen Individualisierungsprozessen (vgl. Kapitel III.).[46] Wie wir nachfolgend noch beispielhaft zeigen, spiegeln sich die Wirkungen dieser ungerechten Prozesse speziell in den Bereichen des Bildungssystems, Rechtssystems oder auch des Arbeitsmarkts wider. Durch sie wird eine »ungerechte« Klassengesellschaft reproduziert und legitimiert. Im Fokus stehen demzufolge strukturelle Ungerechtigkeiten, die sich aus einem Klassensystem ergeben sowie Mechanismen der Reproduktion dieses Systems. Hierbei werden die Durchsetzung und der Erhalt von Macht sowie Privilegien analysiert, die sich aus einer Klassengesellschaft ableiten und »Unten« und »Oben« (re-)produzieren. Unserer Ansicht nach sind es vor allem neuere Klassentheorien, und zwar diejenigen, die Lebensstilelemente berücksichtigen, sowie neuere Milieutheorien, die sich an Klassentheorien anlehnen, die für die Präzision des Begriffs Klassismus sehr gut geeignet sind. Durch die innerhalb der Ansätze dargestellte Verbindung zwischen der Ausformung von Lebensstilen und der Beschreibung sozialer Ungleichheitsstrukturen können unseres Erachtens in Klassismusphänomenen angelegte Distinktions- wie (Re-)Produktionsprozesse aufgedeckt sowie Verbindungen zur »antidiskriminatorischen« Position hergestellt werden. Daneben gibt diese Symbiose ein Analyseinstrument an die Hand, mit der die Konstruktion von Normalität (z. B. guter Geschmack) und der Umgang mit Abweichung (z. B. Sanktionierung), auch vor dem Hintergrund von Hegemonien machtanalytisch eruiert werden kann.

»Antidiskriminatorische« Position

Nimmt auch innerhalb des »antidiskriminatorischen« Ansatzes die vertikale Strukturierung der Gesellschaft in Klassen in Form der dadurch entstehenden sozialen Gruppen(-zugehörigkeiten) eine wichtige Rolle ein, so bilden unseres Erachtens doch vordergründig Theorien der Stigmatisierung, Stereotypisierung sowie Vorurteils- und Diskriminierungsforschung sein Fundament. Diese theoretischen Zugänge eint die Voraussetzung der Existenz sozial-normativer Vorgaben in einer Gesellschaft und die Annahme, dass ein Abweichen davon eine Identitätsverletzung oder Sanktionierung nach sich ziehen kann. Demnach können Menschen aus oberen Klassen, Schichten bzw. Milieus gegen Menschen aus unteren Klassen, Schichten bzw. Milieus Vorurteile besitzen, die sich wiederum bewusst, aber auch unbewusst in Diskriminierungsprozessen äußern können. Die darin zum Ausdruck kommende Stigmatisierung erfolgt aufgrund der sozialen Herkunft oder gesellschaftlichen Position. Dafür werden bestimmte Merkmale als normal definiert und Abweichungen von dieser konstruierten Norm bzw. dieses Ideals sanktioniert. Anders als beim »sozialstrukturell-ungerechtigkeitsorientierten« Ansatz stehen innerhalb der »antidiskriminatorischen« Position eher Einstellungen und deren Folgen, also die Ebene der individuellen oder auch institutionellen Diskriminierung im Fokus.

Antidiskriminatorisch

Zusammenfassend analysiert der »antidiskriminatorische« Ansatz vor allem Ausgrenzungs- und Abwertungsprozesse von sozialen Identitäten (z. B. das Vorurteil, Menschen aus der Unterschicht seien faul). Daneben werden aber auch z. T. Fragen der Konstruktion von Normalität sowie Normen, vor dem Hintergrund einer Klassen-/Schicht-/Milieuzugehörigkeit, analysiert. Besonders Ansätze zur institutionellen sowie strukturellen Diskriminierung bieten hier eine Verbindung zur Ungleichheitsforschung und damit auch zur »sozialstrukturell-ungerechtigkeitsorientierten« Position. So kann der Zugang über strukturelle Diskriminierung deutlich machen, dass soziale Ungleichheiten so-

Abwertungs-/Ausgrenzungsprozesse

zial hergestellt werden, indem (in Institutionen) Gleiches ungleich und Ungleiches gleich behandelt wird und derartiges diskriminierendes Verhalten Teilhabemöglichkeiten bewusst oder unbewusst beschränkt oder ermöglicht. Der Fokus auf institutionelle und strukturelle Diskriminierung kann demnach hilfreich sein, um vertikale Gesellschaftsstrukturierungen aufzudecken, die durch Institutionen – jenseits von individuellen Prozessen – produziert und reproduziert werden.

Ineinandergreifende Positionen

Wie die Ausführungen zeigen, greifen beide Positionen – die »sozialstrukturell-ungerechtigkeitsorientierte« wie »antidiskriminatorische« – ineinander, da beispielsweise Definitionsmacht erlaubt, Normalität als Norm festzulegen sowie Abweichung von dieser Norm zu sanktionieren: »Klassismus bedeutet also, Gruppen anhand von Besitz, Fähigkeiten, Herkunft und mehr verschieden zu bewerten und in die ›Normalität‹ von Konkurrenz, Besitz, Reichtum und Macht zu zwingen.« (Niggemann 2021, S. 48) Gleichzeitig führen auf Hierarchien basierende Ausgrenzung, Sanktionierung und Abwertung von Identitäten ihrerseits zu strukturellen Hierarchien innerhalb der Gesellschaft. Diese werden durch diese Prozesse legitimiert sowie strukturell verfestigt und führen damit zu unhinterfragter »Normalität«. Es sind damit zwei Seiten einer Medaille. Beide Positionen ziehen Klassenstrukturen für ihre Argumente heran, nichtsdestotrotz basieren beide Positionen auf unterschiedlichen Argumenten und Theorielinien, die bezüglich ihrer jeweiligen Analyse miteinander verwoben sein können.

Synonyme Begriffe

Im Kontext dieses Buches werden wir die Begriffe Klassen, hier im Anschluss an Bourdieu, Schicht und Klassenmilieus weiterhin synonym verwenden, wobei wir vorrangig auf die Begriffe Klasse oder Klassenmilieus zurückgreifen. Wie bereits erwähnt, vertreten wir, auch in Anlehnung an aktuelle Gesellschaftsanalysen (Nachtwey 2018; Reckwitz 2019, 2020), die Ansicht, dass der Begriff der Klasse bzw. Klassenmilieus die aktuelle Strukturierung der Gesellschaft am besten abbildet. Daneben beziehen sowohl Klassen- als auch Milieutheorien den Lebensstilansatz mit ein und bieten damit einen Erklärungsansatz für Klassismusprozesse.

Untere Klasse

Die Bezeichnung *untere Klasse, untere Klassenmilieus,* die wir ebenfalls verwenden, soll dabei Gruppen von Individuen beschreiben, die anknüpfend an den Schichtbegriff u. a. hinsichtlich ihres Einkommens und Vermögens am unteren Rand der Gesellschaft stehen (vgl. Kapitel I). Bezogen auf die dargelegten Klassentheorien verstehen wir zudem untere Klassen als jene Personengruppen, die »nur« ihre Arbeitskraft zur Verfügung stellen können und kein hohes institutionell-kulturelles und ökonomisches Kapital zur Verfügung haben. Ferner besteht eine besonders große Abhängigkeit vom Arbeitsmarkt oder sozialen Unterstützungsleistungen. Hierzu gehören z. B. erwerbsarbeitslose Menschen, Menschen in der Wohnungs- bzw. Obdachlosigkeit, Arbeiter*innen, auch Landarbeiter*innen, Hilfsarbeiter*innen und z. T. auch Bauern wie Bäuer*innen.[47] Wie bei den hier vorgestellten Definitionen, bleibt auch unsere Definition z. T. amorph. Der begriffliche Zugang über untere Klassen soll dennoch für unseren Zweck ausreichen, um als Arbeitsdefinition der Analyse ungerechter Ungleichheiten – bzw. konkreter: feldspezifischer Klassismusphänomene – dienen zu können. Uns ist dabei sehr wohl bewusst, dass jede Benennung auch zugleich Zuschreibung sein kann. Das zeigt auch die gängige Bezeichnung von Klassenzugehörigkeiten als »oben« und »unten« mit ihrer stark hierarchisierenden Zuschreibung (Czollek et al. 2019). Ohne derartige Beschreibungen können jedoch Ungleichheitsverhältnisse nicht aufgedeckt werden. Wir sind uns auch im Klaren darüber, dass die von uns später angeführten Studien auf unterschiedliche Einteilungen zurückgreifen – jedoch grundsätzlich immer von einer vertikalen Gesellschaftsstruktur von mindestens einem Oben – Mitte – Unten (siehe Kapitel II. 2.3) ausgehen. Wir sind daher der Überzeugung, dass sie unsere Argumente bekräftigen und unterstützen.

Definition Klassismus

Vor diesem Hintergrund und der hier dargebotenen unterschiedlichen Schwerpunktsetzung innerhalb des wissenschaftlichen Diskurses, definieren wir Klassismus wie folgt:

Klassismus bezeichnet strukturelle, institutionelle, kulturelle oder auch individuelle Praktiken und Einstellungen, die Menschen aus unteren sozioökonomischen Klassen bzw. Klassenmilieus stigmatisieren und/oder diskriminieren und soziale, kulturelle oder ökonomische Hegemonien produzieren oder reproduzieren.

III. Klassismus und seine strukturell-kritische Perspektive

Klassismus umfasst, wie u. a. Rassismus oder auch Sexismus, sowohl makro-, meso- als auch mikroperspektivische Aspekte (Barone 1998). Auch wenn wir diese Unterscheidungslogik im Buch aufbrechen (da sich die Ebenen nicht immer klar voneinander differenzieren lassen) dient sie doch z. T. als Orientierung. Im folgenden Kapitel werden wir vorrangig Kritikpunkte erörtern, die nach dieser Unterscheidung auf der *Makroebene* anzusiedeln sind und das Zusammenspiel zwischen Wirtschaft, Gesellschaft und Politik sowie die daraus entstehenden Folgen für Menschen aus unteren Klassen analysieren. Darunter fallen ferner auch kulturelle Alltagsabläufe oder Denkstrukturen, die solche Ungleichheiten, bewusst oder auch unbewusst, begründen, generieren oder reproduzieren. Vor diesem Hintergrund kristallisieren sich innerhalb der Klassismusdebatte vier Diskurse heraus, die wir als wichtig erachten (s. Abbildung 7). Erstens ist es die kritische Perspektive auf den Kapitalismus als gesellschaftsstrukturierendes Phänomen. Zweitens ist es der Individualisierungsdiskurs, der in Opposition zur Klassentheorie steht, und Klassenzugehörigkeit als eine Art individuelle Entscheidung deklariert. Drittens ist es die Kritik an der Ideologie der Meritokratie, die strukturelle Ungleichheiten durch das Prinzip der »Herrschaft durch Leistung« legitimiert und viertens stigmatisierende Einstellungen gegenüber Individuen aus unteren Klassen (Abwärtsklassismus). Daran anknüpfend soll hier auch ein kurzer Exkurs zum Begriff des Aufwärtsklassismus kritisch diskutiert werden. Dieser Begriff beleuchtet Einstellungen gegenüber Eliten hauptsächlich empirisch. Hinsichtlich der Kapitalismus-

Makroebene

kritik verweisen wir vor allem auf die Theorien im Kapitel II. 2., in dem wir bereits unterschiedliche Ansätze zum Thema Ungleichheit und (Un-)Gerechtigkeit vorgestellt haben, die im Diskurs immer wieder aufgenommen werden. Dennoch möchten wir hier die Argumente im Allgemeinen kurz zusammenfassen und mit der Debatte über Individualisierung, Meritokratie und Einstellungsdaten verbinden (s. Abbildung 7). Auch in diesem Kapitel verknüpfen wir Argumente von Autor*innen, die in ihren Ausführungen explizit von Klassismus sprechen, mit Abhandlungen, die zwar den Begriff nicht ausdrücklich verwenden, jedoch ähnliche oder auch identische Argumente anführen. Ferner versuchen wir, die Begründungen nochmals stärker theoretisch anzubinden.

Abbildung 7: Klassismus und Kritik an Kapitalismus, Meritokratie und Individualisierung.

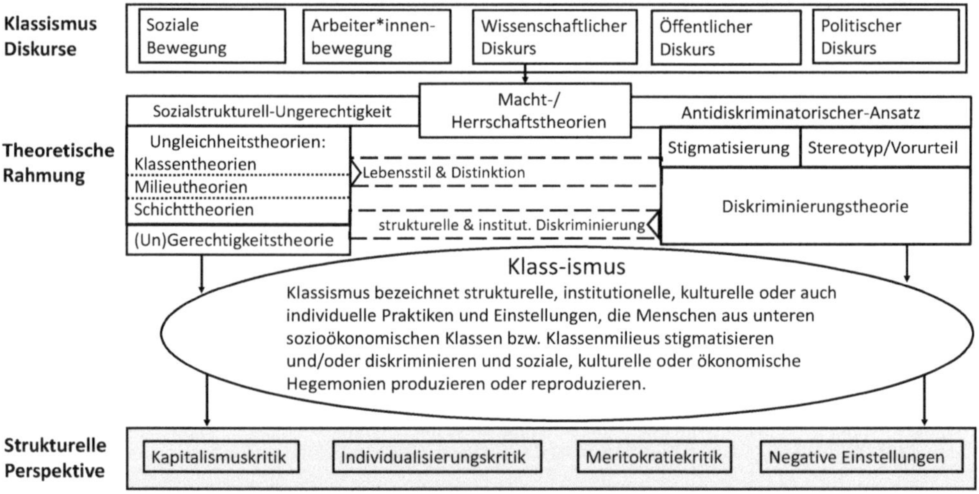

Quelle: Eigene Darstellung:

1. »Der kapitalistische Geist als gerechtes Ordnungssystem« - Klassismuskritik und Kapitalismus

Bedeutung des Kapitalismus

Bestimmte Forschungen widmen sich der Entstehung von Klassen im Allgemeinen und der »Arbeiter*innenklasse« im Speziellen. Im Fokus steht hier die Entwicklung von Gesellschaftsstruktur sowie die daraus entstehenden Zwänge, die soziale Gruppen benachteiligen, ausgrenzen sowie diskriminieren (Barone 1999). Viele Klassismusforscher*innen lehnen sich dabei explizit oder z. T. auch implizit an kritische Gesellschaftstheorien (Kapitel II. 2.) oder auch Gerechtigkeitstheorien (Kapitel II. 2.6) an, um die Genese unterschiedlicher Klassen zu analysieren. Klassismus kann demnach (auch) als Ergebnis eines kapitalistischen Gesellschaftssystems verstanden werden. Was Kapitalismus ist, kann hier nicht in ausführlicher Form behandelt werden, auch weil sich dieser in stetigen Wandlungen befindet und er auf globaler Ebene in unterschiedlichen Formen zu Tage tritt. Zusammenfassend und verkürzt kann festgehalten werden: Der Kapitalismus

> »based on private ownership of the means on production (agriculture, industry, and technology) in which owners' profits derive from the labor of people who receive fixed wages (rather than a share of profits). Economic growth is driven by competition in the marketplace (thought of as a ›free market‹) in which fairness is assumed to emerge from market forces in the absence of regulation (e. g., by government or unions).« (Adams et al. 2016a, S. 214)

Kapitalismus als Ideologie

Auch wenn sich der Kapitalismus regional und auch historisch (z. B. Finanzmarktkapitalismus vs. Industriekapitalismus) unterscheidet, soll hier festgehalten werden, dass die unterschiedlichen Formen des Kapitalismus nicht allein das ökonomische System steuern, sondern Kapitalismus eine Ideologie ist, die die Gesellschaft als Ganzes strukturiert. In diesem Kontext wird daher auch behauptet: »In einem Verständnis von Klassismus und Kapitalismus ist […] eine Gesellschaft mit einer kapitalistischen Ökonomie zwangsläufig immer klassistisch.« (Kemper 2015, S. 29) Armut und Klassenverhältnisse als reale sozioökonomische Phänomene, haben – so die Grundannahme – ihren Ursprung in der materiellen Basis der Gesellschaft und damit der kapitalistischen Produktionsweise (Hezel 2021). Diese Abhängigkeit vom Kapitalismus und die Grundlage im Kapitalismus selbst, so Greenleaf und Kolleg*innen (2016), würden Klassismus schließlich auch von Rassismus und Sexismus unterscheiden. Klassismuskritik kann dann als Ziel haben, mittels Gesellschaftsanalyse Herrschafts- und Machtverhältnisse auf klassistisch motivierte Benachteiligung zurückzuführen und erklären, wie eine kapitalistische Klassengesellschaft aufrechterhalten wird (Seeck und Theißl 2021).

Klassismus verstärkende Faktoren

Es werden in diesem Zusammenhang vor allem drei Argumente angeführt, die aus dem Kapitalismus hervorgehen und Klassismus erzeugen oder verstärken: Erstens das Privateigentum, zweitens die hierarchischen Strukturierungen von Arbeitsabläufen sowie drittens die kapitalistische Arbeitsteilung (Barone 1998, S. 7) und Regulierung der Verteilung durch den sogenannten freien bzw. deregulierten Markt. Bezüglich des *Privateigentums* wird z. B. in Anlehnung an Marx argumentiert, dass Menschen aus der Arbeiter*innenklasse keinen Mehrwert akkumulieren könnten und sie dadurch strukturell diskriminiert seien. Daraus würden sich Ausbeutungsverhältnisse[48] entwickeln, die z. B. in bestimmten Bereichen (z. B. Müllentsorgung, Textilindustrie) zu menschenunwürdigen Arbeitsbedingungen führen. Ferner hätten *hierarchische Strukturierungen von Arbeitsabläufen* und Arbeitsteilung eine ungleiche Verteilung von Macht zur Folge (Barone 1998). Dadurch, dass Arbeitsabläufe in Weisungshierarchien unterteilt seien, könne zwischen Weisungsgeber*innen und -empfänger*innen unterschieden werden (vgl. Kapitel II. 1.). Dabei sei die Arbeiter*innenklasse in Arbeitsabläufen meist Weisungsempfängerin und habe somit eine untergeordnete Position inne. Dieser Prozess führe innerhalb von Produktionsprozessen automatisch zu Machthierarchien. Die *kapitalistische Arbeitsteilung* habe dabei einen ähnlichen Effekt. Durch die Arbeitsteilung innerhalb der Gesellschaft würden Aufgaben erzeugt und Individuen, z. B. durch Legitimationsprozesse wie etwa den Verweis auf Bildungsabschlüsse, zugewiesen. Vor diesem Hintergrund komme es in »modernen Gesellschaften« zu einem Herausarbeiten von bestimmten und heterogenen Arbeitsbereichen und Spezialisierungen. Die jeweiligen Arbeiten werden durch z. B. Gehalt oder auch durch hierarchische Strukturierungen mit einem bestimmten Wert versehen. Durch die Arbeitsteilung werden »wertvolle« Positionen geschaffen, Personen zueinander positioniert und in eine Hierarchie gesetzt. Diese Faktoren spiegeln sich nicht nur in wirtschaftlichen Produktionsprozessen wider (vgl. Kapitel IV. 1.), sondern bestimmten und zementierten die sozialen Lagen von Individuen innerhalb einer (kapitalistischen) Gesellschaft.[49] Der *freie Markt* wird hier als »neutrale Instanz« konstruiert, der die Verteilung von wertvollen Gütern (z. B. Waren, Arbeitskraft) aus sich heraus regelt und legitimiert. Es wird kritisiert, dass die agierenden Akteure auf dem Markt jedoch nicht mit gleichen Ressourcen ausgestattet sind (z. B. Informationen, Kapitalausstattung). Durch die Deregulierung des Marktes, kommt es zu einer hegemonialen Struktur, von der bestimmte Gruppen weitaus mehr Vorteile generieren können als andere. Demnach ist der Markt keine neutrale Verteilungsinstanz mehr, wie es oft affirmiert wird. Forscher*innen können zeigen, dass sich die Ungleichheit durch Deregulierung weiter verschärft und Eliten vom freien Markt weitaus mehr profitieren können (Butterwegge et al. 2017).

Hegemonie oberer Klassen

Demnach sei die Herstellung von hierarchisch angeordneten Klassen und ein gesellschaftliches Machtgefälle in der Natur des Kapitalismus begründet, der politisch gefördert wird. Die Arbeiter*innenklasse entwickelte sich aus den vom Kapitalismus vorgegebenen Gesellschaftsstrukturen und -prozessen, die unter anderem mit strukturellen Zwängen und Gewalt einhergehen (Barone 1998). Greenleaf et al. (2016) nennen hier u. a. das stetige Steigern der Arbeitskraft der Arbeitnehmenden, um den Anteil der Mehrproduktion und den Profit zu erhöhen. Ausbeutung äußere sich in Form von Misshandlung, geringer Entlohnung und Entmenschlichung. Die Unterdrückung der Arbeiter*innenklasse gehe über die wirtschaftlichen Strukturen des Kapitalismus und die ihm innewohnenden Kräfte sowie die kapitalistische Produktionsweise hinaus und verfestigen sich auch in der Gesellschaftsstruktur als Ganzes. Ohne institutionelle und kulturelle Praktiken könne die Hegemonie der kapitalistischen Produktionsweise und des Klassismus nicht aufrechterhalten werden. Familie, Rechts- und Justizsystem, Regierung, religiöse Institutionen, Unternehmen, Gemeindeorganisationen, Schulen und Gesundheitssysteme sind so organisiert, dass die Vorherrschaft oberer Klassen aufrechterhalten werden kann. Als Essenz der Leistungsgesellschaft und als Eckpfeiler der kapitalistischen Ethik würde in den Institutionen die allgemeine Überzeugung propagiert, dass bestimmte Individuen oder Klassenangehörige wichtiger, schlauer, fleißiger und letztlich verdienstvoller seien (Greenleaf et al. 2016, vgl. Kapitel III. 2. und II. 1.). Francis Seeck (2010) wie auch Jan Niggemann (2009) führen hierbei an, dass durch diese neoliberale Wirtschaftspolitik die Vermarkt- und Verwertbarkeit von Menschen im Mittelpunkt stehen und damit Nutzen- und Verwertungslogik von Menschen immer stärker in den Vordergrund rücken. Aus dieser Konkurrenz entspringt eine Ellenbogengesellschaft, die in ihrer Dynamik unweigerlich ›Verlierer*innen‹ und ›Abgehängte‹ hervorbringt (Niggemann 2009). Groh-Samberg, Hurch und Waitkus (2018) können vor diesem Hintergrund statistisch belegen, dass neoliberale Wirtschaftsprozesse die Marktmacht der geringer qualifizierten Arbeitnehmer*innen einschränkt und verringert, während durch ökonomische Gewinne aus Kapital und privilegierten Positionen die Marktmacht von Mitgliedern der oberen Klassen weiter vergrößert wird: »In freien Märkten dominiere statt des trickle-down das trickle-up: Statt zu breiter Wohlstandsverteilung komme es zu Reichtumskonzentration.« (Mau 2015, S. 42)

Globale Vermögensverteilung

Bezüglich des Privateigentums wird in der Klassismusdebatte, wie oben dargelegt, das fehlende Akkumulieren von Mehrwert in unteren Klassen moniert, was sich besonders in der Verteilung von Einkommen und Vermögen widerspiegelt. Unter anderem erlaubt der »World Inequality Report 2022« einen statistischen Blick auf konkrete *globale* Zahlen zu werfen. Es zeigt sich, dass seit den 1980er Jahren die Einkommens- und Vermögensungleichheit fast überall auf der Welt zugenommen hat (Chancel et al. 2022, S. 10). Dies wird vor allem den kapitalistischen Deregulierungs- und Liberalisierungsprogrammen zugeschrieben, die in den einzelnen Ländern in unterschiedlichsten Formen durchgesetzt wurden. In Ländern wie beispielsweise den USA, Russland oder Indien kam es zu einer starken Zunahme, während es in einigen Staaten in Europa, zu nennen sind hier die eher sozial aus-

Abbildung 8: Globale Einkommens- und Vermögensverteilung im Jahr 2021 in %.

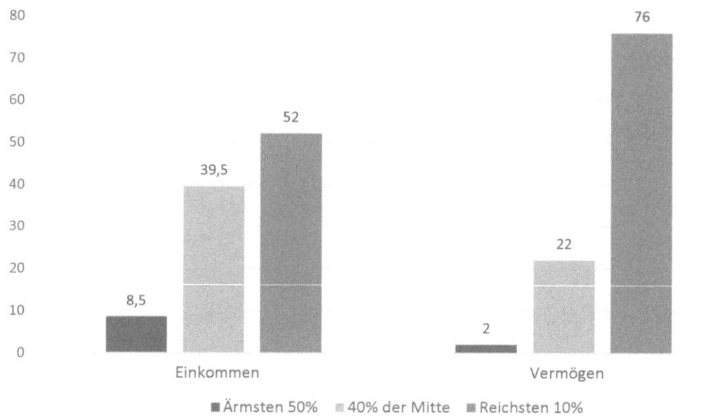

Quelle: In Anlehnung an Chancel et al. 2022. Interpretation: Die ärmsten 50 % der Welt besitzen 8,5 % des global erwirtschafteten Einkommens und 2 % des globalen Vermögens nach Kaufkraftparität (KKP)[51]. 10 % der Reichsten der Welt besitzen 52 % des global erwirtschafteten Einkommens und 76 % des globalen Vermögens nach KKP.

gerichteten skandinavischen Staaten (Esping-Andersen 1990), zu einem geringeren Anstieg der Einkommens- und Vermögensungleichheit kam. Hinsichtlich des Einkommens wird deutlich, dass eine Person aus den oberen 10 % der weltweiten Einkommensverteilung im Durchschnitt 87.200 € pro Jahr bezieht, während eine Person aus der ärmsten Hälfte 2.800 € pro Jahr erarbeitet. Hinsichtlich des Vermögens zeigt sich eine stärkere Ungleichverteilung. Die unteren 50 % der Bevölkerung besitzen im Durchschnitt ein Vermögen von 2.900 €. Dies gründet in der Regel auf den Besitz von Grundstücken, Wohnungen, Einlagen oder Bargeld. Den mittleren 40 % gehören demnach 2 % des globalen Gesamtvermögens (durchschnittlich 40.900 € pro Erwachsenen), während die obersten 10 % knapp 76 % des Vermögens besitzen (durchschnittlich 550.900 € pro Erwachsener). Dieses Vermögen beruht zum großen Teil auf Aktien und Anleihen. Die ärmste Hälfte der Weltbevölkerung besitzt somit 2 % des gesamten globalen Nettovermögens, während die reichste Hälfte 98 % des gesamten Vermögens auf der Erde besitzt (s. Abbildung 8).[50] Thomas Piketty (2017) zeigt in seinem Buch »Das Kapital im 21. Jahrhundert«, dass die Einkommen durch Arbeit nur schwach zunehmen oder sogar von der Inflation »aufgefressen« werden, während der Wohlstand der besitzenden Klasse weiter ansteigt. Vom Kapitalismus haben daher meist Gruppen der oberen Klassen sehr selektiv profitieren können. Den wenigen Gewinner*innen des kapitalistischen Systems, so Bude und Staab (2016), stehen viele Verlierer*innen gegenüber.

Nationale Vermögensverteilung

Für einen Blick auf nationale Statistiken zur Einkommens- und Vermögensverteilung bietet sich z. B. der aktuelle Armuts- und Reichtumsbericht der Bundesregierung an (Bundesministerium für Arbeit und Soziales 2021). So ist ihm zu entnehmen, dass soziale Ungleichheit – hier als Ungleichheit der Einkommens- oder der Vermögensverteilung – bis etwa 2005 angestiegen ist und sich seitdem auf einem ähnlichen Niveau stabilisiert hat. »Der Gini-Koeffizient[52] der Einkommensverteilung lag in Deutschland in den Jahren bis 2017 bei etwa 0,29. Die obere Hälfte der Verteilung verfügte über 70 Prozent aller Einkommen, die untere Hälfte über 30 Prozent.« (Ebd., S. 44) Nach dem Armuts- und Reichtumsbericht der Bundesregierung stagniert die Einkommensungleichheit, wohl auch da im Jahr 2020 neben den Einkommen im unteren Bereich der Einkommensverteilung die mittleren Einkommen ebenfalls gestiegen sind.

Wiederanstieg Einkommensungleichheit

Die Analyse von SOEP-Daten zeichnen ein differenzierteres Bild. Demnach ist die Einkommensungleichheit seit 2005 weiter gestiegen, wobei dieser Anstieg, im Vergleich zum Anfang der 2000 Jahre, verlangsamt und sich zwischen 2005 und 2010 stabilisiert hat. Seit 2010 nimmt die Einkommensungleichheit jedoch wieder zu und liegt im Jahr 2016 über dem Wert von 2005 (Spannagel und Molitor 2019).

> »Seit Ende der 2000er Jahre nimmt die Entwicklungsdynamik an den Rändern der Verteilung deutlich zu. Reichtums- und vor allem Armutsquoten steigen und die Armutslücke wächst stark. Das unterste Dezil verliert real an Einkommen, in der oberen Hälfte (also ab dem 5. Dezil) hingegen steigen die Einkommen kräftig.« (Spannagel und Molitor 2019, S. 14)

Das Vermögen ist hierbei deutlich ungleicher verteilt als Einkommen – was auch ein Gini-Koeffizient von 0,71 (Nettovermögen der Haushalte) bzw. 0,78 (individuelle Nettovermögen) zeigt. »Haushalte in der oberen Hälfte der Verteilung besaßen etwa 97,5 Prozent, Personen in der oberen Hälfte der Verteilung etwa 99,5 Prozent des Gesamtvermögens« (Bundesministerium für Arbeit und Soziales 2021, S. 44). Die Vermögensungleichheit war, so der Armuts- und Reichtumsbericht, seit 2008 leicht gesunken, im Jahr 2018 jedoch weiterhin auf hohem Niveau. Erbschaften, die die Ungleichheit der Vermögensverteilung beeinflussen, machen rund 35 % des Gesamtvermögens aus (Bundesministerium für Arbeit und Soziales 2021). Die Armutsrisikoquote[53] wird mit 14 % bis 16 % angegeben, wobei die Armutsrisikoquote bei erwerbstätigen Menschen bei 8 bis 10 % liegt (Bundesministerium für Arbeit und Soziales 2021, S. 45).

Polarisierung

Forschungen zeigen, dass sich innerhalb der Einkommens- und Vermögensverteilung Klassenunterschiede zementiert haben und durch starke Polarisierung gekennzeichnet sind (Groh-Samberg et al. 2020). Mithilfe zweier Fünfjahresperioden (2008–2012 und 2013–2017) wurde die Mobilität innerhalb der Klassengesellschaft gemessen. Abbildung 9 zeigt den Anteil der Personen aus den jeweiligen Lagen in der ersten Fünfjahresperiode auf die sozialen Lagen in der nächstfolgenden Fünfjahresperiode (Abstromprozente). Hierbei zeigt sich eine sehr hohe Immobilität in der Lage der Armut als auch im Lager der Wohlhabenheit. 70 % der Personen, die sich 2008 bis 2012 in der Lage der Armut befanden, befinden sich auch in der Periode 2013 bis 2017 noch in dieser Lage. Dies gilt auch für 65,5 % der Personen, die dem Lager der Wohlhabenheit zugeordnet werden. Auch die Mitte zeigt sich als sehr stabil. Knapp zwei Drittel verharren in dieser sozialen Lage. Hier sind Aufstiege auch häufiger vorzufinden als Abstiege.

Abstiegsprozesse

Die Autor*innen fassen das »Nicht-Aufstiegszenario« und die »Abstiegsprozesse« in den unteren Klassen wie folgt zusammen:

> »In Deutschland ist es über die vergangenen 34 Jahre zu einem systematischen Rückgang von Aufstiegsmobilität aus unteren in höhere soziale Lagen gekommen. Die Anteile der Personen aus der Lage der

Armut, die auch in der nächstfolgenden Fünfjahresperiode in Armut verbleiben, steigen von etwa 40 % in den späten 1980er Jahren auf gut 70 % seit der Jahrtausendwende an. Die Aufstiegsmobilität sinkt in allen Lagen unterhalb der Mitte, nicht jedoch in den Lagen der Mitte und oberen Mitte. Gleichzeitig nehmen auch Abstiege nur in den unteren Lagen zu, nicht jedoch in den oberen Lagen.« (Groh-Samberg et al. 2020, S. 143)

Abbildung 9: Mobilität sozialer Lagen zwischen 2008/12 und 2013/17 (Abstromprozente).

	Armut	Prekarität	Armut-Mitte	untere Mitte	Mitte	Wohlh.-Mitte	Wohlstand	Wohlhabenheit	Total
Armut	70	14,1	9,4	4,4	1,7	0,3	0,1	0	8,1
Prekarität	10,8	43,3	19,4	14,5	11,7	0,3	0,1	0	5,9
Armut-Mitte	9,2	12,3	29,2	14,3	31,3	0,9	2,2	0,7	8,2
untere Mitte	5,5	11,8	16,8	37,7	26,3	0,5	0,9	0,6	9,4
Mitte	0,5	0,6	3,9	8,1	65	7,9	12,5	1,5	38,8
Wohlh.-Mitte	0,1	0,9	5,2	2,3	37,1	13,9	23,1	17,6	5,3
Wohlstand	0	0	2,2	0,2	26,6	4,9	49	17,1	14,6
Wohlhabenheit	0	0	2,7	0	5,9	7,4	18,6	65,5	9,6
Total	8,1	5,9	8,2	9,4	38,8	5,3	14,6	9,6	100

Quelle: In Anlehnung an Groh-Samberg et al. 2020, S. 144. (n = 9.775).[54]

Armutsrisikoquote gestiegen

Zu ähnlichen Ergebnissen kommen auch aktuelle Daten des SOEPs. Demnach stieg die Armutsrisikoquote zwischen 2010 und 2019 von 14,3 % auf 16,8 % an. Das ist eine relative Zunahme von ca. 17,5 %. Besonders der Anteil der sehr armen Menschen, also der Personen, die weniger als 50 % des mittleren Einkommens zur Verfügung haben, nahm sogar um ca. 40 % zu. Ihr Anteil macht im Jahr 2019 11,1 % aus (2010: 7,9 %) (Spannagel und Zucco 2022). »Überdurchschnittliche Armutsrisikoquoten hatten junge Erwachsene, Alleinlebende, Alleinerziehende, Arbeitslose, Personen mit geringer Bildung und Personen mit Migrationshintergrund.« (Bundesministerium für Arbeit und Soziales 2021, S. 45)

Alltagsführung

Das Auseinanderdriften der bundesdeutschen Gesellschaft und die kaum vorhandenen Aufstiegschancen für Menschen aus unteren Klassen hat einschneidende Konsequenzen für die Alltagsführung von Menschen unterer Klassenmilieus. Demnach haben kapitalistische

Strukturen negative Auswirkungen auf den Erwerb von Bildungskompetenzen (vgl. Kapitel IV. 2.), auf die Situation auf dem Arbeitsmarkt (vgl. Kapitel IV. 1.), auf die Gesundheit (vgl. Kapitel IV. 3.) und die Wohnungssituation (vgl. Kapitel IV. 7.). Daneben zeigt sich aber auch, dass jede zweite Person in Armutsverhältnissen aufgrund der finanziellen Lage nicht ein einziges Mal im Jahr in den Urlaub fährt (Allgemeine Bevölkerung: 10 %). Knapp 14,4 % können sich keine neuen Kleidungsstücke leisten (Allgemeine Bevölkerung: 2,4 %) und 5 % (Allgemeine Bevölkerung: 1 %) können es sich nicht leisten, die Wohnung zu heizen (Spannagel und Zucco 2022, S. 12). Aber auch kulturelle Teilhabe, soziale Teilhabe und Sportaktivitäten sind drastisch eingeschränkt (Knabe 2022; Groh-Samberg et al. 2020). Die Situation wird durch die steigende Inflation auf Nahrungsmittel und Energie in den Jahren 2022 und 2023 nochmals erheblich verschärft (Dullien und Tober 2022, S. 1).

Ungleiche Besteuerung

Neben dem unbestreitbaren »*Skandalon*« (Rosa 2015, S. 28) der Verteilungslogik von Markteinkommen[55] und Vermögen sind es aber auch die ungleiche Besteuerung von unteren und oberen Klassen, die als ungerecht zu werten sind, da es Steuer- sowie Sozialabgaben sind, die Klassenverhältnisse direkt wie indirekt beeinflussen. Hinsichtlich ihres Beitrages zur Reproduktion der Klassenverhältnisse und Diskriminierung unterer Klassen werden zum einen u. a. die Abschaffung der Vermögenssteuer, die immer weitere Absenkung des Spitzensteuersatzes (Wieland und Kirchhof 2013) sowie die mangelnde Umverteilung über das Mittel der Erbschaftssteuer besonders kritisiert (Corneo 2021; Baresel et al. 2021). Zum anderen werden hinsichtlich sozialer Ungleichheit indirekte Steuern, wie etwa Verbrauchsteuern, Gütersteuern oder auf die Endverbraucher*innen umgelegte Produktionsabgaben, wie die Umsatzsteuer, diskutiert, da sie vor allem die Haushalte mit unteren und mittleren Einkommen übermäßig belasten (Bach 2021). Insgesamt haben im historischen Längsschnitt wie internationalen Querschnitt Progression und Umverteilung des Steuer- und Abgabensystems abgenommen (Bach 2021).

2. »Herrschaft durch Leistung« – Meritokratie als klassistisches Konzept

Leistungsgesellschaft

Neben der Kapitalismuskritik, wie der letzte Abschnitt zeigt, kommt es in Abhandlungen zu sozialen Ungleichheiten auch zu einer kritischen (Mau 2015; Littler 2017; Schimank 2018), selten jedoch expliziten Auseinandersetzung mit dem Konzept der Meritokratie. Meritokratie beschreibt hierbei eine Gesellschaftsstruktur, deren Herrschaft auf »Verdienst« und »Leistung« basiert und als Legitimierungsargument von Ungleichheit kritisiert werden kann. Der Glaube an die Leistungsgesellschaft bzw. meritokratischen Ideologie geht davon aus, dass Menschen ihren Status (hoch oder niedrig) auf der Grundlage ihrer persönlichen Fähigkeiten und Talente verdienen (siehe im Gerechtigkeitsdiskurs – »Jedem*jeder das seine*ihre/was er*sie verdient«). Insofern unterstützt Meritokratie den Glauben, dass persönliche Qualitäten für die eigenen Leistungen und das eigene Versagen verantwortlich sind.

Meritokratiebegriff

Etymologisch setzt sich der Kunstbegriff aus den Wörtern »meritum« (lateinisch) für »Verdienst« und »kratein« (griechisch) für »herrschen« zusammen (Becker und Hadjar 2009). Das Konzept wurde durch den britischen Bildungsforscher Michael Young bekannt.[56] Er veröffentlichte 1958 einen satirischen Roman mit dem Titel »The rise of the meritocracy, 1870–2033: An essay on education and equality«, in dem er eine fiktive Gesellschaft beschreibt, in der Positionen rein auf einem Leistungswert (»merit«) beruhen, welcher sich wiederum aus dem Intelligenzquotienten (»intelligence«) und dem persönlichen Einsatz (»effort«) zusammensetzt. Für eine Stellung in der Gesellschaft spielen in seinem Roman Faktoren wie bspw. soziale Herkunft, Alter, Geschlecht und Migrationshintergrund keine Rolle mehr. Bedeutende gesellschaftliche Positionen werden nur noch durch Personen mit einem hohen Intelligenzquotienten sowie hohem persönlichen Einsatz besetzt. Da dies auf einem »fairen Leistungsprinzip« beruht, soll eine »gerechte Gesellschaft« geschaffen werden, die sich dadurch optimal entwickelt. Durch diese neue Gesellschaftsordnung entstehen mit der Zeit Eliten, die sich ihrer »elitären Position« bewusst sind und Gruppen, die keine Chance auf einen sozialen Aufstieg haben (Young 1958). Am Ende des Romans kommt es zu Aufständen und Gewalt. »Meritokratie ist also im Gegensatz zu seiner heutigen Verwendung ursprünglich ein negativ konnotierter Begriff« (Waldow 2014, S. 45), der auf einer fiktiven wie auch ironischen Gesellschaftsbeschreibung basiert. Trotz des ironischen Ursprungs und den negativen Folgen dieses fiktiven Gesellschaftsentwurfs spielt das Konzept der Meritokratie in heutigen Gesellschaften eine wichtige Rolle:

> »Meritocracy today entails the idea that whatever your social position at birth, society ought to offer enough opportunity and mobility for ›talent‹ to combine with ›effort‹ in order to ›rise to the top‹. This idea is one of the prevalent social and cultural tropes of our time […].« (Littler 2017, S. 1)

Fleiß

Merit aus dem Wort *Merit*okratie beruht hierbei auf einem erbrachten Kraftakt (z. B. zeitlicher Aufwand, körperliche oder geistige Bemühung) mit der Intention, ein von der Gesellschaft als wichtig bzw. wertvoll definiertes Ziel zu erreichen. Somit wird Fleiß gezielt investiert, um Erfolg zu haben, auch wenn Fleiß nicht immer Erfolg garantiert. Vor dem Hintergrund gesellschaftlicher Unsicherheit und Kontingenzen bietet die Leistungsideologie jedoch einen Wegweiser, der zeigt, dass Leistung der Pfad zum Erfolg sein kann und daher immer noch besser ist, als keine Anstrengung zu erbringen (Schimank 2018). Im Umkehrschluss hängt somit innerhalb einer meritokratischen Ideologie Erfolglosigkeit, gemessen am Besitz von gesellschaftlich erstrebenswerten Gütern, auch immer mit fehlendem Fleiß und/oder fehlender Anstrengung zusammen.

Gesellschaftsfunktion

In modernen Gesellschaften erfüllt dieses Leistungskonzept zwei Funktionen: Erstens beeinflusst es die individuelle Lebensführung. Und zweitens wirkt das Konzept als Legitimationsmittel für soziale Ungleichheit (Schimank 2018, S. 19). Bezüglich der individuellen Lebensführung dient es zugleich als evaluatives wie auch normatives Element. Aus evaluativer Perspektive kann dieses Leistungsdenken das Leben lebenswert gestalten und konstruiert damit einen positiven Lebenssinn. Durch das »richtige merit« kann sich das Individuum einen guten Job, ein gutes Einkommen und Prestige »erarbeiten« – ein Lebensinhalt wird konstruiert. Ganz im Sinne: »Sich anstrengen, immer besser werden wollen, mache schon als Tun ganz einfach Spaß und sei eine zutiefst befriedigende Aktivität.« (Schimank 2018, S. 19) In der meritokratischen Ideologie trägt individuelle Leistung auch zum Wohl der Gemeinschaft bei, weshalb dadurch jede*r in die Pflicht genommen wird, Leistung zu erbringen. Kurz gesagt, führt individuelle Leistung zu gesellschaftlichem Fortschritt, dem jede*r auch verpflichtet ist (Schimank 2018, S. 19).

Legitimationsmittel

Auf der gesellschaftlichen Ebene dient das Leistungskonzept Meritokratie zudem als Legitimationsmittel für soziale Ungleichheit. Vor dem Hintergrund der Gleichheitsidee in modernen Gesellschaften muss Ungleichheit gerechtfertigt werden – besonders auf dem Arbeitsmarkt und im Bildungssystem, welche die Lebenschancen stark beeinflussen (auf die wir in Kapitel IV. kurz eingehen). Es muss legitimiert werden, warum Lebenschancen bestimmter sozialer Gruppen höher sind als die anderer sozialer Gruppen, die ihre Bedürfnisse schlechter befriedigen können. Anders ausgedrückt: Es muss begründet werden, warum Ungleichheit gerecht ist. Wird Ungleichheit in der Art gerechtfertigt, dass sie von der Mehrheit akzeptiert wird, ist trotz Ungleichheit ein stabiler Gesellschaftszustand möglich (vgl. auch Kapitel II. 2.6). Ob und wie das Individuum schlechter- oder bzw. bessergestellt ist, evaluiert es dabei hauptsächlich durch den Vergleich mit anderen.[57] Determinanten für von der Gesellschaft akzeptierte Leistungen sind nicht konstant, sondern unterliegen einer Wertzuschreibung, die wiederum historisch und kulturell different ist. So sind in modernen Gesellschaften z. B. hohe Religiosität, viel Ehre, das Geschlecht oder auch Adelstitel keine legitimen Kriterien für die Legitimierung von Ungleichheit mehr (einen Überblick zu historischen Leistungsdefinitionen vgl. Hillmert 2019, S. 12). Vielmehr ist eine Besserstellung in »modernen Gesellschaften« dann gerechtfertigt und hinzunehmen, wenn »die besseren Lebenschancen einer Person im Vergleich zu einer anderen darauf zurückgeführt werden können, dass Erstere mehr als Letztere geleistet hat.« (Schimank 2018, S. 20) »Die Moderne ist in diesem Sinne eine meritokratische Gesellschaft. Wer mehr leistet, darf und soll besser leben.« (Schimank 2018, S. 20) Diese Leistungsideologie wird auch von dem größten Teil der Befragten in Deutschland geteilt und als legitimes Mittel verstanden (Wößmann et al. 2019).

Fragen aus Klassismusperspektive

Aus meritokratischer Logik ergeben sich Fragen, die nach Niggemann (2009) in der Öffentlichkeit kaum thematisiert werden, da die Ausrichtung des neoliberalen Wirtschaftssystems und Meritokratie Hand in Hand gehen. Aus einer Klassismusperspektive wirft dies, auch in Anlehnung an die Soziologie des Bewertens (Heintz 2016; Mau 2018), strukturelle Fragen auf: Wie kommt es zu kategorialen Vereinheitlichungen? Wie wird Leistung definiert und für eine Bewertung homogenisiert? Wie laufen Differenzbeobachtungen ab? Wie lassen sich nun diese Leistungen wieder so unterscheiden, dass man sie bewerten kann? Wie wird relationalisiert? Was macht die Leistung besser als die andere? Und schließlich: Wer bestimmt das? Es kann also danach gefragt werden: Was ist eigentlich Leistung und was ist »Nicht-Leistung«? Wer legt fest, was Leistung ist? Welche Merkmale machen Leistung aus?

Leistungsverständnis

Dies liegt darin begründet, dass es zu einer kategorialen Vereinheitlichung von Taten unter dem Begriff Leistung kommt. Es wird von bestimmten Akteur*innen festgelegt, was »nützliche« und »unnütze« Taten sind. Welche Merkmale sind nun wichtig? Wenn dies festgelegt wurde, wie können diese gleichgemachten Leistungen miteinander verglichen werden? Anders ausgedrückt: Was macht die Leistung eines*einer Professor*in wertvoller als die eines*einer anderen Professor*in? Oder welche Leistung ist wertvoller: Die Leistung von Menschen, die Müll entsorgen, sodass man nicht erkrankt oder des medizinischen Fachpersonals, das die ausgebrochene Krankheit behandelt? Am Ende stellt sich die Frage: Wie soll der Wert der Leistung nun entlohnt werden?

Selbst wenn fiktiv davon ausgegangen werden kann, dass dies gesellschaftlich möglich wäre, stellt sich die Frage, ob jede*r die gleiche Chance hat, diese Leistung auch erbringen zu können. Einfach ausgedrückt, stellt sich die Frage der Gerechtigkeit (Hadjar 2008). Vor diesem Hintergrund hält Uwe Schimank fest:

> »Die prinzipiell legitime meritokratische Begründung sozialer Ungleichheit ist in jedem konkreten Anwendungsfall, schon wenn es nur um zwei Personen, und vollends, wenn es um Großgruppen wie etwa Berufsgruppen oder die Schichten einer Gesellschaft geht, bereits im Ansatz undurchführbar. Man kann der Vielfalt und unterschiedlichen Gewichtung von Leistungsaspekten, Ausgangs- und Randbedingungen unmöglich auch nur über den Daumen gepeilt gerecht werden. Und gerade weil die Leistungsvergleiche dann, wenn es um die Rechtfertigung von Besser- und Schlechterstellungen geht, aufgrund starker Betroffenheiten schnell spitzfindig werden, reichen über den Daumen gepeilte Ergebnisse oft nicht.« (Schimank 2018, S. 30)

Leistungsprinzip als Mythos

Autor*innen, die in diesem Zusammenhang explizit von Klassismus sprechen, weisen darauf hin, dass Selbstverantwortung und Selbstverschuldung der persönlichen Lage essentieller Teil dieses meritokratischen Denkens sind. Sie kritisieren das Mantra »Jede*r kann es schaffen« sowie die daraus resultierende Konsequenz, dass Personen die keinen (gesellschaftlich als solchen bewerteten) Erfolg haben, sich angeblich nur nicht genug angestrengt hätten bzw. mehr hätten anstrengen müssen (Seeck 2022). Neuere Studien zeigen auch, dass das Konzept von Leistung bei Eliten, auch in Bezug auf Erbschaft und Weitergabe von Wohlstand, für einen sozialen Aufstieg keine bedeutende Rolle spielt. Eliten-Positionen werden demnach nicht hauptsächlich durch Leistung, Fähigkeiten und Kompetenzen vergeben. Die Reproduktion von Eliten basiert viel eher auf eine Art Credo der »Glaubensgemeinschaft«, die sich durch strukturelle Ähnlichkeit der Angehörigen auszeichnet. Eliten werden demnach nicht aus einem meritokratischen Verfahren ausgewählt, sondern die Auswahl geschieht auf dem Prinzip der strukturellen Ähnlichkeit, also auf Basis von Abstammung, Klassenzugehörigkeit und Tradition (Bublitz 2022; Hartmann 2018). Dabei werden die individuellen Privilegien und Machtpositionen der Elite dennoch als Eigenleistung bzw. als Talent gedeutet, sind aber in der Lebenspraxis kaum relevant. Das Konzept der Leistung wird als eine Art »Mythos« – besonders im Bildungsbereich – nach außen hin kommuniziert (Bublitz 2022). Meritokratie

»bildet [damit] das ideelle Gelenkstück, das kongenial Kapitalismus und Ungleichheit in Wirtschaft und Gesellschaft, Demokratie und Gleichheit in Politik und Staat und den Individualismus in der Kultur verknüpft.« (Müller 2016, S. 113)

3. »Jede*r ist des eigenen Glückes Schmied« – Individualisierung(-stheorie) und Klassismus

Individualisierungstheorie

Wie bereits dargeboten, bildet die Klassen- und Milieutheorie die Basis für die Argumente der Klassismustheorie und -forschung. Es wird davon ausgegangen, dass sich Gesellschaften aus Einheiten konstruieren, die mit unterschiedlichen, gesellschaftlich wichtigen Ressourcen ausgestattet sind. Seit Ende der 1980er bzw. Anfang der 1990er Jahre wurde das Ende der Klassengesellschaft prognostiziert (Pakulski und Waters 1996) oder, vor dem Hintergrund wissenschaftlicher Debatten, mindestens der Mehrwert der Klassentheorie in Frage gestellt (Hradil 1987). Ein zentraler Bestandteil dieser Narration war – neben der Annahme einer nivellierten Mittelschichtsgesellschaft – die Individualisierungstheorie. Der Individualisierungsthese folgend kommt es in westlichen Gesellschaften zu einer Herauslösung des Individuums aus traditionellen Gemeinschaftsformen und damit zu einer Individualisierung *jenseits von Ständen und Klassen.* »Individualisierung bedeutet in diesem Sinne, daß die Biographie der Menschen aus vorgegebenen Fixierungen herausgelöst, offen, entscheidungsabhängig und als Aufgabe in das individuelle Handeln jedes einzelnen gelegt wird.« (Beck 2009, S. 235) Die Anteile der entscheidungsoffenen Lebensmöglichkeiten nehmen wie die Möglichkeit einer selbst herzustellenden Biografie zu und der einzelne Mensch wird zum Gestalter des eigenen Lebens, aber »damit auch zum ›Auslöffler der Suppe, die er sich selbst eingebrockt hat‹.« (Ebd.)

Fahrstuhleffekt

Die Individualisierungsprozesse werden auf mehrere Aspekte zurückgeführt. Es kommt (1) zu einer Bildungsexpansion und damit zu einem generellen Bildungsaufstieg bzw. für weite Gesellschaftsbereiche zur Erhöhung von Bildungschancen; (2) zu einer Anhebung der Einkommen und damit auch zu einer Steigerung des Konsums für eine breite Masse; (3) zu Mobilität innerhalb des Arbeitsmarktes, der einen Berufsaufstieg vereinfacht sowie (4) zur Entwicklung und Einführung sozialstaatlicher Sicherungssysteme, die ökonomischen Schutz vor einem sozialen Abstieg gewährleisten. Ein weiterer Aspekt ist (5) die Bildung neuer Netzwerke in urbanen Städten, die eine Vermischung von unterschiedlichen Lebensweisen und -formen Normalität werden lassen und eine soziale Durchmischung ermöglichen. Darüber hinaus kommt es (6) zu einer Zunahme von Freizeit, die mithilfe der erweiterten finanziellen Möglichkeit, individuell und nach den eigenen Wünschen gestaltet werden kann (Beck 2009, S. 224). Die Ausweitung bzw. die Steigerung des allgemeinen Lebensstandards ist für Ulrich Beck (*1944, †2015) die zentrale Kraft für die Individualisierung und eng mit dem Konzept des »Fahrstuhleffekts« (Beck 1986, S. 121 ff.) verbunden, der eine Loslösung des Individuums aus den traditionellen Ständen und Klassen zur Folge hat. Vor diesem Hintergrund vergleicht Beck die Gesellschaft mit einem mehrstöckigen Haus (Beck 1986). Die jeweiligen Etagen stehen bildlich für Klassen der Gesellschaft, wobei der oberste Stock die oberste Klasse abbildet. Durch die beschriebenen Veränderungen kommt es zu einem Fahrstuhleffekt, der ganze Gesellschaftsgruppen im Haus weiter nach oben befördert. Der Aufstieg ist jedoch nicht für jede soziale Gruppe gleich wirksam. Für die oberen Stockwerke führt der Zuwachs an Einkommen, Bildung oder Freizeit nicht zu einer bedeutungsvollen Anhebung des Lebensstandards, da diese bereits sehr viel Kapital (z. B. Wohnungseigentum) und Bildungstitel (z. B. Hochschulabschlüsse) besitzen und daher eine Art Stagnation stattfindet. Da ein weiterer Aufstieg nicht möglich ist, kommt es zu einem Mehr der bereits besessenen Güter und nicht zu einem Aufstieg im Sinne der Hausmetapher. Für andere wiederum bedeutet dies einen sozialen Aufstieg, indem z. B. Bildungstitel und Eigentum erworben werden. Individualisierungstendenzen würden ihre Wirksamkeit dann besonders deutlich entfalten, wenn u. a. durch die beschriebene kollektive Anhebung des Lebensstandards, aber auch durch sozialstaatliche Absicherung oder gewerkschaftliche Interessenvertretung einer »Klassenformierung durch Verelendung entgegengewirkt wird« (Beck 2009, S. 233) und wenn Menschen durch u. a. Mobilitätsprozesse und vermehrte Bildungschancen aus den traditionalen Bindungen, Orientierungen und Verkehrsformen ihres Herkunftsmilieus herausgelöst würden (ebd.). Demnach kommt es zu einer Freisetzung der Individuen und nicht zu einer Kollektivierung und Bildung von Klassenidentitäten oder zu einer noch weiteren Binnendifferenzierung von Klassenlagen, wie beispielsweise in den neuen Klassen- oder auch in einigen Milieutheorien nahegelegt wird. »Individualisierungsprozesse fallen vielmehr im Gegenteil gerade zusammen mit dem Einebnen von Binnendifferenzierungen, mit der Enttraditionalisierung und der Homogenisierung von Lebenslagen.« (Beck 2009, S. 234)

Neue Ungleichheiten

Es kommt hierbei zu *neuen* Ungleichheitsphänomenen, die sich an *neuen* Grenzlinien festmachen lassen, wie beispielsweise Geschlecht, natio-ethno-kulturelle (Mehrfach-)Zugehörigkeit(en), Alter oder sog. Behinderung, da diese Kategorien häufig direkt wahrnehmbar und sichtbar sind. Zusammenfassend bedeutet dies, dass »mit zunehmender Individualisierung […] die Voraussetzungen [schwinden], das Hierarchiemodell sozialer Ungleichheit lebensweltlich zu interpretieren.« (Beck 2009, S. 234) An ihre Stellen rücken andere »naturgegebene« Kategorien. Beck verneint damit gesellschaftliche Ungleichheiten nicht per se (Burzan 2011, S. 162), schränkt sie jedoch vor allem hinsichtlich der hier im Buch zentral verhandelten Klassenzugehörigkeit stark ein.

Kritik an Individualisierung

Dabei wird die lange Zeit in der Gesellschaftsanalyse dominante Argumentationslinie der Individualisierung zunehmend und auf mehreren Ebenen kritisiert.

> »So hellsichtig und präzise Beck den Wandel des sozialen Konflikts, die neuen ökologischen Risiken und die neuen sozialen Bewegungen erkannte und beschrieb, so auffällig verkannte er die weiterhin bestehende Relevanz von Klassenstrukturen.« (Nachtwey 2018, S. 34)

Klassentheoretiker*innen kritisieren die Argumente, die für die Gesellschaftsanalyse angeführt werden (Atkinson 2007; Vester 2010).

Andere führen empirische Ergebnisse an, die die Argumente widerlegen und die wir in Kapitel III.1. skizziert haben. Die Argumente beider Kritikstränge können zugespitzt im folgenden Zitat zusammengefasst werden: »Die Lebenschancen einer Person werden immer noch im Wesentlichen durch ihre Klassenlage geprägt.« (Becker und Hadjar 2010, S. 72)

Legitimation sozialer Ungerechtigkeit

Der Individualisierungsansatz, wie auch die Argumente der Meritokratie, können als Legitimierungsbegründung für strukturelle Ungleichheit und als Rechtfertigung sozialer Ungerechtigkeit dienen. Mit dem Argument, dass das Individuum aus der Klassenzugehörigkeit herausgelöst wurde, besteht nun für jeden*jede die Möglichkeit, gesellschaftlich aufzusteigen und Kapital zu akkumulieren. Durch das Fehlen struktureller Hemmnisse und Diskriminierung wird er*sie nun zum »Schmied*in des eigenen Glückes«. Auch da die soziale Herkunft als Hindernis nicht mehr existent ist und es jetzt ›nur noch‹ Leistung erbringen muss, um aufzusteigen, ist das Individuum im Umkehrschluss für das eigene Versagen selbst verantwortlich. Es gilt das kapitalistische Credo: Jede*r kann es schaffen und wenn nicht, selbst schuld. Eben jener Zugang schürt Vorurteile und legitimiert schließlich Stigmatisierungsprozesse gegenüber Menschen aus unteren Klassen, diese seien nicht aufstiegswillig oder faul.

4. »Arbeitsscheu und faul« – Gesellschaftliche Einstellungen und Abwärtsklassismus

Abwärtsklassismus

Die »antidiskriminatorische« Position steht in enger Verbindung mit dem Konzept des Abwärtsklassismus (»downward classism«). Darunter werden negative Einstellungen und Zuschreibungen bzw. Stigmatisierungen gegenüber Personen aus unteren Klassen (oder oberen Klassen) verstanden. Anhand empirischer Studien, meist mithilfe quantitativer Verfahren, wird der Frage nachgegangen, welche Vorurteile Personen aus oberen Klassen gegenüber unteren Klassen aufweisen und wie diese theoretisch erklärt werden können. In dem nachfolgenden Kapitel wollen wir einige der Studien und deren Ergebnisse kurz vorstellen.

Studien zu »downward classism«

»Downward classism« beschreibt zunächst negative Einstellungen und Zuschreibungen von Personen aus oberen Klassen gegenüber Mitgliedern der unteren Klassen. In älteren Forschungsarbeiten wurden Stereotype, Vorurteile oder Stigmatisierungen sowie deren negative Auswirkungen unter diesen Begriff zusammengefasst (Colbow et al. 2016). Neuere wissenschaftliche Arbeiten charakterisieren Abwärtsklassismus vornehmlich mittels negativer Stereotype, Vorurteile sowie Stigmatisierung und blenden z. T. die negativen Folgen daraus aus (Kent 2018).

Wohnungs- und Arbeitslosigkeit

Zum Thema »downward classism« existieren mehrere Studien, von denen wir einige nun vorstellen möchten. Auffallend ist, dass besonders viele Studien aus der US-amerikanischen Psychologie stammen und hier versucht wird, bestimmte Fragen bzw. Operationalisierungen, also Merkmale des Klassismus, empirisch messbar zu machen und zu testen (Thompson und Subich 2013; Colbow et al. 2016). Die deutsche, quantitativ ausgerichtete »Mitte Studie«[58] (Zick et al. 2019b; Zick 2017) untersucht das Phänomen der sogenannten Gruppenbezogenen Menschenfeindlichkeit (GMF). Darunter werden Einstellungen gegenüber Gruppen wie Migrant*innen, Frauen*, aber auch Menschen aus unteren Klassen, wie z. B. wohnungslose oder langzeitarbeitslose Menschen gefasst. Die in der »Mitte-Studie« verwendeten Zustimmungsfragen zu wohnungslosen Menschen lauten wie folgt: »Die meisten Obdachlosen sind arbeitsscheu« und »Bettelnde Obdachlose sollten aus den Fußgängerzonen entfernt werden«. Für Langzeitarbeitslose wurden folgende Fragen gewählt: »Die meisten Langzeitarbeitslosen sind nicht wirklich daran interessiert, einen Job zu finden« und »Ich finde es empörend, wenn sich die Langzeitarbeitslosen auf Kosten der Gesellschaft ein bequemes Leben machen«. Abbildung 10 zeigt, dass über die Jahre das Stigma der Langzeitarbeitslosen konstant bei ungefähr 50 % liegt. Es scheint eine große Abwertung gegenüber Menschen zu geben, die lange nicht in Arbeit waren. Bezüglich wohnungsloser Menschen ist hingegen die Zustimmung von 24,1 % (2005) auf 10,8 % (2019) gesunken. Hierbei zeigt sich, dass es besonders Mitglieder höherer Statusgruppen sind, die sich durch Abwertung abgrenzen (Zick 2017).

Abbildung 10: Gruppenbezogene Menschenfeindlichkeit zu den Aspekten Abwertung wohnungsloser Menschen und Abwertung langzeitarbeitsloser Menschen.[59]

Quelle: Angelehnt an Zick et al. 2019a, S. 84.

Kinderperspektive

Die qualitative Studie von Gurr und Jungbauer-Gans (2017) kommt zu ähnlichen Ergebnissen. Die befragten erwerbslosen Menschen machen durchaus leidvolle Erfahrungen mit Stigmatisierungen und berichten zahlreiche negative Zuschreibungen. Neben den Studien über die Einstellung von Erwachsenen existiert zudem eine Studie aus Großbritannien zu Kindern aus unterschiedlichen Schichten zwischen 10 und 12 Jahren. Die Ergebnisse zeigen, dass die befragten Kinder Menschen aus Armutsverhältnissen mit weniger positiven und mehr negativen Eigenschaften als Personen aus der Mittelschicht und mit weniger positiven Eigenschaften als Personen mit einem sehr hohen sozialen Status bewerten. Hierbei haben Kinder aus unteren Schichten weniger Vorurteile gegenüber Menschen in Armut als Kinder aus der Mittel- bzw. Oberschicht (Mistry et al. 2015).

Erklärungsmodelle

Wie lässt sich nun die Stigmatisierung gegenüber Menschen aus unteren Klassenmilieus erklären? In der Wissenschaft existieren unterschiedliche Erklärungsmodelle, die an den bereits referierten

Theorien der Vorurteile, Stereotypisierung und der Stigmatisierung ansetzen (vgl. Kapitel II. 3.). Vor dem Hintergrund der hier vorgestellten Studien zum Abwärtsklassismus existieren eine Reihe von Ideologien, mit denen die Stigmatisierung erklärt werden kann. In der Sozialpsychologie wird von systemstiftenden Ideologien gesprochen, die wir in einer Tabelle zusammengefasst haben und nochmals kurz skizzieren (s. Abbildung 11). Die Argumentationslinien können überlappen und sind nicht immer ganz trennscharf.

Abbildung 11: Systemstiftende Ideologien für Abwärtsklassismus.

Ideologien	Beschreibung
Protestantische Arbeitsethik	Moralische Verantwortung, harte Arbeit und Vermeidung von Freizeitaktivitäten; denn harte Arbeit ist eine Tugend und der eigene Lohn.
Meritokratie (Nur Leistung zählt)	Individuelle Fähigkeiten und intrinsische Motivation werden belohnt; Leistung ist der Indikator für persönlichen Erfolg.
Glaube an die gerechte Welt	Menschen bekommen, was sie verdienen, und sie verdienen, was sie bekommen; so ist das, was »ist«, das was »sein sollte«.
Faires Wirtschaftssystem	Wirtschaftliche Ungleichheit ist natürlich, unvermeidlich und legitim; die wirtschaftlichen Resultate sind gerecht und verdient.
Ideologie des fairen Markts	Der Markt ist effizient, gut, von Natur aus fair, rechtmäßig und gerecht.
Naturgegebene Ungleichheit	Ungleichheit ist ein natürliches und wünschenswertes Merkmal der sozialen Ordnung; Machtunterschiede sind akzeptabel und legitim.
Soziale Dominanz von Gruppen	Einige Gruppen sind anderen überlegen; eine gruppenbasierte Hierarchie ist notwendig.
Ablehnung und Unmöglichkeit von Gleichheit	Eine größere soziale und wirtschaftliche Gleichheit ist unerreichbar und nicht wünschenswert; sie wäre für die Entwicklung der Gesellschaft abträglich.
Rechtsautoritarismus	Die Menschen sollten den konventionellen Traditionen und den etablierten Autoritäten folgen und aufhören, rebellische Ideen zu entwickeln.
(Politischer) Konservatismus	Traditionelle Institutionen in der Gesellschaft sollten bewahrt werden; soziale und wirtschaftliche Ungleichheit ist akzeptabel.

Quelle: Anlehnung an der Tabelle von Jost und Hunyady 2005, S. 261.

1. *Protestantische Ethik*: Als erster systembegründeter Überzeugungsansatz für »downward classim« ist die protestantische Arbeitsethik[60] (Weber 2016) zu identifizieren. Hier werden wirtschaftliche, insbesondere finanzielle Erfolge mit harter Arbeit verknüpft. Als Begründung wird angeführt, dass jene Menschen, die hart arbeiten, ihren sozialen Status verdienten und im Umkehrschluss, diejenigen, die wenig besitzen, faul seien. Folglich kann eine »faule« Unterschicht im Vergleich zur »fleißigen« Mittel- und Oberschicht als moralisch minderwertig bewertet werden. Das stützt wiederum die Argumentation, Sozialleistungen seien nicht gerechtfertigt. Des Weiteren wird im Zusammenhang von Sozialleistungen angenommen, dass diese mehr schaden als nützen, da Personen aus der Unterschicht die Möglichkeit genommen wird, sich mittels harter Arbeit zu verbessern und aufzusteigen.
2. *Meritokratie (Nur Leistung zählt)*: Die meritokratische Ideologie geht davon aus, dass Menschen ihren Status (hoch oder niedrig) auf der Grundlage ihrer persönlichen Fähigkeiten, Talente und Fleiß erworben haben (vgl. detailliert in Kapitel III. 2.). Insofern unterstützt die Meritokratie den Glauben, dass persönliche Qualitäten sowie eigene Leistungen für den Erfolg wie auch Versagen verantwortlich sind (Jost und Hunyady 2005). Lebensschicksale werden damit individualisiert und dem Einzelnen zugeschrieben, während strukturelle Aspekte ausgeblendet werden (Becker und Hadjar 2009).
3. *Glaube an die gerechte Welt*: In ähnlicher Weise legitimiert auch »der Glaube an eine gerechte Welt« (Lerner 1980) die soziale Klassenhierarchie. Demnach erfährt jede Person die gerechte Belohnung und ihre Position innerhalb einer Gesellschaft. Vor diesem Hintergrund wird davon ausgegangen, dass die Verteilung von Status, Macht und Ressourcen gerecht ist und jede*r das bekommt, was er*sie auch verdient (Jost und Hunyady 2005).
4. *Faires Wirtschaftssystem*: Hier wird davon ausgegangen, dass wirtschaftliche Ungleichheit unvermeidlich, fair und damit legitim ist. Daher sind z. B. ungleiche Bezahlung und Armut faire wirtschaftliche Resultate, die Klassenstrukturen legitimieren. Soziale Unterschiede sind damit gerecht (Jost et al. 2003).

5. *Ideologie des fairen Markts*: Eine weitere Ideologie, die an die vorangegangene Argumentation anknüpft, ist der Glauben an den fairen Markt (Jost et al. 2003). Hierbei gehen Personen davon aus, dass der freie Markt durchweg gerecht und legitim ist. Der Markt regelt die Verteilung gerecht und fair, daher ist z. B. Armut selbstverschuldet. Wie beim »Glaube an die gerechte Welt« oder »Faires Wirtschaftssystem« wird hier davon ausgegangen, dass der Markt wertvolle Güter und Leistungen gerecht verteilt. Diese Ideologien lehnen sich somit sehr stark an den marktwirtschaftlich-liberalen Gerechtigkeitsansatz an, den wir in Kapitel II. 2.6 besprochen haben.
6. *Naturgegebene Ungleichheit*: Bereits Aristoteles (384–322) ging davon aus, dass z. B. der Unterschied zwischen Sklav*innen und Freien naturgegeben ist. Auch im Mittelalter gingen christliche Theorien von einem natürlichen und gottgegebenen Unterschied sozialer Ordnung aus (Schäfers 1996). Daran anschließend seien soziale Unterschiede akzeptabel und legitim.
7. *Soziale Dominanz von Gruppen*: Eine weitere Ideologie, die Abwärtsklassismus erklärt, ist die der Dominanz bestimmter sozialer Gruppen. Andreas Zick stellt in diesem Zusammenhang fest: »Befragte, die die Überzeugung (Ideologie) vertreten, es gäbe höher- und minderwertige Gruppen in der Gesellschaft, und die sich selbst als Mitglieder höherwertiger Gruppen sehen, bemühen sich durch Abwertung diese geglaubte Ordnung immer wieder zu reproduzieren.« (Zick 2017, S. 32)
8. *Ablehnung und Unmöglichkeit von Gleichheit*: Eine andere Ideologie geht davon aus, dass Gleichheit für die Gesellschaft nicht gut ist und auch nicht erreicht werden kann. Es gibt unterschiedliche Aufgaben in der Gesellschaft, die nicht von jeder Person in gleicher Weise ausgeübt werden können und sollen. Ein solches Konzept würde z. B. den Fortschritt verhindern und wäre damit gesellschaftlichen Entwicklungen abträglich (Jost und Hunyady 2005).
9. *Rechtsautoritarismus*: Autoritär orientierte Menschen richten sich nach Gruppennormen und fordern diese Konformität auch von anderen ein. Diese Ideologie kann zu negativen Einstellungen oder

aggressivem Verhalten gegenüber Gruppen führen, die diese Normen (z. B. Lebensziele, Lebensstandards) nicht erfüllen oder erfüllen können (Zick 2017).

10. *(Politischer) Konservatismus*: Der politische Konservatismus entwickelte sich auch als Antwort auf die Französische Revolution. Hierbei beruft man sich auf eine ursprüngliche Gesellschaftsordnung und Wahrheit (Beyme 2018). Somit geht es um die Bewahrung, Beibehaltung und Verteidigung des z. B. sozialen und ökonomischen Status quo innerhalb einer Gesellschaft. Damit sei die Situation von Gruppen natürlich gewachsen, der Zustand habe daher seine Legitimation und solle nicht verändert werden.

Minderwertigkeitsgefühle

Die neueren Abwärtsklassismus-Analysen nehmen selten die Folgen von Stigmatisierung in den Fokus. Die Forschungslage zeigt jedoch, dass Abwärtsklassismus mit weitreichenden Konsequenzen für die Betroffenen einhergeht. Eine der ersten Studien spricht von »hidden injuries of class« und meint damit die Gefühle von Frustration, Scham und Minderwertigkeit (Sennett und Cobb 1972), denen Menschen aufgrund ihrer Klassenlage ausgesetzt sind. Aufgrund der o. g. meritokratischen Ideologie und dem damit gekoppelten Irrglauben, Erfolg sei (ausschließlich) durch individuelle Leistung erreichbar, führen Menschen aus unteren Klassen ihre persönliche »Erfolglosigkeit« auf einen individuellen Mangel an Befähigungen zurück und geben sich somit häufig selbst die Schuld an ihrer Position.

> »Klassismus rechtfertigt, dass die Verantwortung für Ungleichheit denen zugeschrieben wird, die ihr unterliegen, statt jenen, die von ihr – massiv – profitieren: nicht nur arm dran, sondern auch noch selbst schuld.« (Niggemann 2021, S. 49)

Gesundheitliche Folgen

Besonders bei Jugendlichen in der Obdachlosigkeit scheinen die Folgen gravierend zu sein. Die Studien von Kidd et al. (2007) zeigen, dass wahrgenommene Stigmatisierung mit einem geringen Selbstwertgefühl, Einsamkeit, dem Gefühl, gefangen zu sein, und Selbstmordgedanken zusammenhängt. Die befragten Heranwachsenden haben

Schuldgefühle und machen sich aufgrund des Obdachlosenstatus selbst Vorwürfe, was sich wiederum stark auf die psychische Gesundheit auswirkt. Auch eine Studie aus den Niederlanden zeigt, dass Personen mit einer niedrigen sozioökonomischen Position Stigmatisierungen ausgesetzt sind und sich als minderwertig sowie für die Situation selbst verantwortlich erleben. Die wahrgenommene Stigmatisierung hatte vor allem emotionale Folgen (Simons et al. 2018). Die beispielhaft angeführten Studien legen nahe, dass Stigmatisierungen verinnerlicht werden und dies negative gesundheitliche Folgen nach sich ziehen kann.

Internalisierter Klassismus

Anschlussfähig sind hier Ausführungen zur *Internalisierung oder auch Verinnerlichung von Klassismus.*

> »Classism is widely internalized, leading both the rich and the poor to view those with more money as more worthy. This is particularly hegemonic when those whose labor is being exploited believe those who benefit from this exploitation to be of greater value« (Zrenchik und McDowell 2012, S. 104).

Menschen würden als Ergebnis eines Sozialisierungs- und Konditionierungsprozesses, welcher in der kapitalistischen Ethik der Leistungsgesellschaft wurzelt, lernen, dass sie verdienen, was sie haben und das schließlich Resultat ihrer Defizite sei. Personen aus unteren Klassen internalisieren dementsprechend transportierte negative Glaubenssätze und Stereotype über sie selbst, sodass sie sich in der Folge als wenig(er) intelligent, ungebildet, inkompetent und faul beschreiben. Dagegen werden Angehörige der herrschenden Klasse häufig als intelligent, gebildet, ehrgeizig, selbstbewusst eingeschätzt und für gute Führungskräfte gehalten. Verinnerlichter Klassismus führt schließlich dazu, dass Menschen sich mit ihrem Schicksal abfinden. Das heißt, nachdem ihnen ein Leben lang auf unzählige subtile und weniger subtile Weisen gesagt wurde, dass sie verdienen, was das Leben ihnen gibt, dass ihre Unterdrückung gerechtfertigt ist und dass ihre niedrige soziale und finanzielle Position Ergebnis ihrer eigenen Mängel ist, erlischt der Antrieb für soziales Handeln – »hence, the system is stabilized and the prevailing structures of power maintained.« (Greenleaf et al. 2016, S. 655)

Interpretationen

Internalisierter Klassismus kann sich dann, so William Ming Liu et al. (2004), als Wut, Frustration, Versagensängste, Depression oder auch in den Erwartungen zeigen, der eigenen ökonomischen Kultur nicht gerecht werden zu können. Im Gegensatz dazu, so Adams et al. (2007), würden besitzende Klassen oft der Überzeugung sein, rechtmäßig die Produktionsmittel und den größten Teil des Reichtums der Nation zu besitzen und Gefühle der Überheblichkeit, des Anspruchs und der Abgrenzung von den anderen Klassen konditionierte Reaktionen sein.

5. Exkurs: Aufwärtsklassismus

Aufwärts-klassismus

Anknüpfend an den Abwärtsklassimus möchten wir an dieser Stelle einen kurzen Exkurs vornehmen und einen kaum beachteten Diskurs vorstellen, der mit dem Begriff des Aufwärtsklassismus betitelt wird:[61]

> »Upward classism is the prejudice and discrimination that occurs against those who are perceived to be in a higher social class. For example, perceiving or labeling someone as elitist, a snob, or bougie (slang for bourgeois) is a form of upward classism. Interpersonally, upward classism may also manifest as jealousy or envy.« (Liu 2011, S. 200)

Forschungsstand

Aufwärtsklassismus meint demzufolge Vorurteile und Diskriminierung gegenüber Menschen, die als Angehörige einer »oberen« Klasse wahrgenommen werden. Das Phänomen Aufwärtsklassismus ist bisher selten empirisch untersucht sowie das empirische Vorgehen noch nicht ganz ausgereift. Wir möchten hier dennoch zwei Studien kurz vorstellen und kritisch würdigen.

A. J. Colbow

Die Studie von Alexander J. Colbow et al. (2016) kann schwache Zusammenhänge zwischen einer unteren Klassenzugehörigkeit und »upward classism« feststellen. Eine schwache signifikante Korrelation findet sich in Zusammenhang mit anderen Faktoren, wie z. B.

Lebenszufriedenheit, sozialem Status, Einkommen und männlichem Geschlecht.

Rainer Zitelmann geht in seiner populärwissenschaftlichen Abhandlung mit dem Titel »Die Gesellschaft und ihre Reichen: Vorurteile über eine beneidete Minderheit« der Frage nach, inwieweit es zu »upward classism« kommt und wie das erklärt werden kann. Hierbei greift er auf die Daten des Allensbach Instituts und Ipsos MORI Institut zurück, die in Deutschland, Großbritannien, Frankreich und den USA erhoben wurden (Zitelmann 2019). Den Befragten werden drei Fragen zu Einstellungen gegenüber Menschen aus oberen Klassen gestellt: »Ich fände es gerecht, wenn die Steuern für Millionäre stark erhöht würden, auch wenn ich dadurch persönlich keinen Vorteil hätte«; »Ich wäre dafür, die Gehälter von Managern, die sehr viel verdienen, drastisch zu kürzen und das Geld an die Angestellten der Unternehmen zu verteilen, auch wenn diese dadurch vielleicht nur ein paar Euro im Monat mehr bekämen«; »Wenn ich höre, dass ein Millionär mal durch ein riskantes Geschäft viel Geld verloren hat, denke ich: Das geschieht dem recht.« (Zitelmann 2019, S. 410) Auf Basis der Antworten wird ein summativer Index gebildet. »Nichtneider« sind demnach jene, die keiner dieser drei Aussagen zustimmen, »Ambivalente« sind diejenigen, die eine der drei Aussagen zustimmen, als »Sozialneider« werden jene bezeichnet, die zwei oder drei Aussagen unterstützen und als »harter Kern« werden jene bezeichnet, die alle drei Aussagen bejahen (Zitelmann 2020)[62]. Auf dieser Basis stellt der Autor fest, dass in Frankreich 34 %, Deutschland 33 %, in den USA 20 % und in Großbritannien 18 % zur Gruppe der Neider gezählt werden können.[63] R. Zitelmann

Es muss kritisch angemerkt werden, dass in den hier vorgestellten Studien Theorien sowie Forschungen zur strukturellen Ungleichheit und über Eliten kaum bzw. überhaupt nicht diskutiert werden. Zu nennen wären hier vor allem die Arbeiten des bekannten Eliten-Forschers Michael Hartmann. Er stellt in seinen Studien fest, dass Eliten überwiegend eine homogene Gruppe darstellen, die sich meist selbst aus Eliten rekrutiert, damit soziale Ungleichheiten fördern und sich für die Durchsetzung neoliberaler Politik einsetzen (Hartmann 2018). Kritikpunkte

Eliten seien daher wenig Stigmatisierungen ausgesetzt. Daneben fehlen nicht nur Klassiker aus der Ungleichheitsforschung, sondern auch der Bezug zu Machttheorien sowie Ungleichheitstheorien von z. B. Bourdieu, Dahrendorf und anderen. Die Ergebnisse bieten daher zwar einen Einblick, jedoch werden Forschungen zur sozial-strukturellen Ungleichheit und auch Gesellschaftstheorien nicht mitreflektiert, wodurch sie in ihren Aussagen beschränkt bleiben.

Ablehnung Aufwärtsklassismus

Einige Klassismusautor*innen, wie etwa Francis Seeck (2022) oder Christian Baron (2022), lehnen das Konzept des Aufwärtsklassismus zudem in Gänze ab. Sie gehen davon aus, dass Klassismus nur von oberen Klassen nach unten möglich ist. So würden Millionär*innen im Gegensatz zu erwerbslosen Personen, die sozialstaatliche Leistungen beziehen, kaum Diskriminierung erfahren, wenn sie erwerbslos von ihrem Vermögen leben können – v. a. da ihnen keine politisch-gesellschaftliche Hilfe zuteilwerden muss. Die Ablehnung wird in Anlehnung an Goffman begründet (Baron 2014). Privilegierte Klassen (Stigmatisierende) konstruieren gegenüber Stigmatisierten »eine Ideologie, die ihre Inferiorität erklären und die Gefährdung durch den Stigmatisierten nachweisen soll; manchmal rationalisieren wir derart eine Animosität, die auf anderen Differenzen – wie zum Beispiel sozialen Klassendifferenzen – beruht.« (Goffman 2003, S. 6) Eliten legen damit die Normalitätsmerkmale für die Stigmatisierung fest und können diesem Prozess nicht selbst ausgesetzt sein.

Erklärungsmodelle

Die beschränkte Aussagekraft bezieht sich auch auf die Erklärungsmodelle, was ggf. auch daran liegt, dass »upward classism« empirisch bisher kaum untersucht wurde und die Ergebnisse bislang keinen starken signifikanten Zusammenhang darlegen sowie die Operationalisierungen nicht ausgereift sind. In der Literatur existieren Theorien, die den Aufwärtsklassismus zu erklären versuchen. Einige der Ansätze möchten wir hier kurz skizzieren:

1. *Neid und Missgunst:* Eine Ideologie, die für einen Aufwärtsklassismus angeführt wird, ist Neid oder auch Missgunst. Hierbei kann Neid wie folgt definiert werden: »(E)nvy is best conceptualized as anger resulting from a frustrated desire for a fortune that is

possessed by another party but is perceived as possible for oneself (and thus is something one feels one deserves).« (Leach 2008, S. 96) Vor diesem Hintergrund werden Menschen stigmatisiert, die Dinge besitzen, von denen man glaubt, dass sie einem legitim zustehen und damit eine Ungerechtigkeit vorherrscht.

2. *Minderwertigkeitsgefühl:* Hier wird davon ausgegangen, dass sich diejenigen, die sich unterlegen fühlen, als machtlos begreifen. Das Erreichen von Glück und wichtigen Gütern scheint dadurch unmöglich. Die Ablehnung anderer Gruppen entsteht demnach aus Minderwertigkeitsgefühlen und den fehlenden Chancen, dieses Glück (der oberen Klassen) zu erlangen (Leach 2008, 102 f.).
3. *Gefühl der Ungerechtigkeit:* Wenn Menschen in einem System leben, in dem von einer Verteilung von Gütern ausgegangen wird, entwickelt sich eine Idee von Gerechtigkeit. Die eigene soziale Situation wird mit der Situation anderer verglichen. Bei dem Gefühl einer ungleichen Verteilung kann es zu einem Gefühl der Ungerechtigkeit kommen. Dies kann zur Verurteilung von Gruppen, wie z. B. reichen Menschen, führen (Leach 2008, S. 104).
4. *Konzept des Sündenbocks:* In Anlehnung an Tajfel und Kollegen (vgl. Kapitel II. 3.1) wird davon ausgegangen, dass durch einen Vergleich mit einer anderen sozialen Gruppe, die als besser oder überlegen empfunden wird, die eigene positive soziale Identität in Frage gestellt wird. Für die eigene »schlechte« Lage wird die andere Gruppe als Sündenbock bestimmt und dient damit als Ventil für Vorurteile und Aggression.
5. *Verlierer-Gewinner-Ideologie oder Nullsummenglaube:* In dieser Theorie wird davon ausgegangen, dass im Handel nicht immer Gewinner*innen und Verlierer*innen existieren müssen, da Ressourcen nicht immer in beschränkter Form vorhanden sind. In diesem Fall wird behauptet, dass Menschen zum großen Teil jedoch davon ausgehen, dass in einer Gesellschaft die Gewinne einer Gruppe mit dem Verlust einer anderen Gruppe einhergehen. Dies kann zu Ablehnung und Vorurteilen gegenüber Menschen mit viel Besitz führen, da davon ausgegangen wird, dass dieser auf Kosten bzw. Verlust der eigenen Gruppe erwirtschaftet wurde (Zitelmann 2019, S. 97).

Aufwärtsklassismus kaum existent

Es konnten keine Studien gefunden werden, die sich mit den Folgen der Vorurteile gegenüber reichen Menschen oder Menschen aus den oberen Klassen direkt befassen. Studien, in denen Menschen aus oberen Schichten zur ihren Stigmatisierungserfahrungen und deren Folgen befragt wurden, existieren unseres Wissens nicht. Der Forschungsstand zum Thema gesundheitliche Ungleichheiten deutet in großer Übereinstimmung eher darauf hin, »dass Personen mit niedrigem sozialen Status häufiger von Krankheiten und Beschwerden betroffen sind als Personen mit höherem sozialen Status.« (Lampert et al. 2016, S. 155) Demnach scheint es so zu sein, dass der Aufwärtsklassismus (insofern dieser wissenschaftlich existiert), wenn überhaupt, nur wenig negative Folgen für die Betroffenen aus oberen Schichten nach sich zieht. Dies liegt wohl darin begründet, dass Eliten oft unter sich bleiben (Hartmann 2018; Bublitz 2022) und Stigmatisierungen demnach kaum wahrgenommen werden sowie die Lebensqualität bzw. die Lebensexistenz durch Vorurteile nicht direkt betroffen sind, wie es dazu im Gegensatz z. B. bei Menschen in der Wohnungslosigkeit oder Erwerbslosigkeit der Fall ist. Im Gegenteil, Studien zeigen, dass Menschen aus oberen Schichten, z. B. bei der Wohnungssuche oder im Schulsystem, bevorzugt behandelt werden (vgl. auch Kapitel IV.).

IV. Gesellschaftliche Bereiche und darin eingelagerte klassistische Mechanismen

Anwendung der Klassismuskritik

Im nachfolgenden Kapitel wollen wir für ausgewählte gesellschaftliche Bereiche untersuchen, inwieweit Klassismus, wie wir ihn in Kapitel II. definiert haben, vorliegt. Wir werden darlegen, welche klassenbezogenen Ungleichheiten sich in Bezug auf Arbeit, Bildung, Gesundheit, das Rechtssystem, die Mediendarstellung, das politische System und Wohnen (vorrangig in Deutschland) bspw. anhand ungleicher Ressourcenverteilung sowie ungleich verteilter Teilhabe- und Lebens(-verwirklichungs-)chancen zeigen. Diese Ungleichheiten werden – informiert über unterschiedliche Gerechtigkeitsbegriffe – aus einer klassismuskritischen Perspektive analysiert. An den beispielhaften Gesellschaftsbereichen kann – hier aufgrund der begrenzten Seitenzahl nur verkürzt, aber hoffentlich doch anschaulich – belegt werden, wo sich aus dem Klassensystem strukturelle Ungerechtigkeiten ergeben und anhand welcher Mechanismen es zur Reproduktion von Klassen (»doing class«) kommt. Dabei spielen insbesondere auch Bezüge zu Macht und Herrschaft eine wichtige Rolle, die die Reproduktion vertikaler Ungleichheiten ermöglichen sowie legitimieren. Zugleich werden wir in den genannten Bereichen anhand von Studien auszugsweise vorstellen, wo und in welcher Form sich klassistische Vorurteile, Stereotypen, Stigmatisierungen und Diskriminierungsformen zeigen und welchen Einfluss Ausgrenzungs- und Abwertungsprozesse auf die (Bestätigung, den Erhalt der) Sozialstruktur und Identitätsverletzungen haben können. Leitend ist hierbei die Annahme, dass auf Hierarchien basierende Abwertung und Sanktionierung von Identitäten ihrerseits zu strukturellen Hierarchien innerhalb der Gesellschaft führen (können).

Das alles kann notwendigerweise nur in Ausschnitten und beispielhaft erfolgen, soll jedoch mithilfe einer weiteren Veröffentlichung zum Thema »doing class« in postmodernen Gesellschaften vertieft erörtert werden (Gamper & Kupfer i. V.).

1. Beschäftigung, Erwerbslosigkeit und Klassismus

Arbeit und Ungleichheit

Ein Schwerpunkt der Klassismusforschung liegt auf den Themen Beschäftigung und Arbeitsmarkt, unter anderem da Klassenzugehörigkeit ebenso wie Armutsverhältnisse oder Ausgrenzung eng mit der Stellung auf dem Arbeitsmarkt und der eigenen Erwerbsarbeitsposition verbunden sind. »Im Beschäftigungssystem und in den Organisationen der Erwerbsarbeit werden sowohl basale monetäre Ungleichheitsprinzipien konstruiert als auch Chancen auf soziale Teilhabe verteilt. ›Arbeit‹[64] und ›Ungleichheit‹ sind somit als sozialwissenschaftliche Themen untrennbar miteinander verbunden.« (Menz und Nies 2018, S. 124)

Erwerbsarbeit

Ein Ziel der Erwerbsarbeit ist es, Menschen in die Gesellschaft zu integrieren. Erwerbsarbeit soll es ermöglichen, sich unter bestimmten Grenzen selbst zu entfalten und eine positive Identität aufzubauen, indem Erwerbsarbeit beispielsweise sozial absichert und Konsummöglichkeiten eröffnet. Gleichzeitig wird über Erwerbsarbeit aber auch soziales Ansehen und Anerkennung verteilt (Bonß 2001, S. 336). Dabei bestimmt die Annahme, dass jede*r einer bezahlten Erwerbsarbeit nachgeht, unsere Vorstellungen von Normalität, ebenso wie die Idee der Beschäftigung innerhalb eines Normalarbeitsverhältnisses[65], das dauerhaft, unbefristet, in Vollzeit (35–40h/Woche), sozialrechtlich geschützt und tariflich bezahlt erfolgt (Bonß 2001, S. 338). Die Realität sieht anders aus. Aktuellen Statistiken zufolge befinden sich in Deutschland gegenwärtig nicht 100 %, sondern 75 % der erwerbsfähigen Menschen (zwischen 15 und 65 Jahren) in beruflichen Anstellungsverhältnissen[66] (Deutscher Gewerkschaftsbund und Hans-Böckler-Stiftung 2018).

Zudem sind Menschen häufig prekär, d. h. nicht dauerhaft, mit erhöhtem Risiko der Arbeitslosigkeit, ohne existenzsicherndes Einkommen und damit armutsgefährdend beschäftigt – in Leiharbeit, geringfügig in Mini- oder Midijobs, in Ein-Euro-Jobs, Dauerpraktika oder in (Schein-)Selbstständigkeit (Dörre 2009). »Analytisch gesprochen, hat die Reorganisation der Klassenverhältnisse […] zu einer beträchtlichen Ausweitung von informellen und prekären Beschäftigungsformen geführt und haben die Unterschiede und Konkurrenzen innerhalb der abhängig Beschäftigten enorm zugenommen.« (Chassé 2017, S. 488) So weiten sich also diskriminierende Prekarität und soziale Unsicherheit gleichzeitig aus und bedrohen auch die Identitäten der noch in Normalarbeitsverhältnissen Tätigen, die durch die Anwesenheit der »Arbeitnehmer*innen zweiter Klasse« unter Druck geraten (Nachtwey 2018). Dabei haben Arbeitnehmer*innen im »Leitbild des homo oeconomicus« (Dörre 2006, S. 65) die mit dem Strukturwandel transportierten Risiken selbst unternehmerisch und flexibel zu bewältigen und eigenes Humankapital stetig zu fördern. Vergessen wird im Rahmen dieses »von Eliten – für Eliten« entwickelten meritokratischen Ethos jedoch, so u. a. Franz Schultheis (2007), dass Möglichkeitsbedingungen und Privilegien, wie die Fähigkeit zur Selbstsorge, und damit Chancen der »Humankapital-Investitionen« ungleich verteilt sind. Die Bedeutung u. a. klassenspezifischer Einflüsse auf die intergenerationale Persistenz von Einkommensungleichheit wird erst in jüngeren Arbeiten der Humankapitaltheorie bearbeitet (Itschert 2014).

Prekäre Arbeitswelt

Folgen der prekären Beschäftigungsverhältnisse sind schließlich fast immer Armutsphänomene, wie das sog. »working poor« (Böhnisch und Schröer 2012). Betroffen von ›Armut trotz Lohnarbeit‹ sind hierbei vorrangig Menschen mit niedrigem oder ohne (Aus-)Bildungsabschluss, da insbesondere geringqualifizierte Personen in den Niedriglohnsektor gedrückt werden. Hängt die Stellung des Individuums auf dem Arbeitsmarkt von vielen Determinanten ab, bestimmen doch Bildungszertifikate die Chancen auf einen (spezifischen) Arbeitsplatz sowie die Entlohnung entscheidend mit. Entgeltsysteme legen hierbei fest, was gesellschaftlich als (wertvolle) Leistung gilt und welche

Armutsphänomene

Berufe als wertvoll konstruiert werden (Menz und Nies 2018, S. 126). Menschen aus bestimmten Berufsgruppen (z. B. Bandarbeiter*innen, Raumpfleger*innen) können – trotz überdurchschnittlicher Leistungen – nicht das Einkommen oder auch das Ansehen anderer Berufsgruppen erreichen (Schwinn 2007, S. 49). Fragen nach sozial gerechter Entlohnung, Verteilung und Anerkennung im Arbeitssystem hängen somit immer auch mit der Kritik am Leistungsprinzip sowie der Leistungsbestimmung (als Herrschaftsideologie, Meritokratie) zusammen.

Machtmandate

Daneben werden bestimmte Positionen oder auch Berufe mit Machtmandaten ausgestattet, indem Tätigkeitsbereiche mit einem wertenden Maßstab und entsprechender Sanktionsmacht versehen werden. Mit bestimmten Berufen und Positionen können damit eigene oder soziale Interessen durchgesetzt, Privilegien abgesichert oder auch andere Akteure ausgeschlossen werden (Schwinn 2007). Durch Zuweisung von unterschiedlicher Entlohnung und Machtbefugnissen wird hierbei suggeriert, dass unterschiedliche Qualifikationen, Ausbildungen oder Stellungen mehr wert sind als andere. Zugleich können über bestimmte berufliche Positionen somit auch gesellschaftliche Partizipationschancen erworben werden. Das heißt: Klassenverhältnisse werden (re-)produziert.

Erwerbsarbeitslosigkeit, Armut und Ausgrenzung

Armutsquote

Armut betrifft nicht nur prekär Beschäftigte, sondern auch erwerbslose Menschen. Die Armutsquote unter erwerbslosen Menschen[67] beträgt trotz des in Deutschland etablierten Sozialsystems 40 % bis 60 % (Ludwig-Mayerhofer 2021). Erwerbslosigkeit führt, je länger sie andauert, zu Armut, denn materielle Deprivation nimmt über die Dauer des Sozialleistungsbezugs immer weiter zu. Dies liegt u. a. daran, dass keine Rücklagen gebildet werden können und bei hoher Inflation und/oder großen Anschaffungen (wie z. B. Waschmaschine, Schulranzen oder auch Schul-Computer) selbst Ersparnisse schnell aufgebraucht sind (Ludwig-Mayerhofer 2021). Hinzu kommt die stetige Reduktion der Sicherungs- und Sozialleistungen für untere Klassen durch die in den letzten Jahrzehnten durchgeführten Veränderungen, wie z. B. Hartz IV (Vogel 2006). Jene Zusammenlegung von Arbeitslosenhilfe und Sozialhilfe unter dem Terminus »aktivierende Arbeitsmarktpolitik« hatte dabei basierend auf dem stigmatisierenden Bild des ›passiven Leistungsbeziehenden‹ auch zum Ziel im Workfare-Prinzip Hilfesuchende »zu fordern und zu fördern«. Wird den Leistungsverpflichtungen nicht nachgekommen, drohen Sanktionen und damit auch Folgen für die Chancenverwirklichung (Lutz und Ziegler 2005).

Aktivierungspolitik

> »Insofern die Aktivierungspolitik dem einzelnen die Verantwortung für sein (arbeitsmarktbezogenes) Schicksal und die Zukunft zuweist, kann man sie als eine institutionalisierte Form der Diskriminierung (einerseits im Sinne der sozialmoralischen Verantwortungszuschreibung, zugleich als Form der institutionellen Problemkonstruktion/-bearbeitung) betrachten.« (Chassé 2017, S. 489)

Dabei scheint eher das anhaltende Verbleiben in der Prekarität die vormals über Sorgetätigkeiten, Praktika oder Mini-Jobs zum größten Teil ausgesprochen aktiven Menschen auszubrennen und zu demotivieren (Dörre 2014).

Abwertung Erwerbsloser

Neben der durch Erwerbsarbeitslosigkeit steigenden Armutsquote ist hinsichtlich der Frage nach Klassismus in der Arbeitsgesellschaft die an den meritokratischen Prinzipien orientierte Abwertung erwerbsloser Personen zu benennen. Als ›überflüssig‹ markiert und gesellschaftlich ausgegrenzt (Castel und Dörre 2009) sind erwerbsarbeitslose Menschen und Mechanismen der Exklusion auf das Engste miteinander verbunden – und das bereits seit geraumer Zeit (Ludwig-Mayerhofer 2021; Seeck 2022). So gelten Arbeitslosigkeit und Armut stigmatisierend und individualisierend als persönliches Versagen (durch ›Arbeitsscheu‹) – eine Deutung, in der das meritokratische Prinzip aufrechterhalten wird und durch das unwahrscheinlich bleibt, trotz Leistung arm zu werden (Chassé 2017).

Langzeitarbeitslosigkeit

Dabei kann insbesondere Langzeitarbeitslosigkeit zu sozialem Ausschluss und (Angst vor) Fremdstigmatisierung führen (Ludwig-Mayerhofer 2021). Beispielsweise zeigt die Auswertung der Daten des sozioökonomischen Panels (4.697 Personen zwischen 1991 und 2004) durch Martien Biewen und Susanne Steffes (2010) einen moderat negativen Zusammenhang zwischen staatlicher Abhängigkeit und konjunkturellem Erwerbslosigkeitsrisiko, was als Hinweis auf Stigmatisierungseffekte interpretiert werden kann und sich bspw. über geringere Chancen bei Bewerbungen zeigt.

Strukturwandel

Insgesamt geht Nachtwey (2018) davon aus, dass durch den Strukturwandel der Arbeitsgesellschaft (u. a. Prekarisierung durch Abbau von Arbeitnehmer*innenschutzrechten, wie Kündigungsschutz, Flächentarifverträgen etc.) Erwerbstätigkeit immer weniger Menschen Sicherheit und Prestige verspricht, sondern viel eher zunehmend die Gefahr sozialer Abstiege transportiert. Unter anderem durch die anhaltende Abhängigkeit vieler Menschen von öffentlicher Fürsorge, die Desintegration durch Arbeit und den fehlenden positiven Platz in der Gesellschaft schreiten soziale Exklusionsprozesse ebenso wie die Fragmentierung der Klassengesellschaft voran (Butterwegge 2010).

2. Bildungsklassismus

Gerechte Bildungschancen

Bildungsabschlüsse haben einen großen Einfluss, z. B. auf das Einkommen und auf die Chancen, auf dem Arbeitsmarkt eine Anstellung zu finden (Butterwegge 2020). Waren im Jahr 2020 Personen mit einem hohen und mittleren Bildungsstand[68] zu jeweils 2,6 % und 3,1 % erwerbslos, waren es bei Personen mit niedrigem Bildungsstand schon 8,8 % (BpB 2021). Dies passiert vor dem Hintergrund, dass in modernen Gesellschaften soziale Integration und Positionen nicht mehr von sozialer Herkunft (z. B. Adelstitel oder dem Status der Eltern) abhängig sein sollten. Die Aufgabe der Bildungssysteme ist es dabei, jedem Lernenden die größte Möglichkeit zu bieten (z. B. Selbstentfaltung, Integration auf dem Arbeitsmarkt) (Fend 2009), sodass die Chancen für jede*n Teilnehmer*in auf gleiche Weise geschaffen werden müssen. Dies geht am besten mit individuell konzipierten und an die Bedürfnisse der jeweiligen Lernenden angepassten Lern- und Lehrprozesse. Bildung, und hier speziell die Institutionen, haben diesbezüglich die Aufgabe, Chancen gerechter zu verteilen.

Es zeigt sich jedoch, dass in Deutschland der schulische Erfolg, der schließlich z. B. in beruflichen Erfolg mündet, immer noch sehr stark von der Klassenzugehörigkeit abhängt (Scherr 2016, S. 26). Forschungen skizieren hier einen Zusammenhang zwischen sozialer Herkunft und Schulleistung. Die Internationale Grundschul-Lese-Untersuchung (IGLU) konnte signifikante Unterschiede zwischen den Schüler*innen aus oberen und unteren Klassenmilieus bezüglich der Lesekompetenz und dem Textverständnis eruieren. Die Unterschiede haben sich in Deutschland seit 2001 sogar vergrößert. Der Unterschied zwischen Kindern aus materiell prekären Haushalten und Kindern aus nicht armutsgefährdeten Haushalten betragen am Ende der vierten Klasse etwa ein Lernjahr (Hußmann et al. 2017, S. 214). Ähnliche Ergebnisse zeigen sich in der Mathematik und in den Naturwissenschaften. Die International Mathematics and Science Study (TIMMS), die auch in der Grundschule durchgeführt wird, kann hier ebenfalls einen signifikanten Unterschied von ca. einem Lernjahr eruieren (Schwippert et al. 2020). Diese Unterschiede werden während der Schulzeit nicht etwa reduziert, sondern noch vergrößert. Nach der Auswertung der Daten der PISA-Studie liegen die Leistungsdifferenzen bei 15-jährigen Schüler*innen schon bei dreieinhalb Schuljahren (Wrase und Allmendinger 2021). Diese Studien zeigen exemplarisch, dass die oben beschriebenen Aufgaben vom Bildungssystem nicht erfüllt werden, sondern das Bildungssystem soziale Benachteiligung sogar weiter reproduziert.

Bildungssystem benachteiligt

Dieser Trend kann mit der sogenannten »Leaky Pipeline«, welche von der Grundschule bis zur Promotion reicht, nochmals verdeutlicht werden. Anhand von Drop-Out-Statistiken, kann gezeigt werden, welche Übergangs- und Abgangsquoten für Kinder aus Akademiker*innenhaushalten und Nicht-Akademiker*innenhaushalten gelten. Es wird jeweils von 100 Grundschulkinder ausgegangen (s. Abbildung 12).

Bildungspipeline

*Abbildung 12: Bildungspipeline vom Arbeiter*innenkind bis zur Doktorwürde.*

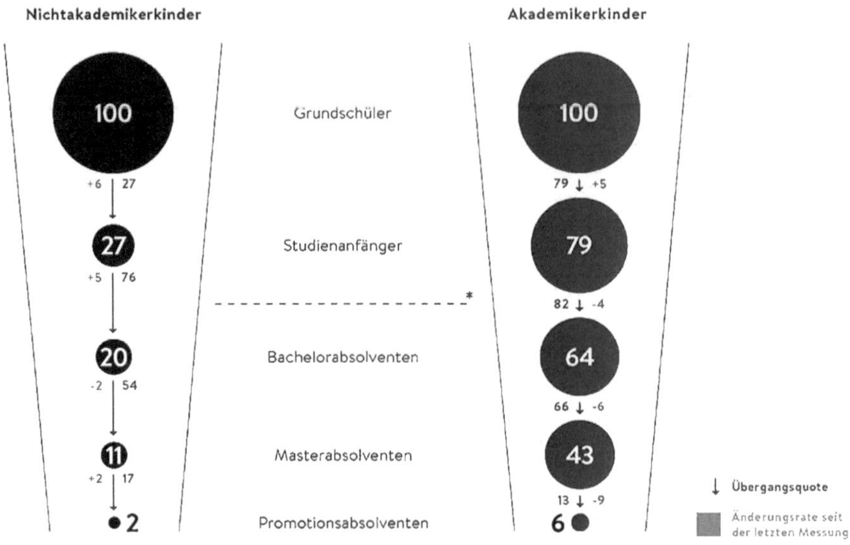

Quelle: Stifterverband für die Deutsche Wissenschaft e. V. 2021, S. 3.

Auch wenn es in den letzten Jahrzehnten zu einer Bildungsexpansion kam (Geißler 2014c), haben hiervon vor allem höhere Klassen profitiert (Vester 2013), wie die Bildungspipeline in Abbildung 12 nochmals verdeutlicht.

Bildungsinstitutionen diskriminieren

Bildungsinstitutionen kommen demnach ihrer Aufgabe nicht nur nicht nach, sondern sie diskriminieren auch aktiv. Die Lerninhalte, Selektionsmechanismen sowie die Leistungsbewertungen basieren zum großen Teil auf klassistischen Prozessen. Bourdieu konnte bereits 1965 zeigen, dass die Schule höchst sozial-selektive Wirkung besitzt. Auch wenn die Zugänge zu Schulbildung in vielen sogenannten westlichen Staaten offen ist, unterliegen die Inhalte, die Benimmregeln, die Sprachcodes wie auch die Verhaltensregeln sozial-selektiven Mechanismen, die sich an der kulturellen Praxis der mittleren wie oberen Klassen orientieren (Bourdieu 2020). Kinder aus bildungsnahen Klassenmilieus besitzen einen Vorteil, da sie durch ihre Sozialisation die kulturellen Spielregeln kennen und diese gewinnbringend einsetzen können. Hierbei werden auch unbewusste Haltungen und Klassifizierungen durch den Habitus des Lehrpersonals wirksam, das meist aus einem oberen oder mittleren Klassenmilieu stammt (Lange-Vester und Vester 2018). Bildungsklassismus spiegelt sich so z. B. in den Empfehlungen für die weiterführenden Schulen wider. Auch wenn die Schulleistungen zwischen un- und angelernten Arbeiter*innenfamilien und Schüler*innen aus oberen Dienstklassen identisch sind, haben erstere eine dreifach geringere Chance auf eine Gymnasialempfehlung (Stubbe et al. 2017). Daneben neigen Lehrer*innen dazu, Schüler*innen aus oberen Klassen besser zu behandeln (Meulenbelt 1988, S. 94). Neben dem individuellen Klassismus hinsichtlich der Bewertung und Behandlung zeigen sich bezogen auf das mehrgliedrige Schulsystem deutliche Abwertungsmechanismen und damit Prozesse der institutionellen Diskriminierung (Gomolla 2010). Symbolwirkung haben die Institution »Hauptschule« und das Bildungszertifikat »Hauptschulabschluss«. Stefan Wellgraf sieht die Hauptschule gar als institutionalisierte Form von Klassismus, und zwar nicht nur durch deren exkludierende Wirkung, sondern auch aufgrund der Verachtung, die den Schüler*innen dieser Schulform entgegengebracht wird und der sie sich nicht entziehen können (Wellgraf 2015, S. 56). Somit erzeugen die Bildungssysteme weder *Chancengleichheit*[69] (Schwippert et al. 2020), noch *Verteilungsgerechtigkeit* (Hübner 2013), *Anerkennungsgerechtigkeit* (Wellgraf 2018), *Befähigungsgerechtigkeit* (Otto und Schrödter 2008) oder gar *Bildungsgerechtigkeit* (Stojanov 2013).

Meritokratisches Schulsystem

Das Schulsystem spielt vielmehr bei der (Re-)Produktion von Klassen und damit der ökonomischen sowie sozialen vertikalen Strukturierungen eine entscheidende Rolle und legitimiert diese zugleich (Hübner 2013, S. 40). Dies tut es, indem das Schulsystem für die Legitimation der eigenen Selektionsmechanismen auf das Konzept der Meritokratie zurückgreift (Solga und Powell 2006). Die Schuld für »fehlende Leistung« wird dann nicht im System selbst verortet, sondern der Misserfolg wird den Lernenden zugeschrieben. Über die Zuschreibung (angeblich) fehlender Motivation, mangelnder Kompetenz, zu geringer Leistungsbereitschaft oder auch fehlender Resilienz wird das Individuum für seine Lage selbst verantwortlich gemacht. Verschwiegen wird dabei die institutionelle sowie individuelle Diskriminierung aufgrund der sozialen Herkunft, die in Deutschland immer noch vorzufinden ist. Bildungsinstitutionen sind damit Instrumente für klassistische Prozesse.

3. Gesundheit unter einer Klassismusperspektive

Höheres Erkrankungsrisiko

Es ist unumstritten, dass Gesundheitschancen und Krankheitsrisiken zwischen den Klassen ungleich verteilt sind (Robert Koch-Institut 2015). Studien können hierzu u. a. belegen, dass die Mortalität bei Geburt und steigend im Lebensverlauf differiert. So unterscheidet sich Forschungsergebnissen zufolge beispielsweise die Lebenserwartung zwischen Mitgliedern der niedrigsten und höchsten Einkommensgruppe bei Männern um 8,6 Jahre und bei Frauen um 4,4 Jahre (Siegrist und Staudinger 2019, S. 5). Aber auch bei (chronischen) Erkrankungen zeigen sich Differenzen zum Nachteil unterer Klassen. Zu nennen sind hier beispielsweise Herz-Kreislauf-Erkrankungen (z. B. Herzinfarkt oder Schlaganfall), Stoffwechselerkrankungen (z. B. Diabetes Mellitus), Depressionen sowie bestimmte Krebserkrankungen (z. B. Lungen- und Magenkrebs), aber auch Unfallrisiken und Behinderungen, von denen Menschen aus unteren Klassen häufiger betroffen sind (Siegrist und Staudinger 2019; Robert Koch-Institut 2015). Ferner ist die Wahrscheinlichkeit sich mit COVID-19 anzustecken und häufiger einem schweren Verlauf ausgesetzt zu sein, in unteren Klassen höher (Rommel et al. 2021, s. a. Studien in Dragano 2022). Auch wenn die Unterschiede von der jeweiligen Erkrankung abhängig sind, kann zusammenfassend festgehalten werden, dass das Krankheitsrisiko für Personen niedrigerer Statusgruppen im Vergleich zu hohen Statusgruppen zwei- bis dreimal höher ist (Lampert 2019).

Faktoren

Die Gründe für diese gesundheitlichen Differenzen sind sehr unterschiedlich und nicht unikausal. In der Wissenschaft werden folgende Aspekte angeführt (Siegrist und Staudinger 2019): Die materielle Ausstattung (1), wie etwa Wohnbedingungen, finanzielle Mittel sowie Arbeitsbedingungen (z. B. Arbeit mit Chemikalien, Giftstoffen, Schichtarbeit, Untertagearbeit); Unterschiede hinsichtlich verhaltensbezogener Faktoren (2), wie gesundheitsschädigende oder -fördernde Verhaltensweisen (wie z. B. Konsum von Alkohol und Nikotin oder aber Ernährung); Faktoren, die die Psyche betreffen (3), wie etwa persönliche Kompetenzen; soziale Faktoren (4), wie der Einfluss sozialer Beziehungen und des Unterstützungsnetzwerks auf Gesundheit; Faktoren der medizinisch-gesundheitlichen Versorgung (5), wie beispielsweise der begrenzte Zugang zu Diagnostik und Therapie; biomedizinische Aspekte (6), wie genetische Risiken, Vorerkrankungen oder Vorschädigungen; kritische Perioden (7), wie z. B. Schwangerschaft oder auch Erwerbsarbeitslosigkeit sowie kumulative Effekte von Benachteiligung (8) durch Belastungen über eine längere Zeitperiode und unterschiedliche Lebensalter hinweg (Richter 2019; Moor et al. 2022).

Forschungsstand

Aktuelle Forschungen gehen davon aus, dass es vor allem die schlechten Lebens- und Arbeitsbedingungen, fehlende Möglichkeiten zu sozialer Partizipation, soziale Isolation, die schlechte Wohnsituation, Diskriminierung sowie der Mangel an ökonomischen Ressourcen sind, die einen signifikanten Einfluss auf die Gesundheitschancen von Menschen aus unteren Klassen haben (Dragano 2022; Vonneilich 2020; Bell 2020). Beispielsweise belegen Studien den Einfluss prekärer bzw. belastender Arbeitsbedingungen ebenso wie des Ausschlusses von Erwerbstätigkeit auf die Entstehung und Fortdauer gesundheitlicher Ungleichheiten. Niedriger beruflicher Status hängt Studienbelegen zufolge (auch unter Kontrolle von Drittvariablen wie Gesundheitsverhalten) mit frühzeitiger Sterblichkeit, schwerer chronischer Erkrankung, höherer Unfallwahrscheinlichkeit sowie krankheitsbedingter Frühverrentung zusammen (Siegrist 2019). Aber auch Stigmatisierungs- und Diskriminierungserfahrungen führen bei Menschen aus unteren Klassen zu gesundheitlichen Erkrankungen und Unwohlsein (Simons et al. 2017; Fuller-Rowell et al. 2012). Die Studie von Eva Diniz et al. (2019) zeigt hierzu für die gesundheitliche Versorgung, wie Personal in Krankenhäusern chronische Schmerzpatientinnen mit niedrigerem sozioökonomischen Status im Vergleich zu Patientinnen mit höherem sozioökonomischen Status stigmatisiert. Die Zuschreibungen, wie etwa fehlende Kompetenz oder geringere Einzigartigkeit, beschreiben die Forscher*innen dabei als »Dehumanization« (Entmenschlichung).

Komplexe Ursachen

Das klassistische Bild des rauchenden und alkoholabhängigen Menschen aus einem sozialbenachteiligten Stadtteil, der*die allein aufgrund individueller Merkmale und selbst gewählter gesundheitsgefährdender Verhaltensweisen häufiger erkrankt, wird durch aktuelle Forschungen nicht bestätigt. Die Ursachen – u.a. auch sozialer Verhaltensunterschiede – sind weitaus komplexer und können nicht allein auf die Willensentscheidung des Individuums zurückgeführt werden (Dragano 2022; Siegrist und Staudinger 2019). Selbst in sogenannten westlichen Staaten ist der Zugang zu medizinischer Versorgung unter den Klassen ungleich verteilt. Auch die Wohnsituation (vgl. Kapitel IV. 7) benachteiligt Menschen aus unteren Schichten deutlich. Hinzu kommt, dass das Gesundheitsverhalten, welches eine wichtige Rolle spielt, mit finanziellen Kosten (z. B. Zeit für Sport, Kosten für Mitgliedschaften, Kosten für Lebensmittel usw.) verbunden ist, die sich viele gar nicht und nicht alle gleichermaßen leisten können (Mackenbach 2019).

4. Klassismus und Rechtssystem

Klassistisches Rechtssystem

Klassismus findet sich auch im Justizsystem bzw. Rechtssystem wieder. Rechtsetzung, Rechtsprechung und Rechtsdurchsetzung sind Prozesse, in denen klassistische Argumente und klassistische Handlungen zur Anwendung kommen können. Im Allgemeinen ist festzuhalten, dass Menschen aus unteren Klassen im Vergleich zu oberen Klassen häufiger Opfer von Straftaten, wie z. B. Einbrüchen oder Diebstahl, werden – gleichzeitig werden sie aber auch häufiger verurteilt (Miller 2015). Diese Verurteilungen finden statt, ohne dass bisher ein statistischer Zusammenhang zwischen sozialer Herkunft und Kriminalität klar belegt werden konnte (Wikström und Treiber 2016; Antonaccio et al. 2010; Dunaway et al. 2000; Brady et al. 2017).

Anzeigeverhalten und Kontrollen

Wie lässt sich diese Ungleichverteilung dann erklären? Forscher*innen verweisen vor allem auf drei Aspekte, die an die obigen Darstellungen zu Diskriminierung und Stigmatisierung anschließen. Zu nennen sind erstens das Anzeigeverhalten und staatliche Kontrollen durch z. B. die Polizei. Die klassische ethnographische Studie von Chambliss (1973) konnte hierzu zeigen, dass Jugendliche aus unteren Klassenmilieus, anders als die Vergleichsgruppe aus oberen Klassen, viel stärker negativen Zuschreibungen ausgesetzt sind. Bei den kriminellen Vergehen wird demnach bei Oberschichtsjugendlichen toleranter reagiert bzw. werden ihre Verhaltensweisen eher verharmlost (z. B. nicht zur Anzeige gebracht). Dagegen werden Jugendliche aus unteren Klassenmilieus häufiger sanktioniert und mit Stigmata belegt. Dies führte anschließend dazu, dass die stigmatisierten Jugendlichen (in der Art einer selbsterfüllenden Prophezeiung) die Rolle als »Außenseiter*innen« annahmen und kriminell wurden (Chambliss 1973). Auch aktuelle Forschungen belegen diese Verbindung zwischen negativen Zuschreibungen (siehe auch Labeling Approach) sowie Ausgrenzung und einem abweichenden Sozialverhalten (Cullen et al. 2020). Diese Zuschreibungen sind nicht zu unterschätzen, da knapp 95 % der zur Anzeige gebrachten Straftaten aus der allgemeinen Bevölkerung stammen. Aber auch das soziale Profiling der Polizei und anderer Staatsapparate erhöht die Zahl der Verdächtigen im Hellfeld, denn dort wo gefahndet wird, ist die Wahrscheinlichkeit Tatverdächtige zu entdecken höher. Dies gilt speziell für Kontrolldelikte, da hier zuerst ermittelt und erst anschließend ein Vergehen festgestellt wird. Kontrolliert werden dabei vor allem Menschen, die nicht dem Bild der Mehrheitsgesellschaft entsprechen. Dazu zählen unter anderem obdachlose, drogenabhängige oder sich prostituierende Menschen (Ruch 2017). Zusammen führen diese Prozesse zu einer stärkeren Kriminalisierung von Menschen aus unteren Klassen. Hingegen wird jenen Delikten, die meist von Menschen aus oberen Klassen begangen werden, wie Subventionsbetrug, Anlage- und Finanzierungsdelikte oder Steuerbetrug, in der Öffentlichkeit und Politik nur sehr situativ Aufmerksamkeit geschenkt – obwohl der Schaden für die soziale Gemeinschaft hoch ist (z. B. Panama-Papers) (McGurrin et al. 2013). Opfer sind in diesem Fällen hingegen meist, direkt oder auch indirekt, Menschen aus unteren Klassen (Rorie 2020).

Gesetze

Ein zweiter Aspekt, der die oben benannte Ungleichverteilung erklären kann, sind die Gesetze selbst, die ebenso wie Kontrollen und Anzeigeverhalten klassistisch sein können. Dies kann an zwei Beispielen festgemacht werden. Zum einen geht es um die strafrechtliche Verfolgung von Bagatelldelikten, wie z. B. der illegalen Nutzung öffentlicher Verkehrsmittel oder von Ladendiebstahl, die hauptsächlich von Menschen aus Armutsverhältnissen begangen werden. Hier handelt es sich um sogenannte ›absolute Bagatellen‹, für die eine Strafverfolgung nicht angemessen scheint. Meist folgen aus diesen Bagatellen jedoch wenig adäquate strafrechtliche Sanktionen (Harrendorf 2018). An diesen Fakt anschließend gehen Kriminolog*innen in Teilen davon aus, dass Armut selbst kriminalisiert wird (Neubacher und Bögelein 2021). Ferner kann gezeigt werden, inwieweit fehlender Rechtsbeistand Gerichtsurteile zum Nachteil der Angeklagten beeinträchtigt (Kolsch 2020). Hinzukommt, dass Richter*innen, auch wenn es möglich wäre, monetär armen Menschen auf Staatskosten einen Beistand zur Seite zu stellen, dies meist nicht in Betracht ziehen (Steinke 2022, S. 29). Menschen, die sich keinen Anwalt oder keine* Anwält*in leisten können – und das sind meist Menschen aus unteren Klassen – werden hier faktisch benachteiligt.

Gerichtsentscheidungen

Als dritten Aspekt können Forschungen Klassismus auch bei Gerichtsentscheidungen herausarbeiten. Beispielsweise werden Menschen aus unteren Klassen bei der Geldstrafbemessung benachteiligt. Zum einen, weil Geldstrafen Menschen aus Armutsverhältnissen besonders hart trifft (Nagrecha und Bögelein 2019, S. 281), da diese meist am Existenzlimit leben. Zum anderen werden die Geldstrafen für Menschen in Armutsverhältnissen meist zu hoch angesetzt, während bei Menschen aus oberen Schichten die Berechnungen häufig zu gering ausfallen (Kolsch 2020). Bezüglich der Straftat Körperverletzung kann Kolsch feststellen, dass die Anklagewahrscheinlichkeit mit abnehmender sozialer Herkunft steigt. Obere Schichten kommen hingegen meist mit strafrechtlichen Auflagen und Weisungen davon (Kolsch 2020). Im Justizsystem können demzufolge klassistische Mechanismen festgestellt werden, die jedoch leider immer noch zu wenig beforscht sind.

5. Mediendarstellung und Klassismus

Medienberichterstattung

Auch in Medien und medialen Berichten spielen, wie insbesondere die Cultural Studies seit den 1970er Jahren betonen, Distinktions- und Stigmatisierungsprozesse sowie Diskriminierungen eine wichtige Rolle. Über das Porträtieren und die Repräsentation sozialer Gruppen(-identitäten) (z. B. Klassen, ethnische Minderheiten) und deren Lebensstile sind Medien eine Art Signifikationsinstitution. Sie ermöglichen Selbst- wie Fremdzuschreibungen und darüber die Selbstvergewisserung der eigenen Gruppe sowie gleichzeitig Abgrenzungen von anderen sozialen Gemeinschaften (Hall 1977, S. 340ff.). Medien können über diese Darbietung sozialer Realitäten (»social realities«) wie Lebensstile jene auch objektivieren, strukturieren und hierarchisieren (Hall 1977, S. 341). Somit reflektieren Medien den gesellschaftlichen Konsens über gesellschaftliche Diskurse nicht nur, sondern sie gestalten den Prozess und damit gesellschaftliche Strukturen aktiv mit. Die hierarchisierten Ansichten und Meinungen werden schließlich in eine legitime und akzeptierte Darstellung gebracht. Darüber erfolgt die (machtvolle) Konstruktion »legitimer« oder »abweichender«, »wahrer« oder »falscher« Lebensstile. Am Ende können bestimmte Ansichten aus dem Diskurs ausgeschlossen bzw. als weniger wahr entworfen werden. Medien vermitteln demzufolge nicht nur Wissen von unteren Klassen, sondern sind entscheidender und zugleich selbstreferenzieller Bestandteil interdiskursiven Wissens, das anschließend über Argumente für die Legitimierung von Stigmatisierungsprozessen auch in der Politik und Wissenschaft Verbreitung findet (Voglmayr 2018, S. 279).

Darstellung unterer Klassen

Ein Blick auf die mediale Darstellung von z. B. Menschen in Armutsverhältnissen oder Menschen ohne Lohnarbeit, und damit unteren Klassen, zeigt ein abwertendes, entpolitisierendes und ausgrenzendes Bild. Die meist auf die Medien Zeitung und Fernsehen, wie das sog. Reality-TV,[70] konzentrierten Forschungsarbeiten zu Darstellungen von Menschen aus unteren Klassen verdeutlichen mehrheitlich identitätsverletzende, stereotypisierende und stigmatisierende, d. h. klassistische Repräsentationen.[71] Erwerbsarbeitslose Menschen werden bspw. in lokalen Zeitungen häufig als inkompetent (sie müssen qualifiziert werden) und kühl (z. B. Amokläufer*in, Sozialschmarotzer*in oder Kinderverwahrloser*in) dargestellt (Sielschott 2010). Sendungen im Bereich des sogenannten Reality-TVs »sind einseitig und klischeehaft, manipulativ und diffamierend.« (Gäbler 2020, S. 76) In einer Studie über die Darstellung in öffentlichen Medien und überregionalen Zeitungen zeigt sich ein differenzierteres Bild, dennoch kann auch hier festgehalten werden, dass die Betroffenen selten als Individuum abgebildet werden und es teilweise zu Stereotypisierung kommt (Malik 2010).

Personalisierung

Schicksale werden außerdem häufig personifiziert und Strukturmechanismen für eine Erklärung von Ungleichheit nur selten in Betracht gezogen (Virchow 2008; Voglmayr 2015, 2018; Steinwachs 2015; Thiele 2017). Beispielsweise stellt Knop (2016) fest, dass durch die formatspezifische Inszenierungsstrategie des Reality-TVs häufig eine einseitige Darstellung von erwerbsarbeitslosen Menschen und der »Arbeiter*innenklasse« erfolgt, in der Risiken und Chancen auf dem Arbeitsmarkt ebenso wie das Gelingen oder Misslingen von Reproduktionsarbeit (statt strukturelle Ursachen zu berücksichtigen) personalisiert dem jeweiligen Individuum zugeschrieben werden. Der stereotypisierende und diskriminierende Entwurf einer ›leistungsverweigernden‹ bzw. ›leistungsunfähigen Unterklasse‹ verspricht den Konsument*innen (hier den Leser*innen der BILD-Zeitung) dabei zugleich einen Distinktionsgewinn (Virchow 2008).

»Unterschichtenfernsehen« als klassistische Zuschreibung und Medienkonsum als Distinktionsmerkmal

Seit 2004 gibt es zudem einen Diskurs über den Begriff des sogenannten »Unterschichtenfernsehens«. Demzufolge habe sich eine »neue Unterschicht« gebildet, die sich – neben einem geringen Einkommen und niedrigen Bildungsabschlüssen – besonders durch fehlenden Geschmack und fehlende Anbindung an die sog. ›Leitkultur‹ auszeichnet (Nolte 2005). Schuld an ihrer sozialen Lage sei besonders die kulturelle Verwahrlosung, was an Essgewohnheiten oder auch am Medienkonsum festgemacht wird. Für die Art der Mediennutzung wird hierbei der Begriff des »Unterschichtenfernsehens« eingeführt (Nolte 2005). Anhand von Kulturaneignungs- bzw. Kulturproduktionsprozessen werden Menschen somit kulturalisierend sozial klassifiziert (Kessl 2012). Vor dem Hintergrund dieser Argumentation wird »was ›Unterschicht‹ ›ist‹, an Merkmalen des Mediengebrauchs festgemacht, und umgekehrt gilt eine spezifische Mediennutzung als distinktes Merkmal von ›Unterschicht‹.« (Waitz 2014, S. 29) Die Einführung des Begriffs zeigt, dass

> »Medien Mittel im Kampf um gesellschaftliche Bedeutung sind und zur Aufrechterhaltung gesellschaftlicher Hierarchien genutzt werden. Soziale Ressourcen werden in Mediendebatten symbolisch zur Geltung gebracht, indem sie zur Klassifikation und Bewertung von Medien(angeboten) herangezogen werden.« (Klaus und Röser 2008, S. 264)

Auf Basis des Medienkonsums werden demzufolge Werthierarchien festgelegt, die Menschen kategorisieren und ein Eingreifen des Staates legitimieren. Da diese Narrative eher latent ablaufen, werden »Wahrheiten« konstruiert und bestimmte Machtverhältnisse zementiert (Klaus und Röser 2008, S. 275). Dieser Diskurs wird geführt, obwohl Reality-TV

> »solche Pauschalbefunde zu den vermeintlichen Publika eher irreführend sind. Es handelt sich vielfach um empirisch unzutreffende Behauptungen, die an der tatsächlichen Zuschauerschaft von einzelnen Sendern oder Formaten vorbei geht.« (Knop 2016, S. 168)

Reality-TV-Formate

> »sind klassistisch. Auch in der Berichterstattung darüber sowie in der publizistischen und wissenschaftlichen Auseinandersetzung über ›Trash-TV‹ und ›Unterschichten-Fernsehen‹ lassen sich z. T. klassistische Argumentationsmuster erkennen.« (Thiele 2017, S. 98)

6. Klassismus und politisches System

Repräsentation in den USA

Auch wenn die politische Partizipation in sogenannten modernen Gesellschaften gestiegen ist und die Möglichkeit für passives und aktives Wahlrecht ein – auch im historischen Vergleich – allgemeines Gut geworden ist, sinkt der Einfluss von unteren Klassen auf politische Entscheidungen stetig. Politik und Demokratie, so Nachtwey (2018), scheinen sich zu einem vorrangig von Eliten bestimmten System der oberen Schichten zu transformieren. Deutlich wird dies z. B. an der mangelnden Repräsentation von Arbeiter*innen in öffentlichen Ämtern und Organisationen, wie etwa dem Bundestag, der die deutsche Gesellschaft längst nicht in seiner Vielfalt abbildet. So stammen etwa die meisten Repräsentant*innen aus der oberen bis mittleren Klasse und formieren hier ein exklusives Netzwerk, das Menschen aus unteren Klassen exkludiert (Hartmann 2018). Dies bleibt auf der politischen Ebene nicht ohne Folgen. Beispielsweise konnte Carnes (2013) in den USA feststellen, dass Politiker*innen, die vor ihrem Amt eine höhere Position in gewinnorientierten Unternehmen innehatten, eher für Gesetze abstimmen, die obere Klassenmilieus bevorzugen als Kongressmitglieder, die vorher in Arbeiter*innenberufen tätig waren. Aber auch die immer seltenere politische Diskussion sozialer Fragen, die besonders untere Klassen betreffen, zählen zu bedenkenswerten Folgen (Nachtwey 2018, S. 188). Lebenslage, Lebenssituation und auch die Belange von Menschen aus unteren Klassen werden bspw. im Bundestag kaum noch aufgegriffen (Beck und Westheuser 2022). Die fehlende Repräsentation von Menschen aus unteren Klassen hängt folglich, auch in Deutschland, eng mit der Responsivität zusammen. Mit Responsivität ist dabei gemeint, inwieweit sich politische Entscheidungen an der breiten Masse der Bevölkerung (den Repräsentierten) orientieren. Studien in den USA zeigen diesbezüglich, dass die Interessen der unteren Klassen kaum vertreten werden und führen das besonders auf einschlägige Wahlkampfspenden zurück, wonach sich soziale in politische Ungleichheit transformiert (Elsässer et al. 2016; Ferguson et al. 2022).

Repräsentation in Deutschland

Auch wenn das politische System in Deutschland anders strukturiert ist, bilden sich hier ähnliche Strukturen ab. Ein positiver statistischer Zusammenhang zwischen den Interessen höherer Einkommensgruppen und danach getroffenen politischen Entscheidungen und eine negative Korrelation zwischen Interessen von Menschen an unteren Einkommensperzentilen und danach getroffenen politischen Entscheidungen zeigt, dass die Interessen der oberen Schichten auch gesetzlich durchgebracht werden, während die Interessen der unteren Klassen häufiger übergangen werden (können) (Elsässer et al. 2016; Lehmann et al. 2015). Als weiteren Hinweise für regelmäßig stattfindende Einflussnahmen finanziell Vermögender auf Politik sieht Fisch (2018) für Deutschland beispielsweise die nur äußerst schwache Verfolgung von Steuerhinterziehung und Korruption oder die ausstehende Regulierung von hochdotierten Nebentätigkeiten, Vorträgen und Beratungstätigkeiten von Politiker*innen in der Wirtschaft (Fisch 2018).

Aussichtslose Partizipation

Zu der mangelnden Responsivität kommen abwertende Haltungen von Politiker*innen hinzu, die Menschen aus unteren Klassen in der Öffentlichkeit deformieren und stigmatisieren. Aussagen, dass Hartz IV die Tabak- und Alkoholindustrie subventioniere und diese, obwohl sie gesund sind, einfach nicht arbeiten wollen, sind hierbei nur zwei Beispiele unter vielen (Kemper 2011). Solche negativen Stereotypisierungen wie auch das fehlende Engagement vieler Politiker*innen, sich den Interessen und Lebenslagen unterer Klassen anzunehmen, könnten Gründe für das fehlende Interesse unterer Klassen an der Politik sein (Bundesministerium für Arbeit und Soziales 2021). Willensbildungs- und Entscheidungsprozesse sind hegemonial verteilt – eine Partizipation scheint folglich für große Teile der unteren Klassen aussichtslos, da eine Teilhabe kaum politische Veränderung nach sich zieht (Hartmann 2018). Dies kann auch eine Gefahr für die Demokratie im Allgemeinen sein.

7. Wohnen und Klassismus

Distinktion durch Wohnsituation

Der Wohnort kann – wie andere Lebensstilmerkmale – zur Distinktion dienen. Sowohl durch das Stadtviertel, die Architektur der Wohnung als auch durch das Mobiliar bietet sich die Möglichkeit, sich von unteren Klassen abzugrenzen und Klassenunterschiede aktiv hervorzuheben. Zudem können für ganze Stadtviertel über die Verwendung von Begriffen wie ›soziale Brennpunkte‹, ›Problemviertel‹ oder ›Ghetto‹ bestimmte stigmatisierende Diskurse propagiert werden, ohne darin eingelagerte strukturelle Benachteiligungen (wie schlechte Bauqualität, infrastrukturelle Unterversorgung) und damit institutionelle Diskriminierung zu diskutieren oder gar zu beheben (Diebäcker 2020). Neben der bewussten Abgrenzung, wie den Zuschreibungspraktiken, können aber auch benachteiligende Charakteristika der Wohngebiete, wie Wohnen oder aber Nicht-Wohnen generell, Klassenverhältnisse reproduzieren. So haben Menschen aus unteren Klassen meist schlecht ausgestattete, (zu) kleine Wohnungen am Stadtrand (Häußermann und Siebel 2000; Holm et al. 2021a). Zu den benachteiligenden Wohncharakteristika zählen dann beispielsweise eine stärkere Verschmutzung und Schadstoffbelastung der Wohnumgebung (z. B. Feinstaub; Mielck und Heinrich 2002), Lärm (z. B. Fluglärm), der beschränkte Zugang zu Wäldern, Parks, Schulen und Krankenhäusern (Seeck 2022; Holm et al. 2021a) sowie der erschwerte Schutz vor hohen Temperaturen (Looks et al. 2021). Mieter*innen aus unteren Klassen zahlen außerdem sehr häufig überhöhte Mieten (Holm et al. 2021b), die einen großen Anteil des Einkommens ausmachen. Dies schränkt in der Folge den Alltagskonsum (z. B. Geld für Heizkosten) und die Pflege von sozialen Netzwerken (z. B. Kosten für Besuch von Freund*innen) stark ein (Spannagel und Molitor 2019; Knabe 2022) – was sich schließlich gesammelt auch im Gesundheitszustand der Bewohner*innen widerspiegelt (vgl. Kapitel IV. 3.).

Verdrängung

Ein Grund für diese Ungleichheiten hinsichtlich des Wohnens liegt darin, dass der Staat sich immer weiter aus dem sozialen Wohnungsbau zurückgezogen und damit eine Angebotslücke, besonders in Großstädten, hervorgerufen hat (Bundeszentrale für politische

Bildung 2021). Zeitgleich kommt es aufgrund von Mieterhöhungen und Kündigungen besonders in den beliebten Stadtvierteln größerer Metropolen (z. B. Köln, Stuttgart, Berlin oder München) zu Verdrängungen von Menschen mit niedrigen Einkommen durch Menschen aus oberen Klassen (Beran und Nuissl 2019, S. 73; Shaw und Hagemans 2015; Helbrecht 2016). Der Wegzug bzw. das Verdrängen von Menschen aus unteren Klassen hat sozial-homogene Stadtviertel zur Folge (Stein 2021) und für die Betroffenen selbst z. T. schwere strukturelle wie auch individuelle negative Konsequenzen, wenn sie z. B. Freund*innen verlieren, der Weg zum Arbeitsplatz und der Schulweg für die Kinder immer länger wird oder Möglichkeiten der sozialen Teilhabe weiter eingeschränkt werden. Hierbei steigt auch die Anzahl der »working poor«, die trotz Arbeit keine Wohnung finden, da z. B. die Mieten einfach zu hoch sind oder der Wohnraum nicht vorhanden ist (Lotties 2019).

Klassistischer Wohnungsmarkt

Der Zugang zum Wohnungsmarkt ist somit einerseits durch überhöhte Mieten hegemonial strukturiert und klassistisch beschränkt (Hinz und Auspurg 2017; Helbrecht 2016). Andererseits werden jedoch auch speziell Menschen aus den unteren Klassenmilieus bei der Wohnungssuche mit negativen Vorurteilen konfrontiert. Vermieter*innen gehen z. T. davon aus, dass die Bewerber*innen die Miete nicht zahlen können oder die Wohnung nicht pfleglich behandeln. Betroffen sind hier vor allem wohnungslose Menschen, Menschen ohne Erwerbsarbeit, mit niedrigen Einkommen oder auch Menschen mit dem »falschen« Vornamen (Seeck 2022).

Wohnungslose Menschen

Eine besonders vulnerable und häufig von Klassismus betroffene Gruppe sind Menschen in der Wohnungslosigkeit. Sie sind – schon lange – teils massiver vorurteilsbasierter Abwertung, Ausgrenzung und Gewalt ausgesetzt, werden als ›asozial‹ und ›Penner*in‹ stigmatisiert (Gerull 2021; Kemper 2008). Orientiert an meritokratischen Prinzipien der Leistungsfähigkeit und des Arbeitsethos werden Menschen ohne eigenen Wohnraum häufig als ›faul‹ und ›verantwortungslos‹ stereotypisiert (Teidelbaum 2013). Doch sie finden nicht nur kaum eine Wohnung zur Miete, sondern werden auch aktiv aus öffentlichen Räumen verdrängt. Vor dem Hintergrund der Narrative »Sicherheit, Schutz und

Ordnung« werden Verhaltensregulierungen legitimiert und Menschen ohne Obdach aus Einkaufsstraßen, Bahnhöfen und anderen öffentlichen Plätze vertrieben oder unsichtbar gemacht (Schindlauer 2015). Zahlreiche Gemeinden und Kommunen haben hierfür ergänzend zu den länderspezifischen Sicherheits- und Ordnungsgesetzgebungen sog. »Gefahrenabwehrverordnungen« (GAVen) erlassen. So sollen vor allem finanzstarke Akteur*innen (Einzelhändler*innen, Investor*innen etc.) und der kapitalstarke Teil der Bevölkerung in die Gestaltung strategisch wichtiger öffentlicher Räume (wie z. B. Fußgängerzonen, Hauptbahnhöfe etc.) involviert werden. Menschen ohne Obdach werden dagegen häufig als Bedrohung für die öffentliche Sicherheit und Ordnung und zugleich als eine Bedrohung für fundamentale gesellschaftliche Wert- und Normvorstellungen konstruiert. Defensive (defensive architecture) bzw. feindselige Architektur (hostile architecture) dient zur strategischen Abwehr (s. Abbildung 13). Hierfür werden Stadtmöbel so gestaltet, dass man darauf nicht schlafen kann, oder in öffentlichen Räumen wird so laut klassische Musik abgespielt, dass ein Ausruhen oder Übernachten erschwert bis unmöglich gemacht wird (Gerull 2021).

Soziale Frage der Wohnungslosigkeit

Ein zentraler Motor dieser Ausgrenzung ist, dass anders als z. B. in Finnland, Obdachlosigkeit und Sozialraum immer stärker als Teil der Sicherheits- und Ordnungspolitik begriffen werden (Schindlauer 2015), anstatt Wohnungslosigkeit als soziale Frage zu behandeln, die gesamtgesellschaftlich verändert werden muss. Dabei gelten individuelle Schicksale als selbst verschuldet, anstatt strukturelle Ungleichheiten in den Blick zu nehmen (Specht et al. 2017).

Abbildung 13. Bilder defensiver und hostiler/feindlicher Architektur.

Quelle:[72] Nils Norman, dismalgarden.com; oben links obdachlosenfeindliche (Anti-Homeless/Anti-loitering) Barriere[73], Whitechapel, London, 2002; oben rechts obdachlosenfeindliche (Anti-Homeless/Anti-loitering) Barriere, Whitechapel, London, 2007; unten Bank, Stadt London, 2000.

V. Kritik am Klassismuskonzept

In diesem Kapitel möchten wir unterschiedliche Kritiken am Konzept Klassismus zusammenführen. Dabei ist anzumerken, dass sich die Klassismusforschung aktiv und reflektiert mit dem Begriff und dem Konzept auseinandersetzt. Theoretisch lässt sich dieser Klassismus-Diskurs in eine »sozialstrukturell-ungerechtigkeitsorientierte« Position und eine »antidiskriminatorische« Position unterscheiden (Birkner 2015; Neuhauss 2021), wie bereits aus den Kapiteln I. und II. hervorgeht. Die »sozialstrukturell-ungerechtigkeitsorientierte« Position umfasst den Kapitalismus-, Individualisierungs- sowie Meritokratie-Diskurs. Sie lehnt sich stark an Klassen- und Milieutheorien an, die bereits in Kapitel II. 2. vorgestellt wurden. Die »antidiskriminatorische« Position basiert v. a. auf dem Diskriminierungs- und Stigmatisierungsdiskurs und nimmt die auf Individuen bezogenen wie sozialen Folgen von Stereotypisierung und Diskriminierung in den Blick (vgl. Kapitel II. 3.) Es ist dabei wichtig zu berücksichtigen, dass beide Ansätze eng miteinander verbunden und nicht immer klar zu trennen sind (Garbade und Kerle 2021). In diesem Kapitel werden nun, auch bzgl. der Unterschiede dieser Diskurse, Kritikpunkte skizziert. Die jeweils angeführten Argumente können an dieser Stelle nicht kommentiert werden. Einige wurden jedoch bereits behandelt, andere werden im Fazit dieses Buches wieder aufgenommen und kontextualisiert.

Kritik am Klassismuskonzept

Existenzberechtigung – »Wenn es den Klassismusbegriff überhaupt nicht braucht«

Eine sehr fundamentale Kritik befasst sich mit der Notwendigkeit des Begriffs selbst. Es wird behauptet, dass bereits viele Theorien und

Klassismusbegriff notwendig?

Studien zum Thema soziale Ungleichheit vorliegen und dabei wird diskutiert, ob vor diesem Hintergrund der Klassismusbegriff überhaupt erforderlich ist: »Es drängt sich die Frage auf, worin der Mehrwert des Klassismus-Ansatzes eigentlich besteht.« (Kováts und Land 2021, S. 4) Daten und Theorien der Ungleichheitsforschung – wie auch im vorliegenden Band gezeigt werden kann – liegen umfangreich vor. Teilweise kritisieren zudem auch Ungleichheitsforscher*innen, direkt oder indirekt, die gesellschaftlichen Zustände einer sozialen Differenzierung. Ferner kann behauptet werden, dass Theorien wie zum Beispiel die Stigma- oder Diskriminierungstheorie, das Thema der Ausgrenzung auf Basis der sozialen Herkunft bereits inkludieren und daher auf den Begriff des Klassismus verzichtet werden kann.

Definition – »Wenn der Klassismusbegriff unkonkret bleibt«

Unpräzise Definition

Wie an viele wissenschaftliche Begriffe wird auch hinsichtlich des Klassismusbegriffs die Frage nach der konkreten Definition gestellt. Beanstandet wird die »Schwammigkeit« des Begriffs und die große Anzahl unterschiedlicher Definitionen. Da das Klassismus-Konzept in Deutschland relativ neu ist, wird besonders der beabsichtigt offene Umgang mit dem Begriff kritisiert:

> »Diese bewusst schwammig gelassene Begriffsdefinition im Diskurs ist jedoch eher als Schwäche denn Stärke oder Flexibilität des Konzeptes anzusehen. Ohne eine Klarheit der Begriffe und des Gegenstandes fällt eine genaue Analyse und Einordnung sowie ein Verständnis der entsprechenden Phänomene naturgemäß schwer.« (Hezel und Güßmann 2021, o. S.)

Andere behaupten sogar, dass der Begriff aufgrund der »sozialstrukturell-ungerechtigkeitsorientierten« und gleichzeitig »antidiskriminatorischen« Ausrichtung »stets zwischen verschiedenen Ebenen oszilliert und deshalb schwammig bleibt.« (Sanolas 2020, o. S.).

Vereinfachendes Konzept – »Wenn man nicht von Klassismus sprechen kann, weil es keine polaren Klassen mehr gibt«

Verschwimmende Klassengrenzen

Kritisiert wird ferner die Verwendung des im Klassismusbegriff enthaltenen Terminus der *Klassen*. Es wird behauptet, der Klassenbegriff besitze in modernen, von Individualisierungsprozessen geprägten Gesellschaften keine Berechtigung mehr (vgl. Kapitel III. 3.), da Klassen kaum noch voneinander abgrenzbar seien. Eine »einfache« Aufteilung der Gesellschaft in »oben« und »unten«, mithilfe von Produktionsmittelverteilung, würde der heutigen Komplexität nicht gerecht werden. Das oft vermittelte Bild von der »bösen« Oberschicht und der »guten« Unterschicht wäre zu simplifizierend. Ferner würden auch das Verhältnis zwischen Personen aus den »unteren Klassen«, z. B. der Konkurrenzkampf um Berufe, Wohnraum sowie Studienplätze, und somit auch eingelagerte Reproduktionsmechanismen ausgeblendet (Kováts und Land 2021; Creydt 2021).

Kultureller Determinismus – »Wenn das Sprechen über Klassismus Klassen essentialisiert und Klassenzugehörigkeit reproduziert«

Zuordnungsfragen

Eine empirische Frage, die in diesem Zusammenhang aufkommt und sich auch bei anderen Differenzkategorien, wie Alter, Gender oder natio-ethno-kulturellen (Mehrfach-)Zugehörigkeit(en) wiederfindet (u. a. Plößer und Mecheril 2015), ist, wie Akteure einer bestimmten Kategorie, hier Klasse, zugeordnet werden. Es wird der Frage nachgegangen, mit *welchen* kulturellen Faktoren man Individuen innerhalb *einer* Klasse lokalisieren kann (z. B. Einkommen, Bildungsgrad, Fernsehverhalten) oder welche Attribute Individuen einer Klasse zugeschrieben werden. Dies zieht zugleich folgende Kritik nach sich: Kultur bzw. Verhalten werden in ein ursächliches Verhältnis zur sozialen Klasse gesetzt oder Kultur bzw. Verhalten selbst werden zum Definitionskriterium von Klasse:

> »Entweder wird die Klasse oder Schicht gleich aus der Kultur heraus definiert oder aber eine bestimmte Kultur wird der Klasse deterministisch zugeschrieben – die Abwertung bestimmter kultureller

> Handlungsweisen ist selbst noch in der anti-essentialistischen Variante latent vorhanden« (Bewernitz 2017, 2 f.)

– was demnach auch als klassistischer Prozess definiert werden kann.

Zu viel Theorie – »Wenn eine zu starke Theoretisierung den Zugang zum Klassismuskonzept verwehrt«

Theorielastig

Es gibt auch Stimmen, die den Begriff bzw. das Konzept Klassismus als zu »theoretisiert« und daher auch sprachlich wie auch sonst als sehr schwer zugänglich bewerten (Altieri 2020). Demnach bleibt der Diskurs z. T. auf bestimmte Gruppen beschränkt. Der Diskurs über Klassismus wird somit zum Klassismus.

Fehlender Theoriebezug – »Wenn Klassismuskonzepte ohne sozialwissenschaftliche Anbindung oberflächlich bleiben«

Fehlende wissenschaftliche Anbindung

Neben der Kritik an dem starken Rückgriff auf Theorien weisen andere Autor*innen darauf hin, dass es sich hier um einen neuen Begriff und ein neues Konzept handelt und – u. a. für dessen Akzeptanz, z. B. in Wissenschaft und Gesellschaft, – eine *stärkere* Anbindung an Theorien bedeutsam ist. Demnach werden derzeit Theorien und Begriffe verwendet, ohne diese im Detail auszuarbeiten oder in die Klassismuskonzepte zu integrieren. Beispielsweise werden zwar Begriffe, wie Stigma oder Diskriminierung, zur Erklärung von Klassismusphänomenen herangezogen, auf eine sozialwissenschaftliche Anbindung wird den Kritiker*innen zufolge jedoch oft (absichtlich) verzichtet (Nehring 2021). Demnach bleiben viele Klassismuskonzepte eher oberflächlich (Baron 2014) und finden wenig Resonanz in der Wissenschaft.

»Antidiskriminatorische« Sicht als Realitätsentfremdung – »Wenn Klasse nicht nur Zuschreibung ist und Antidiskriminierungsarbeit daher nicht hilft«

Realitätsentfremdete Perspektive?

Kritisiert wird, dass sich besonders die »antidiskriminatorische« Ausrichtung (vorrangig) auf negative Zuschreibungen und Konstruktionen der Personen aus unteren Klassen fokussiert. Jene Negativzuschreibungen könnten der »antidiskriminatorischen« Ausrichtung folgend mithilfe von beispielsweise Antidiskriminierungsgesetzgebung oder Anti-Klassismusarbeit dekonstruiert werden (Sanolas 2020). Dabei – und das ist die Kritik – sei Klassenzugehörigkeit eben keine Zuschreibung, wie beispielsweise Gender oder »Race«, sondern eine sozioökonomische materielle Realität mit harten Konsequenzen für die betroffenen Akteur*innen (Baron 2014, 229). Demnach kann gelten: »Der Besitz oder Nicht-Besitz von Produktionsmitteln gibt eher den Ausschlag, ob jemand an der Spitze oder dem Boden der gesellschaftlichen Pyramide steht, als die gedankliche Zuschreibung von Merkmalen.« (Hezel und Güßmann 2021, o. S.) Diesbezüglich wird auch kritisiert, dass materielle Dimensionen »bislang im Forschungsprogramm des Klassismus« (Kováts und Land 2021, S. 4) fehlen. Andere wiederum werfen der »antidiskriminatorischen« Ausrichtung vor, die soziale Frage mit ihrem Ansatz zu verharmlosen und mit den laufenden Argumentationen zu weiteren gesellschaftlichen Spaltungen und Verwerfungen zu führen (Nehring 2021).

Opferstatus – »Wenn der Klassismusbegriff weiter entmachtet«

Opferdarstellung

Forscher*innen weisen darauf hin, dass durch den Klassismusbegriff, besonders durch den »antidiskriminatorischen« Ansatz, Menschen aus unteren Klassen als reine »Opfer« äußerer Umstände stigmatisiert werden und ihnen damit der Subjektstatus abgesprochen würde (Pawlewicz 2021). Er sei eben kein Empowermentbegriff, da er im Alltag von den Betroffenen nicht genutzt werde und die Betroffenen nicht die Macht besäßen, den Begriff in ihrem Sinne durchzusetzen (Bewernitz 2017).

Akademischer Diskurs – »Wenn die Subalternen nicht gehört werden« oder »Wenn Nicht-Subalterne laut sprechen«

Akademisierter Diskurs

Daran anknüpfend wird die Akademisierung des Begriffs moniert (Birkner 2015). In Anlehnung an Chakravorty Spivak (Spivak 2008) und die Subalternen-Forschung stellt sich die Frage, wer im Klassismusdiskurs gehört wird bzw. wer überhaupt spricht. Es wird kritisiert, dass die wirklich Betroffenen, Menschen aus unteren Klassen, nicht zu Wort kommen und mit ihren Anliegen nicht gehört werden. Viele Abhandlungen fokussieren sich auf das Thema Bildungsaufstieg und die negativen Folgen für Bildungsaufsteiger*innen, wie z. B. Scham oder Diskriminierung (Reuter et al. 2020; Altieri und Hüttner 2021). Diese Veröffentlichungen werden zudem häufig von Personen mit Hochschulabschluss, meist aus dem sogenannten linken politischen Spektrum, verfasst. Die Sprecher*innen sind demnach kein Teil der Subalternen mehr. Daher kann hier gefragt werden, für wen diese Personen sprechen oder welche Interessen überhaupt vertreten werden. Es wird ferner angemerkt, dass die Akademisierung das Konzept der Meritokratie unterstützt, da es »die Logik der Diskriminierung noch verstärkt, indem sie beweist, dass sie individuell überwindbar wäre.« (Bewernitz 2009, S. 5)

Authentizitätsgebot – »Wenn nur Expert*in ist, wer auch betroffen ist«

Expertise durch Betroffenheit

Andere wiederum kritisieren, dass im Klassismusdiskurs eine Art »Authentizitätsgebot« vorherrsche. Betroffene aus der Unterschicht würden per se als Expert*innen verstanden, da davon auszugehen wäre, dass diese die Mechanismen von Klassismus selbst erlebt hätten. Dies gälte für Menschen aus oberen Klassen nicht. Damit ist die Expertise mit der Position des Sprechers bzw. der Sprecher*in verbunden:

> »Aus der besonderen Betroffenheit von Diskriminierung (als authentisches Erfahrungswissen) wird eine privilegierte Erkenntnisposition abgeleitet: Die Betroffenen sind qua Betroffenheit Experten ihrer Situation. Qualität und Integrität einer Aussage fallen hier mit der sozialen Position des Sprechers zusammen.« (Kováts und Land 2021, S. 8)

Wenig Veränderung in der Praxis – »Wenn das gegenwärtige Gesellschaftssystem nur mit Klassismus zu haben ist«

Klassismus verankert

Am Ende soll auf die verbreitete Annahme hingewiesen werden, dass Klassismus und dessen Folgen auch immer Teil kapitalistischer Gesellschaften sind. Klassismus ist damit beständiger Teil des Gesellschaftssystems und bleibt Teil der Realität. Eine Reformierung der Praxis wäre daher schwer oder fast unmöglich (Sanolas 2020). Bücher und Diskussionen zum Thema Klassismus hätten keinen entscheidenden Einfluss auf die Gesamtsituation.

VI. Mit Klassismus Ungleichbehandlung, Gerechtigkeitsdefizite und Klassen(-re-)produktion benennen – Ein Fazit

Fokus auf Klassismus

Zum Abschluss ziehen wir ein Fazit, indem wir die wichtigen Ergebnisse kurz zusammenfassen, evaluieren und einen Ausblick geben. Wichtig ist hier anzumerken, dass der Fokus dieses Buches auf dem Konzept des Klassismus lag und andere Diskriminierungsformen, wie etwa Rassismus, (Hetero-)Sexismus, Adultismus, Ableismus und viele andere (auch in ihrer intersektionalen Verschränkung) nicht diskutiert wurden – auch wenn uns bewusst ist, dass sich diese Faktoren gegenseitig beeinflussen können. Abbildung 14 skizziert unser Vorgehen und gibt unsere Argumentation und Strukturierung bildlich wieder.

Relevanz des Klassismusbegriffs

Ein Blick in die Geschichte macht deutlich, dass der Begriff des Klassismus in unterschiedlichen gesellschaftlichen Bereichen immer wieder genannt wird. Auch in der Wissenschaft wird er, wenngleich in unterschiedlichen Definitionen und mit teils abweichenden Begrifflichkeiten, wie z. B. dem des Klassenrassismus oder des Klassenhasses, verwendet. Dennoch konnte sich der Begriff des Klassismus bislang weder in der Wissenschaft noch im Alltagsgebrauch als Fachterminus voll durchsetzen. Die Gründe dafür sind vielfältig. Sie reichen von der fehlenden wissenschaftlichen Theoretisierung, über die Abwertung des Begriffs als unwissenschaftlich-normatives Ideenkonstrukt bis hin dazu, den Begriff mit Verweis auf ähnliche, bereits lang etablierte wissenschaftliche Konzepte als überflüssig zu bezeichnen (z. B. Vorurteils-, Stigma-, Diskriminierungsforschung oder auch Ungleichheitsforschung). Auch wenn dem Begriff bisher die Akzeptanz

Abbildung 14: Klassismus – Diskurse, theoretische Rahmung, Definition und Bereiche.

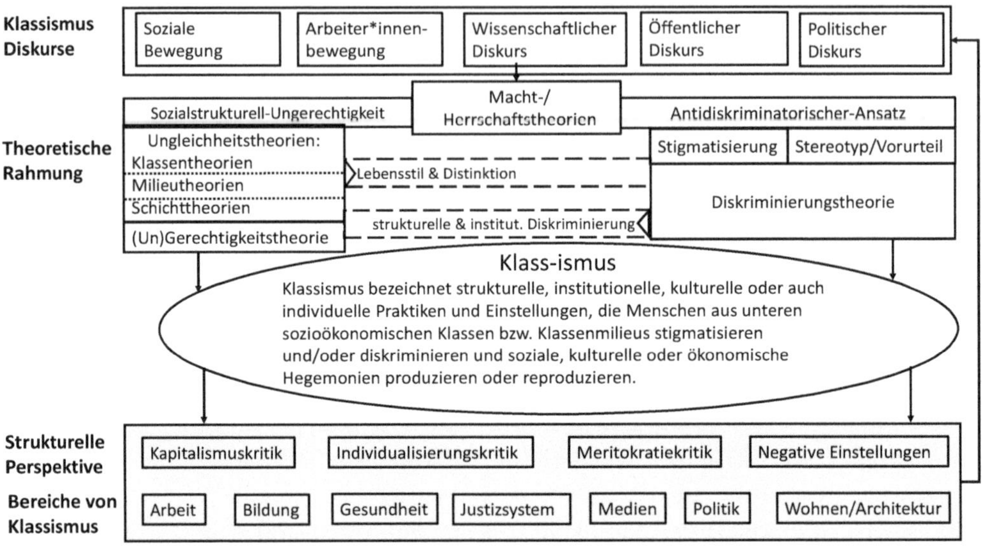

Quelle: Eigene Darstellung.

in der breiten wissenschaftlichen Debatte verwehrt blieb, eruiert die Zusammenfassung der Ad-Hoc-Gruppe *Klassismus – Ein produktiver Ansatz zur Analyse klassenspezifischer Ausschlüsse?* auf einem Soziologiekongress 2016, dass eine Klassismusdebatte wichtig und fruchtbar ist (Bewernitz 2017, S. 8). Im vorliegenden Buch haben wir versucht, diese Debatte detailliert nachzuzeichnen, zu strukturieren und – wir hoffen – durch eine stärkere Theoretisierung sowie durch die Hinzunahme von (aktuellen) empirischen Forschungen zu erweitern. Damit wollen wir die Notwendigkeit des Klassismuskonzepts für aktuelle Gesellschaftsanalysen hervorheben und die Ausgrenzung von Menschen aus unteren Klassenmilieus sowie die Stigmatisierung von Lebensstilen und Identitäten als Themen wieder auf die wissenschaftliche Landkarte bringen.

Idealtypische Diskurse

Um eine Arbeitsdefinition präsentieren zu können, haben wir im ersten Teil einen theoretischen Rahmen gesetzt. Hierbei wurde auf Macht- und Herrschaftstheorien zurückgegriffen und zwei idealtypische Diskurse herausgearbeitet. Zum einen ist es die »sozialstrukturell-ungerechtigkeitsorientierte«, zum anderen die »antidiskriminatorische« Position. Beide gehen von einer hierarchisch hegemonialen Gesellschaft aus, wobei erstere die (Re-)Produktion von Klassen und darin eingelagerte Mechanismen als »doing class« sowie Gerechtigkeitstheorien in den Blick nimmt und letztere die Stereotypisierung, Vorurteilsbildung, Stigmatisierung wie Diskriminierung in den Fokus stellt. Für die Beschreibung heutiger Gesellschaften sehen wir speziell Klassentheorien, die auch Lebensstilelemente inkludieren, sowie Milieutheorien, die Klassenmerkmale berücksichtigen, als adäquat an. Für die »antidiskriminatorische« Position, ist unseres Erachtens die Stigmatheorie von Goffman anschlussfähig, da diese ebenfalls aus einer Machtperspektive die Konstruktion von Normalität in den Mittelpunkt stellt. Anschlussfähig sind aber auch sozialpsychologische Zugänge der Stereotypbildung und Vorurteilungsforschung sowie interdisziplinäre Ansätze der Diskriminierungstheorie. Beide Idealtypen (»sozialstrukturell-ungerechtigkeitsorientiert«, »antidiskriminatorisch«) überlappen sich durch Konzepte wie Lebensstil und Distinktion, aber auch durch Ansätze wie das der strukturellen bzw. institutionellen Diskriminierung in ihrer Argumentation. Darauf aufbauend entwickeln wir eine (eher breitere) Definition von Klassismus, die darauf zielt, beide Positionen zu verbinden:

Definition Klassismus

Klassismus bezeichnet strukturelle, institutionelle, kulturelle oder auch individuelle Praktiken und Einstellungen, die Menschen aus unteren sozioökonomischen Klassen bzw. Klassenmilieus stigmatisieren und/oder diskriminieren und soziale, kulturelle oder ökonomische Hegemonien produzieren oder reproduzieren.

Untersuchungsgegenstände

In Anlehnung an diese Definition haben wir für ausgewählte Felder anhand verschiedener theoretischer wie empirischer Arbeiten aus unterschiedlichen Disziplinen klassistische Mechanismen beschrieben und Klassismusprozesse knapp nachgezeichnet. Hierbei beziehen wir uns meist auf quantitative, aber auch qualitative Forschungen, die Stigmatisierung aufgrund von Klassenzugehörigkeit oder soziale Praktiken zur Herstellung von sozialen, kulturellen oder ökonomischen Hegemonien (re-)produzieren. Zudem diskutieren wir Argumente, die für die Legitimation von Klassismus herangeführt werden und erörtern Ursachen für Klassismusphänomene.

Ökonomische Ungleichheiten

Aus den Forschungen wird ersichtlich, dass sich die ökonomischen Gewinne aus dem vorhandenen Kapital (z. B. Immobilien, Aktien) sowie die Macht der oberen Klassen durch bereits vorhandene privilegierte Positionen weiter vergrößert haben. Das gilt weltweit, aber auch für Deutschland. Sichtbar wird das beispielsweise anhand der Ungleichverteilung der Einkommen und vielmehr noch der Vermögen. So kann gezeigt werden, dass sich das Vermögen der unteren Klassen in den letzten 20 Jahren weiter reduziert hat, während das Vermögen der oberen Klassen angestiegen ist – was auch mit dem Matthäus-Prinzip (»Der hat, dem wird gegeben«) beschrieben wird. Obere Klassen profitieren stärker und können weiterhin mehr wichtige Güter kumulieren, während sich die soziale Situation unterer Klassen in den vergangenen Jahren verschlechtert. In den letzten 34 Jahren hat die Aufstiegsmobilität, speziell für untere Klassen, in Deutschland (weiter) abgenommen. Darüber hinaus zeigt sich bezüglich der sozialen Mobilität im Klassensystem eine zunehmende und anhaltende Stagnation (Groh-Samberg et al. 2020). Festzuhalten ist auch, dass sich die Konzentration von wertvollen Gütern, gemessen am Vermögen, immer stärker auf eine geringer werdende Zahl von Menschen konzentriert.

Benachteiligung unterer Klassen

Die Auswirkungen des Preisanstiegs, besonders durch die Corona-Pandemie, die Umweltzerstörung und den Krieg in der Ukraine, haben speziell für untere Klassenmilieus mit nur geringen ökonomischen Kapitalressourcen negative Konsequenzen. Das zeigt sich im Alltag der Betroffenen deutlich, wenn sich Personen aus unteren Klassen Nahrungsmittel, neue Kleidungsstücke oder das Heizen der Wohnung nicht mehr leisten können (Spannagel und Zucco 2022, S. 12). Auch aktive Teilhabemöglichkeiten an gesellschaftlichen und sozialintegrierenden Veranstaltungen (z. B. Sportveranstaltungen, Theater, Kino) werden verhindert und untere Klassen damit sozial wie auch kulturell exkludiert. Daneben werden auch die Pflege oder das

Knüpfen von sozialen Netzwerken und damit ein sozialer Austausch drastisch erschwert oder sogar verhindert (Knabe 2022; Groh-Samberg et al. 2020).

Gesundheitliche Ungleichheiten

Schließlich wirkt sich Klassismus auch auf den Gesundheitszustand aus. Menschen aus unteren Klassenmilieus haben eine weitaus niedrigere Lebenserwartung, häufiger chronische Erkrankungen, Stoffwechselerkrankungen, Depressionen sowie bestimmte Krebserkrankungen (wie Lungen- und Magenkrebs), aber auch Unfallrisiken und Behinderungen werden häufiger als in oberen Klassen festgestellt (vgl. Kapitel IV. 3.). Dies kann *nicht* hauptsächlich, wie oft in stigmatisierenden Medienberichten dargestellt (vgl. Kapitel IV. 5.), auf die individuellen Verhaltensweisen wie bspw. die Ernährungsweise zurückgeführt werden. Viel eher sind es strukturelle Aspekte, wie die Wohnsituation oder schlechte Arbeitsverhältnisse, die als Ursache für gesundheitliche Ungleichheiten herausgestellt werden müssen. Hierzu zählen weiterhin ein begrenzter Zugang zu Diagnostik und Therapien, unzureichende finanzielle Vergütung, ein eingeschränkter Zugang zu Grünanlagen oder die schlechte bzw. teure Mietsituation (besonders in Großstädten).

Prekäre Wohnverhältnisse

Auch bezüglich der Wohnsituation, hiermit meinen wir »Wohnen« wie »Nicht-Wohnen«, zeigen sich deutliche klassistische Mechanismen (vgl. Kapitel IV. 7.). Speziell in Großstädten sind die Mietpreise drastisch angezogen. Menschen aus unteren Klassenmilieus können sich das Wohnen in Städten wie Köln, München oder Stuttgart kaum noch leisten oder müssen in (zu) kleinen, vergleichsweise hochpreisigen und schlecht ausgestatteten Wohnungen in Randgebieten mit hoher Lärmbelästigung, Luftverschmutzung, wenig Grünfläche und unzureichender Infrastruktur leben. Studien über Großstädte wie Frankfurt und Berlin verdeutlichen hierbei den Einfluss aktiver Verdrängungsprozesse von vor allem privaten Vermieter*innen und großen Immobilienfirmen. Aber auch die fehlenden Sozialmietwohnungen sind mitverantwortlich, da in den letzten Jahren nicht in ausreichender Zahl Sozialmietwohnungen gebaut und Potentiale durch den Verkauf des kaum noch vorhandenen, bezahlbaren Wohnraums in den Städten an private Investor*innen nicht ausgeschöpft wurden. Besonders hart trifft diese Situation obdachlose Menschen oder Menschen ohne festen Wohnsitz. Nicht nur, dass Menschen in der Wohnungslosigkeit mit starken Stigmatisierungen und teilweise auch körperlich-tätlichen Angriffen zu kämpfen haben, sie werden zusätzlich dazu durch staatliche wie private »defensive Architektur« (Unwort des Jahres 2022) aus dem sozialen Raum vertrieben. Hierfür werden zum Schlafen/Liegen ungeeignete Sitzbänke konstruiert und Flächen (z. B. unter Brücken) mit Findlingen oder anderen Formelementen versehen, damit diese Orte nicht mehr als Schlafplatz oder Rückzugsraum, Aufenthaltsort oder soziale Gemeinschaftsräume fungieren können. Ferner wird an bestimmten Orten laute, meist klassische, Musik gespielt, um Obdachlose zu vertreiben. Für die Begründung dieser klassistischen Maßnahmen werden Sicherheitsargumente der Gewalt- und Kriminalitätsprävention angeführt.

Kritik an Eliten

Diese und andere Maßnahmen werden seit geraumer Zeit scharf kritisiert. Eliten würden untere Klassen nur aufgrund ihrer sozialen Herkunft unter Kriminalitätsverdacht stellen und, so Loïc Wacquant (Wacquant 2009) weiter, von den wahren sozialen Problemen und ungerechten Umverteilungsmechanismen ablenken. Nämlich, dass die Ausgaben für Wohlfahrtspolitik sowie Sozialpolitik immer weiter zurückgefahren werden, während Kontroll- und Überwachungsapparate, vor allem für die sogenannte Straßenkriminalität, immer stärker durch Eliten protegiert werden. Dies geschieht auf Kosten von sozial benachteiligten und diffamierten Klassenmilieus. Klassismus zeigt sich sowohl bei der Rechtsetzung und Rechtsverfolgung als auch bei der Rechtsprechung. Zu nennen sind hier beispielsweise »social profiling« durch die Polizeibehörden, Unwissenheit über das Einkommen von Menschen aus unteren Klassen durch Richter*innen, aber auch zu hoch angesetzte Strafmaßnahmen.

Prekärer Arbeitsmarkt

Daneben ist es auch die sogenannte Deregulierung des Arbeitsmarkts und die Ausweitung des Niedriglohnsektors, die den *»welfare«*, also die soziale Komponente von Staaten, immer stärker verringert. Eine Verschärfung der Arbeitsmarktkonkurrenz führt zu einer bedeutenden Ausweitung von informellen und prekären Beschäftigungsformen, indem z. B. eine sogenannte Zweitbelegschaft auf Zeit zu erheblich ungünstigeren Konditionen angestellt wird, die den Druck auf die Stammbelegschaft erhöht und auch den Zeitarbeiter*innen eine Hoffnung suggeriert, bei noch mehr Leistung vielleicht übernommen zu werden. Diese Veränderungen sind von großer Bedeutung, da in einer Arbeitsgesellschaft Lebenserhaltung und Integration sowie soziale Anerkennung hauptsächlich durch die Anbindung an den ersten Arbeitsmarkt mitbestimmt werden. Diese Liberalisierung des Arbeitsmarkts erzeugt Druck und Existenzängste für untere Klassen und erschafft gleichzeitig »Neue Armut«. Die Zahl der »working poor«, also Menschen die trotz (harter) Arbeit nicht genug Einkommen für ein normales Leben erwirtschaften können, nimmt in Europa und Deutschland stetig zu. Zu denken ist hier beispielsweise an den Status von Leiharbeiter*innen, geringfügig Beschäftigte, Mini- oder Midijobber*innen, Menschen, die sich von Praktika zu Praktika hangeln oder sogenannten Subunternehmer*innen. Das Individuum soll die Regeln des liberalisierten Arbeitsmarkts akzeptieren, der besonders im Niedriglohnsektor Menschen aus unteren Klassen gegeneinander ausspielt und globale Vergleiche (z. B. mit Verweis auf Arbeitsbedingungen im globalen Süden) immer wieder aufzeigt, dass es noch schlimmer kommen kann. Die Selbstgestaltung des beruflichen Erfolgs ist, wie es Schultheis formuliert, ein Ethos »von Eliten für Eliten« (Schultheis 2007, S. 71), indem strukturelle Benachteiligung und die eigene soziale Position aufgrund persönlich zugänglicher Privilegien nicht berücksichtigt werden. Vielmehr kommt es zu Stigmatisierungsprozessen, bei denen untere Klassenmilieus beispielsweise als ›faul‹ und ›arbeitsscheu‹ bezeichnet werden. So zeigen Einstellungsdaten, dass Teile der allgemeinen Bevölkerung z. B. erwerbslose Menschen für ihre Situation selbst verantwortlich machen (vgl. Kapitel IV. 1.).

Klassistisches Politiksystem

Ein genauerer Blick in das politische System macht deutlich, dass auch hier Klassismus (re-)produziert wird (vgl. Kapitel IV. 6.), wie auch an anderen Stellen, etwa hinsichtlich des Bildungssystems oder des Wohnungsmarkts skizziert wurde. Da ist unter anderem die mangelnde politische Repräsentation unterer Klassen in der Politik zu nennen. Hier muss einerseits der Bundestag hinsichtlich des

Merkmals Klasse (ebenso wie für die Merkmale Alter, Geschlecht, Migrationsgeschichte etc.) als exkludierend deklariert werden. So gibt es kaum Abgeordnete unterhalb des Abiturs und nur wenige unterhalb eines Hochschulabschlusses. Neben der fehlenden Durchlässigkeit und den fehlenden Vorbildern, werden andererseits auch Partikularinteressen ressourcenstarker Gruppen bevorzugt, denn: politische Entscheidungen orientieren sich an der Mehrheitsmeinung höherer Einkommensgruppen. Präferenzen von Menschen in Armutsverhältnissen oder/und von Arbeiter*innen werden dagegen seltener bis gar nicht oder gar ihnen Entgegengesetztes umgesetzt. Das heißt nicht nur, dass die politischen Entscheider*innen sich hauptsächlich aus oberen Klassen zusammensetzen, auch Entscheidungen und Gesetzgebungen orientieren sich politisch hauptsächlich an den Vorstellungen der Eliten, indem Märkte dereguliert werden und der Sozialstaat immer weiter zurückgeführt wird.

Mediale Abwertung

Dass es leichter ist, Menschen abzuwerten, als die dahinterliegenden, drängenderen Fragen zu beantworten, spiegelt sich auch medial wider. Der Abwärtsklassismus geht mit einschlägigen Mediendarstellungen einher. Menschen in Armutsverhältnissen oder Menschen ohne Lohnarbeit werden diskreditiert, ihre Situation entpolitisiert und die prekäre Lebenssituation als selbstverschuldet dargestellt. Zudem werden Klassenverhältnisse durch den Begriff des »Unterschichtenfernsehens« zementiert und in eine Hegemonie gebracht, indem dieser für die Aufrechterhaltung gesellschaftlicher Hierarchien verwendet wird (vgl. Kapitel IV. 5.).

Klassistisches Bildungssystem

Hohe Bildung und die Aneignung von Wissen gelten, was in Politik und Medien wie ein Mantra wiederholt wird, als Ausweg aus der geschilderten prekären Situation und Stigmatisierung. Untere Klassen müssten sich im Bildungssystem nur genug anstrengen, dann ist auch ein sozialer Aufstieg möglich. Seit den 1970er Jahren zeigen nationale wie internationale Studien jedoch immer wieder, dass das Bildungssystem Ungleichheit nicht reduziert, sondern reproduziert. Schulischer Erfolg ist, besonders in Deutschland, weiterhin in einem hohen Maß von der Klassenzugehörigkeit abhängig. Inhalte und Verhaltensweisen im Bildungssystem orientieren sich immer noch an den

Normen und Regeln der mittleren und oberen Klassen. Kinder bzw. Jugendliche aus unteren Klassen müssen sich bzw. sollen sich diesen Erwartungshaltungen anpassen. Passiert dies nicht, wird, bewusst oder auch unbewusst, aussortiert oder die Besetzung von Positionen (z. B. Professuren) werden Aufsteiger*innen verweigert. Ist ein Bildungsaufstieg (trotz aller Barrieren) gelungen, können Anpassungseffekte Identitätskonflikte erzeugen, da eine Habitustransformation verlangt wird, die von vielen nicht geleistet werden kann oder dem Herkunftsmilieu widerspricht (lateraler Klassismus) und das Gefühl »Fremd-im Bekannten-Fremd-im-Neuen-zu sein« nach sich zieht.

Meritokratisches Prinzip

Diese hier dargebotenen sozialen Ungleichheiten entsprechen nicht den Allgemeinen sozialen Gerechtigkeitsvorstellungen moderner Gesellschaften von Gleichheit, Freiheit und Brüderlich-/Schwesterlichkeit. Also der Idee, dass jedes Individuum das Recht auf ein würdevolles, gesundes und selbstbestimmtes Leben hat. Wie gezeigt werden konnte, existieren Unterschiede bei der Verteilung von wichtigen Gütern und bei der Bewertung von Identitäten. Diese ungleich verteilten Lebenschancen sowie Identitätsverletzungen müssen, auch für die Legitimation der eigenen Position, durch Eliten, aber auch für die breite Öffentlichkeit, gerechtfertigt werden. Dies geschieht z. B. durch die Ideologie, dass gesellschaftliche Positionen sowie die Verteilung wichtiger Güter durch Talent und persönlichen Einsatz vergeben werden. Jede*r bekommt das, was er*sie aufgrund seines*ihres Wissens und Einsatzes wie Engagements verdient. Meritokratie, Herrschaft durch Leistung, erweckt den Glauben, dass persönliche Qualitäten sowie gezielter Einsatz für die eigenen Leistungen ausschlaggebend sind und bildet so das Gelenkstück klassistischer Argumentationen. Individuen aus unteren Klassen befänden sich unten, weil sie keine Talente und weniger Intelligenz besitzen würden, ›faul‹ und ›arbeitsscheu‹ seien, denn sonst wären sie oben. Dies gilt besonders, da – so die Meinung – beispielsweise Schule nur nach Leistung segregiere und Elitepositionen (z. B. Führungsposten im Unternehmen, in der Wissenschaft) gerecht vergeben würden, da sich jede Person bewerben könne. Diese Argumente werden durch das Konzept der Individualisierung noch ergänzt. Da es, so die Annahme, keine

Klassen mehr gäbe, könne jede Person ihren Platz in der Gesellschaft nun selbst bestimmen. Beruf, Schulabschluss, Gesundheitszustand oder auch das Einkommen sei für jedes Individuum, egal wie unterschiedlich, durch Leistung erreichbar. Diese Ideologie der Gerechtigkeit, wie Studien zeigen, wird von einer breiten Masse akzeptiert, auch wenn niemand heute noch ernsthaft behaupten kann, dass »die Steigerung von Einkommen in den Spitzenpositionen der Wirtschaft [...] mit einem entsprechenden Mehr an Talent und Leistungsbereitschaft einher [geht].« (Mau 2015, S. 37)

Sichtbarmachung

Klassismus bringt diesen Turm, der hier beschriebenen Gerechtigkeitstheorie, zum Schwanken, in dem er auf die Lebenssituation von Menschen aus unteren Klassen hinweist, die Idee einer gerechten Welt der (nur) Leistung abbildenden Schulnoten, des gleichverteilten Ressourcenverbrauchs, der barrierefreien, ausreichenden Wohnsituation oder gerechten Rechtsprechung als Illusion demaskiert. Klassismusforschung kritisiert die Ungerechtigkeit der Ungleichheit legitimierenden, reproduzierenden und erzeugenden (Sozial-)Staatlichkeit (z. B. Steuerverteilung) wie auch die Verletzung von Identitäten. Durch vielfältige Forschungsbemühungen und durch die Perspektive differenter Disziplinen auf unterschiedliche gesellschaftliche Bereiche zeigt sich, dass Menschen aus unteren Klassenmilieus, vor dem Hintergrund eines Vergleichs mit oberen Klassen und/oder der Verteilung von endlichen Ressourcen sowie Abwertungen von Identitäten, eben nicht gleichbehandelt werden.

Strukturelle Vorteile

Es geht in weiten Teilen der gesellschaftlichen Realität nicht darum, den am wenigsten Begünstigten den größtmöglichen Vorteil zu verschaffen (Rawls 1979), jede Person in die Position zu bringen sich nach dem eigenen Wunsch zu entwickeln (Sen 2011; Nussbaum 2020) oder darum, Macht, Eigentum, Rechte und Besitz ähnlich oder sogar gleich zu verteilen und Menschen das Recht der Gleichbehandlung zu gewähren (Ebert 2015) – was von vielen Klassismustheoretiker*innen vertretene Gerechtigkeitsvorstellungen wären. Viel eher, so konnten wir darlegen, erhalten Eliten zum großen Teil ihre erworbenen oder vererbten Positionen und Privilegien und weiten diese weiter aus. Dies geschieht mit Vorsatz, wie auch ungewollt, aus einer privilegierten Position des Habens und Könnens heraus, und zeigt sich in den jeweils vorgestellten gesellschaftlichen Bereichen – in unterschiedlicher Form und Ausprägung –, indem Identitäten abgewertet bzw. diskriminiert und Gesellschaften strukturiert werden, wovon obere Klassen weitaus mehr profitieren.

Relevanz der Klassismusforschung

Klassismus umschreibt damit nicht nur, in welchen Zugwagen ich einsteige und ob dabei die Sitze in der 1. Klasse bequemer sind als in der 2. Klasse oder als der Boden. Klassismusforschung ist auch nicht nur eine Darlegung von »kalten« Zahlen und Statistiken oder die Grundlage für wissenschaftliche sowie elitäre Diskussionen, auch wenn diese wichtig sind. Klassismusdiskurse beschreiben den Alltag vieler, oft vergessener Menschen, die sich in ihrer Identität verletzt fühlen, eine geringere Lebenszeit zu erwarten haben, mit einem schlechte(re)n Gesundheitszustand oder isoliert und mit Scham durch Stigmatisierung leben müssen. Das ist lebendiger Alltag. Gleichzeitig weist die Auseinandersetzung mit dem Begriff Klassismus aber auch auf das »Oben«, auf Umverteilung und Ungerechtigkeit hin, die von bestimmten Gruppen gewollt ist. Um diese Prozesse und soziale Situationen betiteln zu können, braucht es unseres Erachtens das Konzept und den Begriff Klassismus. Einen Begriff, der sowohl sozialstrukturell als »doing class« die sich stets wiederholende ungerechte Herstellung und Verfestigung von Klassen (über die Kopplung von Familie – Bildung – Arbeit, Kapitalausstattung, Teilhabemöglichkeiten, Bildungszertifikate, Bezahlung etc.) beschreibt als auch »antidiskriminatorisch« und damit klassismuskritisch Abwertungen, Stigmatisierung und Beschämung (um nur einige zu nennen) auf das Tableau bringt. Er kritisiert die doppelte Benachteiligung, wenn bereits strukturell benachteiligte Menschen aus unteren Klassen noch zusätzlich aufgrund der ihnen gesellschaftlich zugewiesenen Position der Unterbeschäftigung, Erwerbslosigkeit, des Sozialhilfebezugs, der Wohnungslosigkeit stereotypisiert, diskriminiert und stigmatisiert werden. Wenn nicht nur die Position am unteren Rand der Gesellschaft mit all den Folgen für Wohnen, Gesundheit, die eigene Familie etc., sondern auch noch genau diese aus den Strukturen folgende Lebensweisen und Lebensstile (die Ernährungsgewohnheiten, Ausflugs-

und Freizeitmöglichkeiten, Urlaubsgestaltungen, Unterhaltung etc.) abgewertet werden.

Ungerechtigkeiten veränderbar

Klassismus entblößt Ungerechtes und führt diese einem doch sehr einseitigen sowie homogenen Diskurs über Ungleichheit zu, dem sich die Wissenschaft auch zum großen Teil gerne entziehen möchte. Klassismus macht ferner deutlich, dass reale Klassenproduktionen, Diskriminierung und Abwertungen von Identitäten durch Distinktion keine naturgegebenen und alternativlosen Zustände sind. Sie sind sozial geschaffen (über Entlohnungssysteme, Bildungswege, Steuergesetze und Rechtssetzungen etc.) und damit auch durch Politik und soziale Solidarität veränderbar.

Anmerkungen

1 Wir danken Dr. Riccardo Altieri, der diesen Fund erstmals erwähnt in Altieri (2020).

2 Reckwitz (2019, 2020) identifiziert die neue Mittelklasse und neue Unterklasse, zwischen ihnen die alte Mittelklasse und an der Spitze die Oberklasse. Dabei geht er davon aus, dass jede der Klassen sich aus diversen kleineren soziokulturellen Milieus zusammensetzt. Klasse sieht er dabei als primäres Bestimmungselement für die soziale Position des Individuums (andere Determinanten sozialer Ungleichheit, wie Geschlecht, Migrationsstatus, Stadt/Land u. a. als sekundär).

3 Eine Bezeichnung, die nicht auf die obere Klasse zutreffen kann. Reckwitz (2019) geht viel eher von einer Gleichzeitigkeit des Abstiegs und Aufstiegs und damit einem Paternostereffekt aus – je nachdem, welche Klassen betrachtet werden.

4 Diese Reproduktion reicht bis in die privatesten Sphären, wenn bspw. Nachtwey (2018) und Reckwitz (2020) zeigen, wie klassenübergreifende persönliche Beziehungen und Partnerschaften seit den 1990er Jahren zurückgegangen sind – sich Klassen also weiter separieren.

5 Dabei untersucht Kalthoff (2006) vor allem die beobachtbaren sozialen Praktiken, die Klassenzugehörigkeit herstellen und nimmt eine Verschiebung weg vom Theorem der Klassenunterschiede hin zu den Praktiken sozialer Unterscheidung vor. In unserer begrifflichen Anlegung wären auch Makromechanismen bspw. der Ressourcenverteilung mitgedacht.

6 In den 1940er Jahren wird der Begriff des Klassismus aus einem theologischen Blickwinkel diskutiert und in Verbindung zu christlicher Nächstenliebe gesetzt. »Classism«, anders als er hier im Buch verwendet wird, meint dann die marxistische Idee von Gesellschaft und Gleichheit, die

jedoch abgelehnt wird: »The Church recognizes the inequality among men born with different powers of body and mind, and with this the inequality in actual possession of property, and through the operation of charity uses this very inequality as a means of social unity.« (Ryan 1942, S. 257)

7 Dahrendorf (1967) erklärt mit seiner Theorie den Ursprung der Herrschaft und die durch Herrschaft begründete Ungleichheit *nicht*. Er vermutet aber in Anschluss an H. Popitz, »daß die Verteilung der Herrschaft aus den sozialen Korollaren der Generationenfolge hervorgegangen ist.« (Dahrendorf 1967, S. 374)

8 Bourdieu grenzt die Begriffe nicht deutlich voneinander ab bzw. verwendet diese z. T. auch synonym.

9 In den Theorien zu sozialer Ungleichheit findet sich immer wieder ein starker Bezug zu Ressourcentheorien – u. a. über die Frage nach der Ressourcenlage eines Menschen, die seine Lebenschancen, den Raum der Möglichkeiten etc. beschreibt. Eine sehr ausführliche Darstellung zum Thema Ressourcen und sozialer Ungleichheit, auch zu direkten und indirekten Ressourcenarten, findet sich bei Bader und Benschop (1989).

10 Hradil (1987) wählt »allgemein anerkannte« Lebensziele als Bezugspunkt sozialer Ungleichheit sowie deren Erreichen über menschliches Handeln (vgl. ausführlicher ebd.). Dabei merkt er an, dass es gesellschaftlich hervorgebrachte, relativ dauerhafte Bedingungen gibt, die es bestimmten Menschen besser oder schlechter erlauben, jene Ziele zu erreichen.

11 Als Status definieren Bolte, Kappe und Neidhardt (1974) den Platz bzw. die Stellung, die jemand in jedwelcher Art von Abstufung einnimmt und mit der sich die Vorstellung von besser/schlechter, privilegiert/benachteiligt, mehr/weniger verbindet.

12 Sie erscheinen angeboren, sind jedoch ebenfalls durch Menschen konturierte soziale Konstruktionen. So werden nicht alle biologischen Unterschiede (Menge der Haare, Augenfarbe etc.) ungleichheitsrelevant, sondern es müssen zunächst bestimmte biologische Merkmale in »soziale Positionen« transferiert werden (z. B. Geschlecht) (Solga et al. 2009).

13 Dahrendorf (1967) zeichnet Erklärungsversuche über Eigentum (18. Jh.), Arbeitsteilung (19. Jh.) und Funktionen (20. Jh.) nach und geht (auch)

hinsichtlich der dritten Etappe davon aus, dass es keine befriedigende funktionale Erklärung des Ursprungs der sozialen Ungleichheit geben kann, da eine solche Erklärung entweder auf zweifelhafte Annahmen über die menschliche Natur rekurriert oder als Zirkelschluss das zu Erklärende mit sich selbst erklärt. Seine Erklärungsversuche hinsichtlich der Relevanz von mit Sanktionen versehenen Normen des Verhaltens und des Rechts werden im Kapitel über Macht näher skizziert.

14 Theorien u.a. zur Entstehung und Aufrechterhaltung sozialer Ungleichheit finden sich bei unterschiedlichen Autor*innen u.a. bei Bader und Benschop (1989, S. 43 ff.), Bolte et al. (1974, S. 15 ff.) und Edinger (1992, S. 153 ff.). Beschrieben werden bspw. historisch-kausale Theorien zu Arbeitsteilung und Rollendifferenzierung oder der Aneignung von Mehrarbeit (marxistische Theorien) sowie teleologisch-funktionalistische Theorien wie der Notwendigkeit von Stratifikation, da bestimmte gesellschaftliche Positionen wichtiger sind als andere und durch Belohnung die wichtigsten Positionen mit den qualifiziertesten Menschen besetzt werden (Davis und Moore 2009).

15 Wobei darauf hingewiesen werden muss, dass je nach theoretischer Verortung das Konzept Klassismus unterschiedlich ausfällt.

16 Wie wir noch zeigen werden können auch Milieu- oder auch Schichttheorien für eine Klassismuskonzeption herangezogen werden. Wichtig ist hier, dass der Begriff »Klasse« einen analytischen Wert besitzt, der soziale Ungleichheit beschreibt. Es geht um ein »Oben« und »Unten«, welches als ungerecht bewertet wird. Dafür sind auch und insbesondere die hier vorgestellten Milieu- und Schichttheorien geeignet.

17 »Über materiellen Auf- und Abstieg hinaus wird die spätmoderne Sozialstruktur also auch und gerade von symbolischer Auf- und Abwertung zwischen den disparaten Lebenswelten geprägt. So können sich kulturelle Differenzen in Muster einer Polarisierung bin hin zum Bruch verwandeln.« (Reckwitz 2019, S. 89)

18 Bei Marx finden sich auch weitere Klassen, wie z. B. das Lumpenproletariat (Marx 1869).

19 Weber verwendet den Begriff Rentner*in anstelle von Besitzer*in.

20 In der Sozialforschung hat die Oberschicht lange Zeit eher geringes Interesse gefunden, wohingegen die »Unterschicht« seit den 1970er Jah-

ren mehr in den Blickpunkt geriet. Die Mittelschicht, so Burzan (2011), sei der Sozialforschung oft wertmäßig besetzt als Stabilitätsfaktor oder kleinbürgerlich-konservative Schicht, mit deren Verfall häufig der Verlust der staatlichen Ordnung diskutiert wird.

21 Weniger diskriminierend heute: vom Bildungswesen (nicht) erreichte Personen/Gruppen.

22 Das Modell von Geiger (1962) wurde schon erwähnt und seine Besonderheit dargeboten. Daher wird hier auf eine explizite Darstellung verzichtet.

23 Status ist dabei nicht gleich Schicht und verschwimmt bei Bolte mit dem Konzept des Prestiges (Burzan 2011, S. 53).

24 Ausschlaggebend für den Familienstatus war die Person mit dem höchsten beruflichen Status; als Dimensionen galten Beruf, materielle Not und Staatsangehörigkeit; nicht erklärt wird – so kritisiert Burzan (2011) –, wie die konstituierenden Merkmale miteinander verknüpft wurden.

25 Hradil (2006) verweist auf frühe Ursprünge des Milieubegriffs, die bis in die Zeit der französischen Aufklärung zurückreichen. Siehe dazu auch Burzan (2011).

26 Vgl. dazu das Strukturierungs- und Entstrukturierungsmodell in der Lebensstilforschung (Burzan 2011, 93 f.).

27 Für beispielhafte Lebensstilansätze, -analysen und -typlogien (Geißler 2014b, S. 111 ff.; Burzan 2011, S. 95 ff.; Müller 2009, S. 335 ff.). Über die von Müller (2009) dargestellten Ansätze hinweg hebt der Autor folgende Gemeinsamkeiten hervor: Lebensstile werden als abhängige Variable betrachtet. Es wird die expressive Komponente des Handelns betont. Lebensstile sind charakteristisch und damit identitätsstiftend. Sie sind mit der Abgrenzung von anderen Lebensstilen sowie mit hierarchischer Über-/Unterordnung verbunden.

28 Vester (2014) zufolge verwendet Durkheim »Milieu« als Oberbegriff. Stände, Kasten und Klassen seien ihm zufolge historische Spezialformen der beruflichen Milieus, die von der jeweiligen gesellschaftlichen, sie einbettenden Gesamtordnung abhängen. Im kapitalistischen Kontext hätten berufliche Milieus dann die Gestalt sozialer Klassen (Vester 2014, S. 310).

29 Neben Durkheim werden von Vester (2014) auch Weber, Geiger und Bourdieu ausführlicher als Vordenker des heutigen Milieubegriffs angeführt, die wir im vorliegenden Band jeweils als Klassen- bzw. Schichttheoretiker einordnen und vorstellen. An der unterschiedlich vorgenommenen Einordnung und Kategorisierung zeigt sich u. E. der Überschneidungsbereich der Modelle, wie wir sie später noch konkreter diskutieren.

30 Dass das für alle Lebensstilansätze gilt, zweifelt Burzan (2011) mit Verweis auf Bourdieu an.

31 Für die Darstellung der sozialen Lagen, wie später für seine Milieutypologie, analysiert er auch, wie sich allgemein anerkannte Lebensziele bzw. Bedürfnisse im Zeitverlauf und in Abhängigkeit von gesellschaftlichen Rahmenbedingungen ändern. So kommen zu (1) Geld, formaler Bildung, beruflichem Prestige und formaler Machtstellung im Beruf und im öffentlichen Leben zunächst (2) Sicherheit, Gesundheit, Partizipation an politischen Entscheidungsprozessen und Entlastung von aufreibenden Lebens- und Arbeitsbedingungen und schließlich (3) Integration, Selbstverwirklichung und Emanzipation hinzu. Diese ökonomischen (1), wohlfahrtsstaatlichen (2) und sozialen (3) Bedürfnisse korrelieren dabei mit spezifischen Dimensionen ungleicher Lebensbedingungen und sind wiederum abhängig von der Existenz direkter und indirekter funktionaler Äquivalente (Hradil 1987, S. 147 ff.).

32 Ein erstes Modell allgemeiner Sozialer Lagen (als hypothetische Typologie) findet sich bei Hradil (1987, S. 154 ff.).

33 Das Konzept des mehrdimensionalen Feldes ist Vester (2009) zufolge bereits in der klassischen Soziologie und bei Historiker*innen angelegt. Er verweist hier auch auf Pierre Bourdieus Arbeiten und sein Konzept der Feldachsen, das Vester und Kolleg*innen in erweiterter Form verwenden. Auf jeder der vorgestellten Achsen »entwickelt sich eine spezifische Art der Spezialisierung und Differenzierung.« (Vester 2009, S. 313)

34 Inwieweit Unparteilichkeit überhaupt möglich ist, kann hier nicht diskutiert werden.

35 Beide Arten der Gerechtigkeit hängen demnach auch zusammen. Wenn Menschen aus unteren Schichten vor Gericht für die gleichen

Taten anders behandelt werden als Menschen aus der Oberschicht, würde dies sowohl auf der individuellen als auch auf der Ebene der Gemeinschaft, dem*der Leser*in wohl ungerecht vorkommen.

36 Die Capabilities-Perspektive lässt sich als Gerechtigkeitsethik verstehen, die nach den besten Möglichkeiten unseres Lebens fragt (Böllert et al. 2018). Zugleich ist den Begründer*innen der Theorie Amartya Sen und Martha Nussbaum sehr wohl klar, dass es eine Pluralität der Entwürfe guten Lebens gibt, weswegen der Fokus auf den Autonomiespielräumen liegt.

37 Im Anschluss an Donna Haraway (1995) wird u.a. in feministischen Diskursen eben jene Neutralität (und Universalität) des Wissens oder auch die »Objektivität« der Wissenschaft in Frage gestellt und angenommen, dass unsere Herkunft und soziale Position sowie die dahinterliegenden sozio-kulturellen Einflüsse als Standpunkte unsere Auseinandersetzung mit Themen prägen.

38 Vorurteile über den Zusammenhang mit negativen Einstellungen hinaus als positive Einstellungen zu thematisieren, findet sich eher selten und wird dann als »Irrglaube« oder »Fehlannahme« überschrieben.

39 Prozesse der Fremdzuschreibung bzw. des Labelns als »Anders-Sein« werden in den letzten Jahren immer häufiger unter dem Begriff des ›Othering‹ gefasst (Hall 2019).

40 Young (2011) verwendet in Anlehnung an soziale Bewegungen statt Diskriminierung das Wort »oppression« (Unterdrückung), dessen Definition an den vorliegenden Diskriminierungsbegriff anschlussfähig ist: »All opressed people suffer from inhibition of their ability to develop and exercise their capacities and express their needs thoughts, and feelings.« (Young 2011, S. 40) »Oppression« verweist zudem auf Benachteiligung und Ungerechtigkeit, die Menschen alltäglich, da strukturell verankert, in liberalen Gesellschaften erleben (vgl. strukturelle und institutionelle Diskriminierung weiter unten).

41 Scherr (2016; 2021) geht davon aus, dass ein hoher Grad an sozialer Ungleichheit in einer Gesellschaft auch einen hohen Bedarf an Diskriminierung als Art Legitimationsplattform mit sich bringt. So muss versteh- und dann akzeptierbar werden, dass bspw. muslimische Jugendliche überproportional selten ein Abitur erreichen. »Dazu reicht

der Verweis auf Unterschiede der Leistungsfähigkeit und Leistungsbereitschaft nicht aus. Deshalb ist es unter Bedingungen gravierender Ungleichheiten nützlich, wenn Teilgruppen der Bevölkerung in eine Kategorie eingeordnet werden können (z. B. ›Ausländer‹, ›Wirtschaftsflüchtlinge‹), die ihre Benachteiligung als zulässig erscheinen lässt, da diskriminierende Sichtweisen sozial verbreitet sind.« (Scherr 2016, S. 34) Für die argumentative Anlehnung an Nancy Fraser und Herbert Blumer vgl. Scherr (2010).

42 Mit dem Allgemeinen Gleichbehandlungsgesetz der Bundesrepublik Deutschland und den Antidiskriminierungsgesetzen der Europäischen Union wurden strukturelle und institutionelle Diskriminierung politisch mehr ins Zentrum gerückt (Gomolla 2010; 2017).

43 Als eine der ersten gilt hier Kimberlé Crenshaw (1989).

44 Er erwähnt jedoch seinerseits bereits ältere und aktuelle Thematisierungen von Klassismus.

45 Francis Seeck (2022) schreibt hierzu, dass sich dem Klassismus entgegenstellt werden muss, wenn eine gerechte Gesellschaft erreichen werden soll.

46 Inwieweit hier der Begriff Klassismus Anwendung finden soll, ist umstritten. Es wird kritisiert, dass Klassenanalysen bereist auf die Ungerechtigkeit hinweisen und daher der Begriff in diesem Fall unnötig sei (vgl. Kapitel V.).

47 Grenzen zeigen sich z. B. bei Bildungsaufsteiger*innen, die etwa an Universitäten arbeiten oder, auch wenn dies sehr selten ist, eine Professur innehaben. Diese stammen zwar aus unteren Klassenmilieus, sind nach dem Aufstieg aber, speziell finanziell, dieser Gruppe nicht mehr zuzuordnen, auch wenn sie z. T. Stigmatisierungen ausgesetzt sind.

48 Auf globaler Ebene möchten wir hier auf die Postkolonialen Theorien verweisen. Sie nehmen global-hegemoniale Strukturen in den Blick. Ausbeutung ist demnach die Folge der Kolonialisierung und des Kapitalismus (Reuter und Karentzos 2012).

49 Klassismustheoretiker*innen haben demzufolge spezifische Weisen, soziale Ungleichheit (innerhalb eines spezifischen Gesellschaftssystems – hier Kapitalismus) und anschließende Diskriminierung zu erklären. Kritische Anschlüsse finden sich hier bspw. an Argumenta-

tionen von Davis und Moore (1945; 2009) und deren funktionaler Erklärung sozialer Schichtung.

50 Die Ungleichheit wird noch größer, wenn man die globale Vermögensungleichheit mithilfe von Marktwechselkursen und nicht anhand von Kaufkraftparitäten berechnet. Demnach besitzen die unteren 5 % der Weltbevölkerung weniger als 1 % des gesamten Vermögens, die oberen 10 % ca. 82 % (Chancel et al. 2022).

51 Die Kaufkraftparität (KKP) ist ein Maß, mit dem Pro-Kopf-Einkommen oder absolute Armut in verschiedenen Ländern anhand eines Warenkorbs (z. B. Produkte und Dienstleistungen) verglichen wird. Damit kann wirtschaftliche Produktivität und der Lebensstandard verglichen werden.

52 Der Gini-Koeffizient ist ein standardisiertes Maß, welches für die Messung von Einkommens- und Vermögensungleichheit herangezogen wird. Die Werte können zwischen 0 und 1 liegen. Je stärker der Wert zu 1 neigt, desto größer ist die Ungleichheit (Monopolbildung). Beträgt der Gini-Koeffizient beispielsweise die 0, dann besitzen die verglichenen Akteure genau das gleiche Einkommen bzw. Vermögen.

53 Hier handelt es sich um eine statistische Maßgröße für die Einkommensverteilung. Die Armutsrisikoquote gibt den Bevölkerungsanteil an, der über ein Nettoäquivalenzeinkommen von weniger als 60 % des Medianeinkommens verfügt.

54 Lesehilfe: Abbildung 9 beschreibt die Mobilität innerhalb der Gesellschaft. Es zeigt sich, dass 14,1 % der Personen aus der Lage »Armut« in die Lage »Prekarität« aufgestiegen sind. 9,4 % stiegen in die »Armut-Mitte« auf. Weitere Aufstiege fanden kaum statt.

55 Mit Markteinkommen ist das Einkommen vor staatlicher Umverteilung durch Steuern und Transferleistungen gemeint. Es beinhaltet das gesamte Erwerbseinkommen aus unselbstständiger sowie selbstständiger Arbeit, Kapital- und Vermögenseinkommen.

56 Nach Littler (2017) geht der Begriff auf den britischen Soziologen Alan Fox zurück, der den Begriff bereits früher kritisch verwendete.

57 Bezüglich Vergleichsprozesse sind auch andere Vergleiche möglich. Zu Theorien des Vergleichs siehe auch Heintz (2016).

58 Diese knüpfen an die Studien »Deutsche Zustände« von Heitmeyer an, die von 2002 bis 2011 regelmäßig durchgeführt wurden.
59 Im Jahr 2020/2021 wurden die Fragen verändert. Da ein Vergleich nicht möglich ist, werden diese hier nicht aufgeführt (Zick 2021).
60 Die protestantische Arbeitsethik geht davon aus, dass man Gott dient, wenn man seine Arbeit sehr gut und effizient durchführt. Aus dieser strengen und selbstkontrollierten Lebensführung entstanden eine Art Leistungsdenken und eine spezifische Handlungspraxis. Durch den Einzug dieser Praxis in den Lebensalltag entstand aus einer religiösen Praxis eine bürgerliche Arbeits- und Denkweise (Weber 2016).
61 Die Unterscheidung in »downward«, »upward«, »internal« und »lateral classism« geht auf Liu et al. (2004) zurück.
62 Unseres Erachtens bleibt an dieser Stelle unklar, wie die Verknüpfung zwischen Zustimmung und der sozialen Emotion »Neid« hergestellt wird. Zustimmung kann auch aufgrund spezifischer Einstellungen und moralischer Überzeugungen, wie u. a. der Solidarität mit benachteiligten Personen erfolgen. Prinzipiell spricht der Autor in seinen Artikeln oft von Attacken, leider wird dabei nicht klar, wo der Unterschied zwischen Kritik und Attacke liegt; denn nicht jede Kritik entspricht einem Vorurteil oder Stigma – auch vor dem Hintergrund der Theorien sozialer Ungleichheit und insbesondere struktureller Ungleichheit. Leider werden auch Studien der positiven Diskriminierung, z. B. bei der Wohnungssuche oder auch im deutschen Schulsystem, nicht angeführt.
63 Bedauerlicherweise wird hier keine Regression angewandt, um den Zusammenhang zwischen »Neidern« und Schichtzugehörigkeit, Geschlecht oder z. B. Einkommen zu beschreiben oder den Wert der abhängigen Variable zu prognostizieren.
64 Unter Arbeit wird hier speziell die bezahlte Erwerbsarbeit verstanden. Andere Arbeiten, wie z. B. Hausarbeit, Care-Arbeit oder auch das Ehrenamt, fallen nicht darunter und gelten häufig als Nicht-Arbeit (Bonß 2006).
65 Waren 1970 noch 84 % der Lohnbeschäftigten in Normalarbeitsverhältnissen angestellt, sind es 1995 56 %. Das sog. Normalarbeitsverhältnis hat Jürgen Kocka zufolge vor allem zwischen 1950 und 1975

existiert – sei danach aber eher Norm als Normalität gewesen (Deutscher Gewerkschaftsbund und Hans-Böckler-Stiftung 2018).

66 Es wird zwischen der Gruppe der Erwerbspersonen und Nicht-Erwerbspersonen (Schüler*innen, Auszubildende, Menschen mit Berufsunfähigkeit, Rentner*innen etc.) unterschieden.

67 Erwerbsfähige Personen, die keiner oder einer Beschäftigung unter 15h pro Woche nachgehen.

68 Der Bildungsstand beruht auf dem Klassifikationssystem ISCED (International Standard Classification of Education).

69 Zur Kritik am Konzept der Chancengleichheit vgl. Helmut Heid (1988).

70 Reality-TV versucht (angeblich) die ›reale Welt‹ abzubilden und eine Nähe zur sozialen Realität zu skizzieren.

71 Es soll darauf hingewiesen werden, dass hier kaum aktuelle Forschungen vorliegen.

72 Wir bedanken uns bei Prof. Nils Norman für die Erlaubnis, seine Fotos verwenden zu dürfen. Der Künstler befasst sich schon seit mehreren Jahren mit diesem Thema und hatte hierzu mehrere Ausstellungen.

73 »This barrier was erected outside of a post office in East London in order to prevent homeless people from sleeping there. The design was quite good as it helped create more of a room-like space where homeless people could hang their blankets and sheets of cardboard making walls and a more private area. The photo next to this one in ›Barriers‹ shows the large corrugated metal construction that was erected to remedy the shortcomings of this initial preventative design.« (Norman o. J.)

Literatur

Abou, Tanja (2015): Prololesben und Arbeiter*innentöchter. Interventionen in den feministischen Mainstream der 1980er und 1990er Jahre. In: *Kurswechsel. Zeitschrift für gesellschafts-, wirtschafts-, und umweltpolitische Aktivitäten* (4), S. 39–45.

Adams, Maurianne; Hopkins, Larissa E.; Shlasko, Davey (2016a): Classism. In: Maurianne Adams, Warren J. Blumenfeld und D. Chase J. Catalano et al. (Hg.): Readings for diversity and social justice. London/New York: Routledge, S. 286–337.

Adams, Maurianne; Blumenfeld, Warren J.; Catalano, D. Chase J. et al. (Hg.) (2016b): Readings for diversity and social justice. London/New York: Routledge.

Altieri, Riccardo (2020): Ausstieg aus der Holzklasse. Warum die Linke die Diskussion um den Klassismus-Begriff forcieren sollte. In: *nd Journalismus von Links*. Online verfügbar unter: https://www.nd-aktuell.de/artikel/1142553.klassismus-begriff-ausstieg-aus-der-holzklasse.html, zuletzt aktualisiert am 03.11.2022.

Altieri, Riccardo; Hüttner, Bernd (Hg.) (2021): Klassismus und Wissenschaft. Erfahrungsberichte und Bewältigungsstrategien. Marburg: BdWi-Verlag.

Antonaccio, Olena; Tittle, Charles R.; Botchkovar, Ekaterina et al. (2010): The Correlates of Crime and Deviance. Additional Evidence. In: *Journal of Research in Crime and Delinquency* 47 (3), S. 297–328. DOI: 10.1177/0022427810365678.

Aronson, Elliot; Akert, Robin M.; Wilson, Timothy D. (2014): Sozialpsychologie. Hallbergmoos: Pearson.

Atkinson, Will (2007): Beck, Individualization and the Death of Class. A Critique. In: *The British Journal of Sociology* 58 (3), S. 349–366. DOI: 10.1111/j.1468-4446.2007.00155.x.

Aumair, Betina; Theißl, Brigitte (2020): Klassenreise. Wie die soziale Herkunft unser Leben prägt. Wien: ÖGB Verlag.

Bach, Stefan (2021): Steuer- und Abgabenbelastungen in Deutschland. Hoch für die arbeitende Mitte, niedrig für Vermögende. In: *Deutschland & Europa* 82 (4), S. 40–57.

Bader, Veit Michael; Benschop, Albert (1989): Ungleichheiten. Protheorie sozialer Ungleichheit und kollektiven Handelns. Opladen: Leske und Budrich.

Barankow, Maria; Baron, Christian; Becker, Martin et al. (Hg.) (2021): Klasse und Kampf. Berlin: Claassen.

Baresel, Kira; Eulitz, Heike; Fachinger, Uwe et al. (2021): Hälfte aller Erbschaften und Schenkungen geht an die reichsten zehn Prozent aller Begünstigten. In: *DIW Wochenbericht* 88 (5), S. 63–71. DOI: 10.18723/diw_wb:2021-5-1.

Baron, Christian (2014): Klasse und Klassismus. Eine kritische Bestandsaufnahme. In: *PROKLA. Zeitschrift für kritische Sozialwissenschaft* 44 (175), S. 225–235.

Baron, Christian (2020): Ein Mann seiner Klasse. 1. Auflage. Berlin: Claasen.

Baron, Christian; Steinwachs, Britta (2012): Faul, Frech, Dreist. Die Diskriminierung von Erwerbslosigkeit durch BILD-Leser*innen. Münster, Westf.: Edition Assemblage.

Barone, Chuck (1998): Political Economy of Classism. Towards a More Integrated Multilevel View. In: *Review of Radical Political Economics* 30 (2), S. 1–30. DOI: 10.1177/048661349803000201.

Barone, Chuck (1999): Extending Our Analysis of Class Oppression. Bringing Classism into the Race & Gender Picture. In: *Race, Gender & Class* 6 (3), S. 5–32.

Bazelon, David L. (1969): Racism, Classism, and the Juvenile Process. In: *Judicature* 9 (53), S. 373–378. Online verfügbar unter: https://heinonline.org/hol-cgi-bin/get_pdf.cgi?handle=hein.journals/judica53§ion=107, zuletzt geprüft am 10.01.2023.

Beck, Linda; Westheuser, Linus (2022): Verletzte Ansprüche. Zur Grammatik des politischen Bewusstseins von ArbeiterInnen. In: *Berlin J Soziol* 32, S. 279–316. DOI: 10.1007/s11609-022-00470-0.

Beck, Ulrich (1986): Risikogesellschaft. Auf dem Weg in eine andere Moderne. Frankfurt a. M.: Suhrkamp.

Beck, Ulrich (2009): Jenseits von Stand und Klasse? In: Heike Solga, Justin Powell und Peter A. Berger (Hg.): Soziale Ungleichheit. Klassische Texte zur Sozialstrukturanalyse. Frankfurt a. M./New York: Campus, S. 221–238.

Becker, Rolf; Hadjar, Andreas (2009): Meritokratie – Zur gesellschaftlichen Legitimation ungleicher Bildungs-, Erwerbs- und Einkommenschancen in modernen Gesellschaften. In: Rolf Becker (Hg.): Lehrbuch der Bildungssoziologie. Wiesbaden: VS Verlag für Sozialwissenschaften, S. 35–59.

Becker, Rolf; Hadjar, Andreas (2010): Das Ende von Stand und Klasse? 25 Jahre theoretische Überlegungen und empirische Betrachtungen aus der Perspektive von Lebensverläufen unterschiedlicher Kohorten. In: Peter A. Berger und Ronald Hitzler (Hg.): Individualisierungen. Wiesbaden: VS Verlag für Sozialwissenschaften, S. 51–72.

Behrmann, Laura; Eckert, Falk; Gefken, Andreas (Hg.) (2018): ›Doing Inequality‹. Prozesse sozialer Ungleichheit im Blick qualitativer Sozialforschung. Wiesbaden: VS Verlag für Sozialwissenschaften.

Bell, Hans Günter (2006): Über Schichten, Klassen und Milieus. Anmerkungen zur begrifflichen Darstellung sozialer Realitäten. In: Björn Böhning, Klaus Dörre und Andrea Nahles (Hg.): Unterschichten? Prekariat? Klassen? Moderne Politik gegen soziale Ausgrenzung. Dortmund: SPW-Verl., S. 22–33.

Bell, Karen (2020): Working-class Environmentalism. An Agenda for a Just and Fair Transition to Sustainability. Cham: Palgrave Macmillan.

Beran, Fabian; Nuissl, Henning (2019): Verdrängung auf angespannten Wohnungsmärkten. Das Beispiel Berlin. Unter Mitarbeit von Stefan Krämer. Ludwigsburg: Wüstenrot Stiftung.

Bernstein, Julia; Inowlocki, Lena (2015): Soziale Ungleichheit, Stereotype, Vorurteile, Diskriminierung. In: Bettina Bretländer, Michaela Köttig und Thomas Kunz (Hg.): Vielfalt und Differenz in der Sozialen Arbeit. Perspektiven auf Inklusion. Stuttgart: Kohlhammer Verlag, S. 15–26.

Bewernitz, Torsten (2009): Die Klasse in der Krise. Klassismus, Habitus oder Proletariat? Online verfügbar unter: https://www.anarchismus.at/arbeit/arbeiterinnenklasse/415-torsten-bewernitz-die-klasse-in-der-krise-klassismus-habitus-oder-proletariat, zuletzt geprüft am 12.12.2019.

Bewernitz, Torsten (2017): Das Fehlen der Fabriken. Kritik des Klassismusbegriffs. In: Stephan Lessenich (Hg.): Geschlossene Gesellschaften. Verhandlungen des 38. Kongresses der Deutschen Gesellschaft für Soziologie in Bamberg 2016. Wiesbaden: VS Verlag für Sozialwissenschaften, S. 1–10.

Beyme, Klaus von (2018): Konservatismus. In: Samuel Salzborn (Hg.): Handbuch Politische Ideengeschichte. Stuttgart: J. B. Metzler, S. 174–182.

Biewen, Martin; Steffes, Susanne (2010): Unemployment Persistence. Is There Evidence for Stigma Effects? In: *Economics Letters* 106 (3), S. 188–190. DOI: 10.1016/j.econlet.2009.11.016.

Birkner, Martin (2015): Ausbeutung oder Respektlosigkeit. Eine postoperaistische Kritik am Klassismus. In: *Kurswechsel. Zeitschrift für gesellschafts-, wirtschafts-, und umweltpolitische Aktivitäten* (4), S. 32–38. Online verfügbar unter: http://www.beigewum.at/wp-content/uploads/KW_4_2015_05_Ausbeutung-oder-Respektlosigkeit.pdf, zuletzt geprüft am 13.07.2023.

Böhnisch, Lothar; Schröer, Wolfgang (2012): Sozialpolitik und Soziale Arbeit. Eine Einführung. Weinheim/Basel: Beltz Juventa.

Böhnke, Petra (2015): Wahrnehmung sozialer Ausgrenzung. In: Bundeszentrale für politische Bildung (Hg.): Oben – Mitte – Unten. Zur Vermessung der Gesellschaft. Bonn: bpb, S. 244–255.

Böllert, Karin; Otto, Hans-Uwe; Schrödter, Mark et al. (2018): Gerechtigkeit. In: Hans-Uwe Otto, Hans Thiersch, Rainer Treptow et al. (Hg.): Handbuch Soziale Arbeit. Grundlagen der Sozialarbeit und Sozialpädagogik. München: Ernst Reinhardt Verlag, S. 516–526.

Bolte, Karl Martin; Kappe, Dieter; Neidhardt, Friedhelm (1974): Soziale Ungleichheit. Opladen: Leske.

Bonacker, Thorsten (2013): Konflikttheorien. Eine sozialwissenschaftliche Einführung mit Quellen: Springer.

Bonß, Wolfgang (2001): Vergesellschaftung über Arbeit. Oder: Gegenwart und Zukunft der Arbeitsgesellschaft. In: Peter A. Berger und Dirk Konietzka (Hg.): Die Erwerbsgesellschaft. Neue Ungleichheiten und Unsicherheiten. Wiesbaden: VS Verlag für Sozialwissenschaften, S. 331–356.

Bonß, Wolfgang (2006): Beschäftigt – Arbeitslos. In: Stephan Lessenich und Frank Nullmeier (Hg.): Deutschland – eine gespaltene Gesellschaft. Frankfurt a. M./New York: Campus, S. 53–72.

Bourdieu, Pierre (1983): Ökonomisches Kapital, kulturelles Kapital, soziales Kapital. In: Reinhard Kreckel (Hg.): Soziale Ungleichheiten. Göttingen: Schwartz.

Bourdieu, Pierre (1987): Die feinen Unterschiede. Kritik der gesellschaftlichen Urteilskraft. Frankfurt a. M.: Suhrkamp.

Bourdieu, Pierre (1989): Satz und Gegensatz. Über die Verantwortung des Intellektuellen. Berlin: Wagenbach.

Bourdieu, Pierre (1998): Praktische Vernunft. Zur Theorie des Handelns. Frankfurt a. M.: Suhrkamp.

Bourdieu, Pierre (2001): Habitus, Herrschaft und Freiheit. Interview mit Antoine Spire, Pascale Casanova und Miguel Banassayag. In: Pierre Bourdieu (Hg.): Wie die Kultur zum Bauern kommt. Über Bildung, Schule und Politik. Hamburg: VSA-Verl., S. 162–173.

Bourdieu, Pierre (2003): Die verborgenen Mechanismen der Macht enthüllen. In: Pierre Bourdieu und Margareta Steinrücke (Hg.): Die verborgenen Mechanismen der Macht. Hamburg: VSA-Verl., S. 81–87.

Bourdieu, Pierre (2016): Sozialer Raum und »Klassen«. Hg. v. Yvette Delsaut. Frankfurt a. M.: Suhrkamp.

Bourdieu, Pierre (2017): Wie die Kultur zum Bauern kommt. Über Bildung, Schule und Politik. Hamburg: VSA-Verlag.

Bourdieu, Pierre (2020): Die konservative Schule. Die soziale Chancenungleichheit gegenüber Schule und Kultur. In: Ullrich Bauer,

Uwe H. Bittlingmayer und Albert Scherr (Hg.): Handbuch Bildungs- und Erziehungssoziologie. Wiesbaden: VS Verlag für Sozialwissenschaften, S. 1–25.

Bourdieu, Pierre; Passeron, Jean-Claude (1971): Die Illusion der Chancengleichheit. Untersuchungen zur Soziologie des Bildungswesens am Beispiel Frankreichs. Stuttgart: Klett.

BpB (2021): Arbeitslosenquoten nach Bildung und Alter. Bundeszentrale für politische Bildung. Online verfügbar unter: https://www.bpb.de/kurz-knapp/zahlen-und-fakten/soziale-situation-in-deutschland/61724/arbeitslosenquoten-nach-bildung-und-alter/, zuletzt geprüft am 25.10.2022.

Brady, David; Burton, Linda M.; Sharkey, Patrick et al. (Hg.) (2017): The Oxford Handbook of the Social Science of Poverty. Oxford: Oxford University Press.

Bremer, Helmut; Lange-Vester, Andrea (2014): Zur Entwicklung des Konzeptes sozialer Milieus und Mentalitäten. In: Helmut Bremer und Andrea Lange-Vester (Hg.): Soziale Milieus und Wandel der Sozialstruktur. Die gesellschaftlichen Herausforderungen und die Strategien der sozialen Gruppen. Wiesbaden: VS Verlag für Sozialwissenschaften, S. 13–41.

Bublitz, Hannelore (2022): Die verborgenen Codes der Erben. Über die soziale Magie und das Spiel der Eliten. Bielefeld: transcript.

Bude, Heinz; Staab, Philipp (Hg.) (2016): Kapitalismus und Ungleichheit. Die neuen Verwerfungen. Frankfurt a. M./New York: Campus.

Bunch, Charlotte; Myron, Nancy (Hg.) (1974): Class and Feminism. A collection of essays from The Furies. Baltimore, MD: Diana Press. Online verfügbar unter: https://archives.lib.umd.edu/repositories/2/archival_objects/285957, zuletzt geprüft am 15.12.2022.

Bundesministerium für Arbeit und Soziales (Hg.) (2021): Lebenslagen in Deutschland. Der Sechste Armuts- und Reichtumsbericht der Bundesregierung. Bonn. Online verfügbar unter: https://www.armuts-und-reichtumsbericht.de/SharedDocs/Downloads/Berichte/sechster-armuts-reichtumsbericht.pdf?__blob=publicationFile&v=6, zuletzt geprüft am 24.10.2022.

Bundeszentrale für politische Bildung (2021): Sozialmietwohnungen. Online verfügbar unter: https://www.bpb.de/kurz-knapp/zahlen-und-fakten/soziale-situation-in-deutschland/341826/sozialmiet wohnungen/, zuletzt aktualisiert am 12.10.2021, zuletzt geprüft am 17.11.2022.

Burzan, Nicole (2011): Soziale Ungleichheit. Eine Einführung in die zentralen Theorien. Wiesbaden: VS Verlag für Sozialwissenschaften.

Burzan, Nicole (2014): Lebensstil. In: Günter Endruweit, Gisela Trommsdorff und Nicole Burzan (Hg.): Wörterbuch der Soziologie. Konstanz: utb, S. 268–269.

Butterwegge, Christoph (2010): Neoliberale Modernisierung, Sozialstaatsentwicklung und Soziale Arbeit. In: Brigitta Michel-Schwartze (Hg.): »Modernisierungen« methodischen Handelns in der Sozialen Arbeit. Wiesbaden: VS Verlag für Sozialwissenschaften, S. 49–88.

Butterwegge, Christoph (2020): Bildungsaufstieg – Realität, Utopie und/oder Ideologie? In: Julia Reuter, Markus Gamper, Christina Möller et al. (Hg.): Vom Arbeiterkind zur Professur. Sozialer Aufstieg in der Wissenschaft. Autobiographische Notizen und soziobiographische Analysen. Bielefeld: transcript, S. 89–101.

Butterwegge, Christoph; Lösch, Bettina; Ptak, Ralf (2017): Neoliberalismus im Krisenmodus. In: Christoph Butterwegge, Bettina Lösch und Ralf Ptak (Hg.): Kritik des Neoliberalismus. Wiesbaden: VS Verlag für Sozialwissenschaften, S. 259–290.

Carnes, Nicholas (2013): White-collar Government. The Hidden Role of Class in Economic Policy Making. Chicago: The University of Chicago Press.

Castel, Robert (2007): Die Stärkung des Sozialen. Leben im neuen Wohlfahrtsstaat. Hamburg: Hamburger Edition.

Castel, Robert; Dörre, Klaus (Hg.) (2009): Prekarität, Abstieg, Ausgrenzung. Die soziale Frage am Beginn des 21. Jahrhunderts. Frankfurt a. M./New York: Campus.

Castro, Varela; Mar, María do (2022): Diskriminierung. In: Gudrun Ehlert, Heide Funk und Gerd Stecklina (Hg.): Grundbegriffe Soziale Arbeit und Geschlecht. Weinheim/Basel: Beltz Juventa, S. 123–126.

Chambliss, William J. (1973): The Saints and the Roughnecks. In: *Society* 1 (11), S. 24–31.

Chancel, Lucas; Piketty, Thomas; Saez, Emmanuel et al. (2022): World Inequality Report 2022. Online verfügbar unter: https://wir2022.wid.world/, zuletzt geprüft am 03.08.2022.

Chassé, Karl August (2017): Diskriminierung von Armen und sozial Ausgegrenzten. In: Albert Scherr, Aladin El-Mafaalani und Gökçen Yüksel (Hg.): Handbuch Diskriminierung. Wiesbaden: VS Verlag für Sozialwissenschaften, S. 479–497.

Christensen, Martin-Brehm; Hallum, Christian; Maitland, Alex et al. (2023): Survival of the Richest. How We Must Tax the Super-Rich Now to Fight Inequality. Oxfam, GB. Online verfügbar unter: https://oxfamilibrary.openrepository.com/bitstream/handle/10546/621477/bp-survival-of-the-richest-160123-en.pdf, zuletzt geprüft am 01.02.2023.

Colbow, Alexander J.; Cannella, Erin; Vispoel, Walter et al. (2016): Development of the Classism Attitudinal Profile (CAP). In: *Journal of counseling psychology* 63 (5), S. 571–585. DOI: 10.1037/cou0000169.

Corneo, Giacomo (2021): Erbschaftsteuer: Chancengerechtigkeit erhöhen. In: *Wirtschaftsdienst* 101 (6), S. 410. DOI: 10.1007/s10273-021-2930-5.

Crenshaw, Kimberlé (1989): Demarginalizing the Intersection of Race and Sex: A Black Feminist Critique of Antidiscrimination Doctrine, Feminist Theory and Antiracist Politics. In: *University of Chicago Legal Forum* (1), S. 139–167. Online verfügbar unter: https://chicagounbound.uchicago.edu/cgi/viewcontent.cgi?article=1052&context=uclf, zuletzt geprüft am 01.12.2022.

Creydt, Meinhard (2021): Grundlegende Probleme von »Klassismus«-Konzepten. In: *Das Argument* (337), S. 248–256. Online verfügbar unter: www.meinhard-creydt.de/archives/1431, zuletzt geprüft am 31.10.2022.

Cullen, Francis T.; Chouhy, Cecilia; Jonson, Cheryl Lero (2020): »The Saints and the Roughnecks« Revisited. Does Labeling Kids Create Criminals? In: Cecilia Chouhy, Joshua C. Cochran und Cheryl Lero

Jonson (Hg.): Criminal Justice Theory. Explanation and Effects. London/New York: Routledge, S. 253–280.

Czollek, Leah Carola; Perko, Gudrun; Kaszner, Corinne et al. (2019): Praxishandbuch Social Justice und Diversity. Theorien, Training, Methoden, Übungen. Weinheim/Basel: Beltz Juventa.

Dahrendorf, Ralf (1957): Soziale Klassen und Klassenkonflikt in der industriellen Gesellschaft. Universität d. Saarlandes, Phil. F., Habil.-Schr. v. 13.7.1957. Stuttgart: Enke.

Dahrendorf, Ralf (1964): Amba und Amerikaner. Bemerkungen zur These der Universalität von Herrschaft. In: *Arch. Europ. Sociol.* 5 (1), S. 83–98. DOI: 10.1017/S0003975600000904.

Dahrendorf, Ralf (1965): Gesellschaft und Demokratie in Deutschland. München: Piper.

Dahrendorf, Ralf (1967): Pfade aus Utopia. Arbeiten zur Theorie und Methode der Soziologie. München: Piper.

Dahrendorf, Ralf (1972): Konflikt und Freiheit. Auf dem Weg zur Dienstklassengesellschaft. München: Piper.

Davis, Kingsley; Moore, Wilbert E. (1945): Some Principles of Stratification. In: *American Sociological Review* 10 (2), S. 242–249. DOI: 10.2307/2085643.

Davis, Kingsley; Moore, Wilbert E. (2009): Einige Prinzipien der sozialen Schichtung. In: Heike Solga, Justin Powell und Peter A. Berger (Hg.): Soziale Ungleichheit. Klassische Texte zur Sozialstrukturanalyse. Frankfurt a. M./New York: Campus.

Deutscher Gewerkschaftsbund; Hans-Böckler-Stiftung (Hg.) (2018): Atlas der Arbeit. Daten und Fakten über Jobs, Einkommen und Beschäftigung. Online verfügbar unter: https://www.boeckler.de/de/faust-detail.htm?sync_id=HBS-006877, zuletzt geprüft am 21.12.2021.

Diebäcker, Marc (2020): Städtewachstum und Gentrifizierung: Die Verräumlichung sozialer Ungleichheit und die Transformation öffentlicher Räume. In: Marc Diebäcker und Gabriele Wild (Hg.): Streetwork und Aufsuchende Soziale Arbeit im öffentlichen Raum. Wiesbaden: VS Verlag für Sozialwissenschaften, S. 23–38.

Diniz, Eva; Castro, Paula; Bousfield, Andréa et al. (2019): Classism and Dehumanization in Chronic Pain. A Qualitative Study of Nurses'

Inferences About Women of Different Socio-Economic Status. In: *British Journal of Health Psychology* 25 (1), S. 152–170. DOI: 10.1111/bjhp.12399.

Dörre, Klaus (2006): Eine »neue Unterschicht«? Zur Realität von Ausgrenzung, Prekarität und Unsicherheit. In: Björn Böhning, Klaus Dörre und Andrea Nahles (Hg.): Unterschichten? Prekariat? Klassen? Moderne Politik gegen soziale Ausgrenzung. Dortmund: SPW-Verl., S. 53–70.

Dörre, Klaus (2009): Prekarität im Finanzmarkt-Kapitalismus. In: Robert Castel und Klaus Dörre (Hg.): Prekarität, Abstieg, Ausgrenzung. Die soziale Frage am Beginn des 21. Jahrhunderts. Frankfurt a. M./New York: Campus, S. 35–64.

Dörre, Klaus (2014): Stigma Hartz IV. Für- und Selbstsorge an der Schwelle gesellschaftlicher Respektabilität. In: Brigitte Aulenbacher und Maria Dammayr (Hg.): Für sich und andere sorgen. Krise und Zukunft von Care in der modernen Gesellschaft. Weinheim/Basel: Beltz Juventa, S. 40–52.

Dörre, Klaus (2015): Unterklassen. Plädoyer für die analytische Verwendung eines zwiespältigen Begriffs. In: Bundeszentrale für politische Bildung (Hg.): Oben – Mitte – Unten. Zur Vermessung der Gesellschaft. Bonn: bpb, S. 218–231.

Dragano, Nico (2022): Forschung zur gesundheitlichen Ungleichheit. Eine Übersicht. In: Johannes Siegrist, Ulrich Stößel und Alf Trojan (Hg.): Medizinische Soziologie in Deutschland. Entstehung und Entwicklungen. Wiesbaden: VS Verlag für Sozialwissenschaften, S. 117–132.

Dullien, Sebastian; Tober, Silke (2022): IMK Inflationsmonitor. Preisschocks bei Energie und Nahrungsmitteln dominieren auch im April 2022. In: *IMK Policy Brief* 5 (123), S. 1–13. Online verfügbar unter: https://www.econstor.eu/bitstream/10419/264320/1/1802593802.pdf, zuletzt geprüft am 28.12.2022.

Dunaway, Gregory G.; Cullen, Francis T.; Burton Velmer S. et al. (2000): The Myth of Social Class and Crime Revisited. An Examination of Class and Adult Criminality. In: *Criminology* 38 (2), S. 589–632. DOI: 10.1111/j.1745-9125.2000.tb00900.x.

Dux, Günter (2019): Warum denn Gerechtigkeit – Die Logik des Kapitals. Die Politik im Widerstreit mit der Ökonomie. Wiesbaden: VS Verlag für Sozialwissenschaften.

Ebert, Thomas (2015): Soziale Gerechtigkeit. Ideen, Geschichte, Kontroversen. Bonn: bpb.

Edinger, Karl-Ernst (1992): Sozialstruktur, soziale Ungleichheit, soziale Schichtung. Paderborn: Schöningh.

Eilers, Dirk (2018): »blue scholars«* – Interdependente Klassismusanalyse als kollektive Forschung. In: Hanna Mai, Thorsten Merl und Maryam Mohseni (Hg.): Pädagogik in Differenz- und Ungleichheitsverhältnissen. Aktuelle erziehungswissenschaftliche Perspektiven zur pädagogischen Praxis. Wiesbaden: VS Verlag für Sozialwissenschaften, S. 91–104.

Elsässer, Lea; Hense, Svenja; Schäfer, Armin (2016): Systematisch verzerrte Entscheidungen? Die Responsivität der deutschen Politik von 1998 bis 2015. Hg. v. Bundesministerium für Arbeit und Soziales. Online verfügbar unter: https://www.armuts-und-reichtumsbericht.de/SharedDocs/Downloads/Service/Studien/endbericht-systematisch-verzerrte-entscheidungen.pdf;jsessionid=3FA0D1E9BE10C11ED9F8ADF6AF15C47C?__blob=publicationFile&v=3, zuletzt aktualisiert am 2016, zuletzt geprüft am 06.01.2023.

Endruweit, Günter; Burzan, Nicole (2014): Schicht, soziale. In: Günter Endruweit, Gisela Trommsdorff und Nicole Burzan (Hg.): Wörterbuch der Soziologie. Konstanz: utb, S. 417–420.

Engelhardt, Michael von (2010): Erving Goffman: Stigma. Über Techniken der Bewältigung beschädigter Identität. In: Benjamin Jörissen und Jörg Zirfas (Hg.): Schlüsselwerke der Identitätsforschung. Wiesbaden: VS Verlag für Sozialwissenschaften, S. 123–140.

Esping-Andersen, Gøsta (1990): The Three Worlds of Welfare Capitalism. Repr. Princeton, NJ: Princeton University Press (Princeton Paperbacks).

Fend, Helmut (2009): Neue Theorie der Schule. Wiesbaden: VS Verlag für Sozialwissenschaften.

Fenstermaker, Sarah; West, Candace (Hg.) (2002): Doing Gender, doing Difference. Inequality, Power, and Institutional Change. London/New York: Routledge. Online verfügbar unter: https://search.ebscohost.com/login.aspx?direct=true&scope=site&db=nlebk&db=nlabk&AN=582059.

Ferguson, Thomas; Jorgensen, Paul; Chen, Jie (2022): How Money Drives US Congressional Elections. Linear Models of Money and Outcomes. In: *Structural Change and Economic Dynamics* 61, 527–545. DOI: 10.1016/j.strueco.2019.09.005.

Fisch, Andreas (2018): Steuerpolitik und soziale Ungleichheit. In: *Amosinternational. Gesellschaft gerecht gestalten. Internationale Zeitschrift für christliche Sozialethik* 12 (4), S. 22–29. Online verfügbar unter: https://www.amosinternational.de/user/pages/02.magazine/issue-2018-4/Amosinternational%202018-4.pdf?g-cf07261c, zuletzt geprüft am 24.01.2023.

Foucault, Michel (1976): Mikrophysik der Macht. Über Strafjustiz, Psychiatrie und Medizin. Berlin: Merve.

Fuchs-Heinritz, Werner; König, Alexandra (2014): Pierre Bourdieu. Eine Einführung. Konstanz/München: utb.

Fuller-Rowell, Thomas E.; Evans, Gary W.; Ong, Anthony D. (2012): Poverty and Health. The Mediating Role of Perceived Discrimination. In: *Psychological Science* 23 (7), S. 734–739. DOI: 10.1177/0956797612439720.

Gäbler, Bernd (2020): Armutszeugnis. Wie das Fernsehen die Unterschichten vorführt. Frankfurt a. M.: Otto Brenner Stiftung. Online verfügbar unter: https://www.otto-brenner-stiftung.de/wissenschaftsportal/informationsseiten-zu-studien/studien-2020/armutszeugnis-wie-das-fernsehen-die-unterschichten-vorfuehrt/, zuletzt geprüft am 09.11.2022.

Gamper, Markus (2017): Macht aus der Perspektive einer relationalen Kultursoziologie. Eine induktive Theoretisierung am Beispiel der Medici. In: Heiko Löwenstein und Mustafa Emirbayer (Hg.): Netzwerke, Kultur und Agency. Problemlösungen in relationaler Methodologie und Sozialtheorie. Weinheim/Basel: Beltz Juventa, S. 117–134.

Garbade, Svenja; Kerle, Anja (2021): Klassismusreflexivität als Forschungsperspektive. Forschungsprogramm für die Kindheitspädagogik? In: *FORUM Wissenschaft* 4, o. S. Online verfügbar unter:

https://www.bdwi.de/forum/archiv/archiv/11046451.html, zuletzt geprüft am 01.11.2022.

Geiger, Theodor (1932): Die soziale Schichtung des deutschen Volkes. Soziographischer Versuch auf statistischer Grundlage. Stuttgart: Enke (Soziologische Gegenwartsfragen, 1).

Geiger, Theodor (1962): Arbeiten zur Soziologie. Methoden – Moderne Großgesellschaft – Rechtssoziologie und Ideologiekritik. Neuwied am Rhein/Berlin: Hermann Luchterhand Verlag.

Geißler, Rainer (2014a): Die Sozialstruktur Deutschlands. Zur gesellschaftlichen Entwicklung mit einer Bilanz zur Vereinigung. Wiesbaden: VS Verlag für Sozialwissenschaften.

Geißler, Rainer (2014b): Facetten der modernen Sozialstruktur. Hg. v. Bundeszentral für politische Bildung. Online verfügbar unter: https://m.bpb.de/izpb/198045/facetten-der-modernen-sozialstruktur, zuletzt aktualisiert am 10.10.2022, zuletzt geprüft am 16.09.2021.

Geißler, Rainer (2014c): Sozialer Wandel in Deutschland. Bonn: Bundeszentrale für Politische Bildung.

Gerrig, Richard J.; Dörfler, Tobias; Roos, Jeanette (Hg.) (2018): Psychologie. Hallbergmoos: Pearson.

Gerull, Susanne (2021): Obdachlosenfeindlichkeit. Von gesellschaftlicher Stigmatisierung bis zu Hasskriminalität. In: Helga Amesberger, Judith Goetz, Brigitte Halbmayr et al. (Hg.): Kontinuitäten der Stigmatisierung von ›Asozialität‹. Wiesbaden: VS Verlag für Sozialwissenschaften, S. 135–148.

Goffman, Erving (1973): Wir alle spielen Theater. Die Selbstdarstellung im Alltag. München: Piper.

Goffman, Erving (2003): Stigma. Über Techniken der Bewältigung beschädigter Identität. Frankfurt a. M.: Suhrkamp. Online verfügbar unter: http://irwish.de/PDF/_Soziologie/Goffman_Erving/Goffman_Erving-Stigma-Ueber_Techniken_der_Bewaeltigung_beschaedigter_Identitaet.pdf, zuletzt geprüft am 03.01.2023.

Gomolla, Mechthild (2010): Institutionelle Diskriminierung. Neue Zugänge zu einem alten Problem. In: Ulrike Hormel und Albert Scherr (Hg.): Diskriminierung. Grundlagen und Forschungsergebnisse. Wiesbaden: VS Verlag für Sozialwissenschaften, S. 61–94.

Gomolla, Mechthild (2017): Direkte und indirekte, institutionelle und strukturelle Diskriminierung. In: Albert Scherr, Aladin El-Mafaalani und Emine Gökcen Yüksel (Hg.): Handbuch Diskriminierung. Wiesbaden: VS Verlag für Sozialwissenschaften, 133–155.

Greenleaf, Arie T.; Ratts, Manivong J.; Song, Samuel Y. (2016): Rediscovering Classism. In: *Journal of Humanistic Psychology* 56 (6), S. 646–664. DOI: 10.1177/0022167816652525.

Groh-Samberg, Olaf; Büchler, Theresa; Gerlitz, Jean-Yves (2020): Soziale Lagen in multidimensionaler Längsschnittbetrachtung. Bonn: Bundesministeriums für Arbeit und Soziales. Online verfügbar unter: https://www.socium.uni-bremen.de/lib/download.php?file=ef2403b1fb.pdf&filename=Soziale%20Lagen%20Endbericht%20BMAS.pdf, zuletzt geprüft am 29.12.2022.

Groh-Samberg, Olaf; Hertel, Florian R. (2015): Ende der Aufstiegsgesellschaft? In: Bundeszentrale für politische Bildung (Hg.): Oben – Mitte – Unten. Zur Vermessung der Gesellschaft. Bonn: bpb, S. 256–267.

Groh-Samberg, Olaf; Hurch, Nepomuk; Waitkus, Nora (2018): Statuskonkurrenzen und soziale Spaltungen. Zur Dynamik sozialer Ungleichheiten. In: *WSI* 71 (5), S. 347–357. DOI: 10.5771/0342-300X-2018-5-347.

Groß, Martin (2015): Klassen, Schichten, Mobilität. Eine Einführung. Wiesbaden: VS Verlag für Sozialwissenschaften.

Gurr, Thomas; Jungbauer-Gans, Monika (2017): Eine Untersuchung zu Erfahrungen Betroffener mit dem Stigma Arbeitslosigkeit. In: *SozProb* 28 (1), S. 25–50. DOI: 10.1007/s41059-017-0028-5.

Hadjar, Andreas (2008): Meritokratie als Legitimationsprinzip. Wiesbaden: VS Verlag für Sozialwissenschaften.

Hall, Stuart (1977): Culture, the Media and the ›Ideological Effect‹. In: James Curran, Michael Gurevitch und Janet Woollacott (Hg.): Mass communication and society. London: Open University Press, S. 315–348.

Hall, Stuart (2019): Rassismus und kulturelle Identität. Hamburg: Argument Verlag.

Haraway, Donna Jeanne (1995): Situiertes Wissen. Die Wissenschaftsfrage im Feminismus und das Privileg einer partialen Perspektive. In: Donna Jeanne Haraway, Carmen Hammer und Immanuel

Stiess (Hg.): Die Neuerfindung der Natur. Primaten, Cyborgs und Frauen. Frankfurt a. M./New York: Campus, S. 73–97.

Harrendorf, Stefan (2018): Überlegungen zur materiellen Entkriminalisierung absoluter Bagatellen am Beispiel der Beförderungserschleichung und des Ladendiebstahls. In: *NK* 30 (3), S. 250–267. DOI: 10.5771/0934-9200-2018-3-250.

Hartmann, Michael (2018): Die Abgehobenen. Wie die Eliten die Demokratie gefährden. Frankfurt a. M./New York: Campus.

Häußermann, Hartmut; Siebel, Walter (2000): Wohnverhältnisse und Ungleichheit. In: Annette Harth, Gitta Scheller und Wulf Tessin (Hg.): Stadt und soziale Ungleichheit. Wiesbaden: VS Verlag für Sozialwissenschaften, S. 120–140.

Hayek, Friedrich A. von (1981): Recht, Gesetzgebung und Freiheit II. Die Illusion der sozialen Gerechtigkeit. Landsberg am Lech: Verlag Moderne Industrie.

Heid, Helmut (1988): Zur Paradoxie der bildungspolitischen Forderung nach Chancengleichheit. In: *Zeitschrift für Pädagogik* 34 (1), S. 1–17. DOI: 10.25656/01:14467.

Heintz, Bettina (2016): »Wir leben im Zeitalter der Vergleichung.« Perspektiven einer Soziologie des Vergleichs. In: *Zeitschrift für Soziologie* 45 (5), S. 305–323. DOI: 10.1515/zfsoz-2015-1018.

Helbrecht, Ilse (2016): Gentrification und Verdrängung. In: Ilse Helbrecht (Hg.): Gentrifizierung in Berlin. Bielefeld: transcript, S. 9–16.

Herz, Thomas (1983): Klassen, Schichten, Mobilität. Wiesbaden: VS Verlag für Sozialwissenschaften.

Hezel, Lena (2021): Ist Armut Diskriminierung? Ein Diskussionsbeitrag für die Soziale Arbeit. In: Gero Bauer, Maria Kechaja, Sebastian Engelmann et al. (Hg.): Diskriminierung und Antidiskriminierung. Beiträge aus Wissenschaft und Praxis. Bielefeld: transcript (Gesellschaft der Unterschiede, 60), S. 257–273.

Hezel, Lena; Güßmann, Steffen (2021): Klassismus. Eine materialistische Betrachtung. In: *FORUM Wissenschaft* 4. Online verfügbar unter: https://www.bdwi.de/forum/archiv/themen/wiss/11046459.html, zuletzt geprüft am 01.11.2022.

Hillmert, Steffen (2019): Meritokratie als Mythos, Maßstab und Motor gesellschaftlicher Ungleichheit. Tübingen. Online verfügbar unter: https://www.ssoar.info/ssoar/handle/document/65845, zuletzt geprüft am 10.01.2023.

Hinz, Thomas; Auspurg, Katrin (2017): Diskriminierung auf dem Wohnungsmarkt. In: Albert Scherr, Aladin El-Mafaalani und Gökçen Yüksel (Hg.): Handbuch Diskriminierung. Wiesbaden: VS Verlag für Sozialwissenschaften, S. 387–406.

Holm, Andrej; Regnault, Valentin; Sprengholz, Maximilian et al. (2021a): Die Verfestigung sozialer Wohnversorgungsprobleme. Entwicklung der Wohnverhältnisse und der sozialen Wohnversorgung von 2006 bis 2018 in 77 deutschen Großstädten. Hans-Böckler-Stiftung (217). Online verfügbar unter: https://www.boeckler.de/de/faust-detail.htm?sync_id=HBS-008039, zuletzt geprüft am 06.01.2023.

Holm, Andrej; Regnault, Valentin; Sprengholz, Maximilian et al. (2021b): Muster sozialer Ungleichheit der Wohnversorgung in deutschen Großstädten. Hans-Böckler-Stiftung. Online verfügbar unter: https://www.boeckler.de/de/faust-detail.htm?sync_id=HBS-008072, zuletzt geprüft am 06.01.2023.

hooks, bell (2000): Where we stand. Class matters. London/New York: Routledge.

hooks, bell (2021): Die Bedeutung von Klasse. Warum die Verhältnisse nicht auf Rassismus und Sexismus zu reduzieren sind. Münster: Unrast.

Hradil, Stefan (1987): Sozialstrukturanalyse in einer fortgeschrittenen Gesellschaft. Von Klassen und Schichten zu Lagen und Milieus. Wiesbaden: VS Verlag für Sozialwissenschaften.

Hradil, Stefan (2006): Soziale Milieus – eine praxisorientierte Forschungsperspektive. In: *APuZ* (44-45), S. 3–10. Online verfügbar unter: https://www.bpb.de/medien/29449/NBSZ1X.pdf, zuletzt geprüft am 24.08.2022.

Hradil, Stefan (2015): Die wachsende soziale Ungleichheit in der Diskussion. Eine Einführung. In: Bundeszentrale für politische Bildung (Hg.): Oben – Mitte – Unten. Zur Vermessung der Gesellschaft. Bonn: bpb, S. 10–29.

Hradil, Stefan; Schiener, Jürgen (2005): Soziale Ungleichheit in Deutschland. Lehrbuch. 8. Auflage, Nachdruck. Wiesbaden: VS Verlag für Sozialwissenschaften.

Hübner, Dietmar (2013): Bildung und Gerechtigkeit. Philosophische Zugänge. In: Fabian Dietrich, Martin Heinrich und Nina Thieme (Hg.): Bildungsgerechtigkeit jenseits von Chancengleichheit. Wiesbaden: VS Verlag für Sozialwissenschaften, S. 35–55.

Hußmann, Anke; Stubbe, Tobias C.; Kasper, Daniel (2017): Soziale Herkunft und Lesekompetenzen von Schülerinnen und Schülern. In: Anke Hußmann, Heike Wendt, Wilfried Bos, Albert Bremerich-Vos et al. (Hg.): IGLU 2016. Lesekompetenzen von Grundschulkindern in Deutschland im internationalen Vergleich. Münster/New York: Waxmann, S. 219–228.

Imbusch, Peter (2013): Macht und Herrschaft in der wissenschaftlichen Kontroverse. In: Peter Imbusch (Hg.): Macht und Herrschaft. Wiesbaden: VS Verlag für Sozialwissenschaften, S. 9–35.

Itschert, Adrian (2014): Jenseits des Leistungsprinzips. Soziale Ungleichheit in der funktional differenzierten Gesellschaft. Bielefeld: transcript.

Jacubowski-Torres, Nadja; Ahrens, Lena (2015): Intersektionalität als Perspektive für die Soziale Arbeit. In: *Soziale Arbeit – Zeitschrift für soziale und sozial verwandte Gebiete* 64 (5), S. 185–193.

Jonas, Kai J. (2014a): Diskriminierung. In: Günter Endruweit, Gisela Trommsdorff und Nicole Burzan (Hg.): Wörterbuch der Soziologie. Konstanz: utb, S. 80–81.

Jonas, Kai J. (2014b): Vorurteile. In: Günter Endruweit, Gisela Trommsdorff und Nicole Burzan (Hg.): Wörterbuch der Soziologie. Konstanz: utb, S. 600–601.

Jost, John T.; Blount, Sally; Pfeffer, Jeffrey; Hunyady, György (2003): Fair Market Ideology. Its Cognitive-Motivational Underpinnings. In: *Research in Organizational Behavior* 25, S. 53–91. DOI: 10.1016/s0191-3085(03)25002-4.

Jost, John T.; Hunyady, Orsolya (2005): Antecedents and Consequences of System-Justifying Ideologies. In: *Curr Dir Psychol Sci* 14 (5), S. 260–265. DOI: 10.1111/j.0963-7214.2005.00377.x.

Kalthoff, Herbert (2006): Doing/Undoing Class in exklusiven Internatsschulen. Ein Beitrag zur empirischen Bildungssoziologie. In: Werner Georg (Hg.): Soziale Ungleichheit im Bildungssystem. Eine empirisch-theoretische Bestandsaufnahme. Konstanz: utb, S. 93–122.

Kemper, Andreas (2008): Opfer der Marktgesellschaft. Obdachlosenfeindlichkeit als klassistische Formation. In: *Arranca* 38. Online verfügbar unter: https://archive.arranca.org/ausgabe/38/opfer-der-marktgesellschaft, zuletzt geprüft am 03.11.2022.

Kemper, Andreas (2011): Klassismus von deutschen Politikern. Online verfügbar unter: https://andreaskemper.org/2011/12/07/klassismus-von-deutschen-politikern/, zuletzt aktualisiert am 07.12.2011, zuletzt geprüft am 24.10.2022.

Kemper, Andreas (2015): »Klassismus!« heißt Angriff. Warum wir von Klassismus sprechen sollten – und warum dies bisher nicht geschah. In: *Kurswechsel. Zeitschrift für gesellschafts-, wirtschafts-, und umweltpolitische Aktivitäten* (4), S. 25–31.

Kemper, Andreas (2016): Klassismus – Eine Bestandsaufnahme. Online verfügbar unter: http://library.fes.de/pdf-files/bueros/erfurt/12716.pdf, zuletzt geprüft am 12.12.2019.

Kemper, Andreas; Weinbach, Heike (2021): Klassismus. Eine Einführung. Münster: Unrast.

Kent, A. H. (2018): I like You, but You're Dumb and Dirty. A Correlational Examination and Experimental Validation of Downward Classism Theory. Saint Louis University. Online verfügbar unter: https://www.proquest.com/docview/2070597169?pq-origsite=gscholar&fromopenview=true, zuletzt geprüft am 07.04.2022.

Kessl, Fabian (2012): Die Rede von der »neuen Unterschicht«. In: Michael Haller und Martin Niggeschmidt (Hg.): Der Mythos vom Niedergang der Intelligenz. Wiesbaden: VS Verlag für Sozialwissenschaften, S. 185–192.

Kidd, Sean A. (2007): Youth Homelessness and Social Stigma. In: *J Youth Adolescence* 36 (3), S. 291–299. DOI: 10.1007/s10964-006-9100-3.

Klaus, Elisabeth; Röser, Jutta (2008): »Unterschichtenfernsehen«. Beobachtungen zum Zusammenhang von Medienklassifikationen und sozialer Ungleichheit. In: Ulla Wischermann und Tanja Thomas (Hg.): Medien – Diversität – Ungleichheit. Wiesbaden: VS Verlag für Sozialwissenschaften, S. 263–279.

Knabe, André (2022): Soziale Armut. Wahrnehmung und Bewältigung von Armut in sozialen Netzwerken. Wiesbaden: VS Verlag für Sozialwissenschaften.

Knop, Karin (2016): Thesen zur telemedialen Repräsentation von Arbeit. In: Jeffrey Wimmer und Maren Hartmann (Hg.): Medien-Arbeit im Wandel. Wiesbaden: VS Verlag für Sozialwissenschaften, S. 163–176.

Koller, Peter (1995): Soziale Gleichheit und Gerechtigkeit. In: Hans-Peter Müller und Bernd Wegener (Hg.): Soziale Ungleichheit und soziale Gerechtigkeit. Opladen: Leske und Budrich, S. 53–79.

Koller, Peter (2016): Soziale Gerechtigkeit. In: Anna Goppel, Corinna Mieth und Christian Neuhäuser (Hg.): Handbuch Gerechtigkeit. Stuttgart: J. B. Metzler, S. 118–124.

Kolsch, Jana (2020): Sozioökonomische Ungleichheit im Strafverfahren. Berlin/Münster: Lit.

König, Alexandra; Berli, Oliver (2013): Das Paradox der Doxa – Macht und Herrschaft als Leitmotiv der Soziologie Pierre Bourdieus. In: Peter Imbusch (Hg.): Macht und Herrschaft. Wiesbaden: VS Verlag für Sozialwissenschaften, S. 303–333.

Kováts, Eszter; Land, Thomas (2021): Klassismus – Wie die Analyse der Ausbeutung durch Anerkennung der Diskriminierten ersetzt wird. Online verfügbar unter: https://www.rote-ruhr-uni.com/cms/IMG/pdf/klassismus.pdf, zuletzt geprüft am 31.10.2022.

Krause, Detlef (2020a): Ungleichheit, allokative. In: Daniela Klimke, Rüdiger Lautmann, Urs Stäheli et al. (Hg.): Lexikon zur Soziologie. Wiesbaden: VS Verlag für Sozialwissenschaften, S. 811–812.

Krause, Detlef (2020b): Ungleichheit, positionale. In: Daniela Klimke, Rüdiger Lautmann, Urs Stäheli et al. (Hg.): Lexikon zur Soziologie. Wiesbaden: VS Verlag für Sozialwissenschaften, S. 812.

Krause, Detlef (2020c): Ungleichheit, soziale. In: Daniela Klimke, Rüdiger Lautmann, Urs Stäheli et al. (Hg.): Lexikon zur Soziologie. Wiesbaden: VS Verlag für Sozialwissenschaften, S. 812.

Kreckel, Reinhard (2004): Politische Soziologie der sozialen Ungleichheit. Frankfurt a. M./New York: Campus.

Kupfer, Annett (2019): Geschlecht plus X. Eine intersektionale Perspektive auf professionelle Kompetenzen in Beratung. In: *Verhaltenstherapie & psychosoziale Praxis* 51 (4), S. 789–801.

Lampert, Thomas (2019): Gesundheitliche Ungleichheit im Lebensverlauf. In: Johannes Siegrist und Ursula M. Staudinger (Hg.): Gesundheitliche Ungleichheit im Lebensverlauf. Neue Forschungsergebnisse und ihre Bedeutung für die Prävention. Leopoldina-Forum Nr. 2. Halle (Saale): Nationale Akademie der Wissenschaften Leopoldina, S. 24–31.

Lampert, Thomas; Richter, Matthias; Schneider, Sven et al. (2016): Soziale Ungleichheit und Gesundheit. Stand und Perspektiven der sozialepidemiologischen Forschung in Deutschland. In: *Bundesgesundheitsblatt, Gesundheitsforschung, Gesundheitsschutz* 59 (2), S. 153–165. DOI: 10.1007/s00103-015-2275-6.

Lange-Vester, Andrea; Vester, Michael (2018): Lehrpersonen, Habitus und soziale Ungleichheit in schulischen Bildungsprozessen. In: Karl-Heinz Braun, Frauke Stübig und Heinz Stübig (Hg.): Erziehungswissenschaftliche Reflexion und pädagogisch-politisches Engagement. Wiesbaden: VS Verlag für Sozialwissenschaften, S. 159–183.

Leach, Colin Wayne (2008): Envy, Inferiority, and Injustice. Three Bases of Anger About Inequality. In: Richard Smith (Hg.): Envy. Oxford: Oxford University Press, S. 94–116.

Lehmann, Pola; Regel, Sven; Schlote, Sara (2015): Ungleichheit in der politischen Repräsentation. Ist die Unterschicht schlechter repräsentiert? In: Wolfgang Merkel (Hg.): Demokratie und Krise. Zum schwierigen Verhältnis von Theorie und Empirie. Wiesbaden: VS Verlag für Sozialwissenschaften, S. 157–180.

Lerner, Melvin J. (1980): The Belief in a Just World. In: Melvin J. Lerner (Hg.): The Belief in a Just World. Boston, MA: Springer, S. 9–30.

Littler, Jo (2017): Against Meritocracy. London/New York: Routledge.

Liu, William Ming (2011): Social Class and Classism in the Helping Professions. Research, Theory, and Practice. Thousand Oaks, Calif./London: SAGE.

Liu, William Ming (Hg.) (2013): The Oxford Handbook of Social Class in Counseling. Oxford: Oxford University Press USA. Online verfügbar unter: http://site.ebrary.com/lib/ulbhalle/docDetail.action?docID=11304788.

Liu, William Ming; Soleck, Geoffrey; Hopps, Joshua et al. (2004): A New Framework to Understand Social Class in Counseling. The Social Class Worldview Model and Modern Classism Theory. In: *Journal of Multicultural Counseling and Development* 32 (2), S. 95–122. DOI: 10.1002/j.2161-1912.2004.tb00364.x.

Looks, Peggy; Borchers, Peggy; Reinfried, Franziska et al. (2021): Umweltgerechtigkeit. Subjektive Hitzebelastung als Folge des Klimawandels in konträren Stadtquartieren. In: *Das Gesundheitswesen* 83 (4), S. 303–308. DOI: 10.1055/a-1138-0355.

Lotties, Sarah (2019): Statistikbericht. Zu Lebenslagen wohnungsloser und von Wohnungslosigkeit bedrohter Menschen in Deutschland – Lebenslagenbericht. Berichtsjahr 2019. Hg. v. Bundesarbeitsgemeinschaft Wohnungslosenhilfe e. V. Online verfügbar unter: http://relaunch.bagw.de/fileadmin/bagw/media/Doc/DOK/BAGW_Statistikbericht_2019.pdf, zuletzt geprüft am 11.08.2022.

Ludwig-Mayerhofer, Wolfgang (2021): Arbeitslosigkeit und soziale Ausschließung. In: Roland Anhorn und Johannes Stehr (Hg.): Handbuch Soziale Ausschließung und Soziale Arbeit. Wiesbaden: VS Verlag für Sozialwissenschaften, S. 465–487.

Lutz, Helma; Vivar Herrera, María Teresa; Supik, Linda (Hg.) (2013): Fokus Intersektionalität. Bewegungen und Verortungen eines vielschichtigen Konzeptes. Wiesbaden: VS Verlag für Sozialwissenschaften.

Lutz, Tilman; Ziegler, Holger (2005): Soziale Arbeit im Post-Wohlfahrtsstaat – Bewahrer oder Totengräber des Rehabilitationsideals? In: *Widersprüche. Zeitschrift für sozialistische Politik im Bildungs-, Gesundheits- und Sozialbereich* 25 (97), S. 123–134. Online verfügbar unter: https://www.ssoar.info/ssoar/handle/document/32520, zuletzt geprüft am 22.11.2021.

Mackenbach, Johan P. (2019): Health Inequalities in Europe – Why so Persistent? In: Johannes Siegrist und Ursula M. Staudinger (Hg.): Gesundheitliche Ungleichheit im Lebensverlauf. Neue Forschungsergebnisse und ihre Bedeutung für die Prävention. Leopoldina-Forum Nr. 2. Halle (Saale): Nationale Akademie der Wissenschaften Leopoldina, S. 36–39.

Malik, Maja (2010): Armut in den Medien. In: *APuZ* (51-52), S. 40–45.

Marten, Eike; Walgenbach, Katharina (2017): Intersektionale Diskriminierung. In: Albert Scherr, Aladin El-Mafaalani und Emine Gökcen Yüksel (Hg.): Handbuch Diskriminierung. Wiesbaden: VS Verlag für Sozialwissenschaften, S. 1–15.

Marx, Karl (1869): Der achtzehnte Brumaire des Louis Bonaparte. Hamburg: Meißner.

Marx, Karl (1923): Die moralisierende Kritik und die moralische Kritik. In: Franz Mehring (Hg.): Aus dem literarischen Nachlass von Karl Marx, Friedrich Engels und Ferdinand Lassalle. Stuttgart: Dietz, S. 443–478.

Marx, Karl; Engels, Friedrich (1848): Manifest der Kommunistischen Partei. London: Bildungs-Gesellschaft für Arbeiter. Online verfügbar unter: https://de.wikisource.org/wiki/Manifest_der_Kom munistischen_Partei_(1848).

Matys, Thomas; Brüsemeister, Thomas (2013): Gesellschaftliche Universalien versus bürgerliche Freiheit des Einzelnen – Macht, Herrschaft und Konflikt bei Ralf Dahrendorf. In: Peter Imbusch (Hg.): Macht und Herrschaft. Wiesbaden: VS Verlag für Sozialwissenschaften, S. 195–216.

Mau, Steffen (2015): Die halbierte Meritokratie. In: Steffen Mau und Nadine M. Schöneck (Hg.): (Un-)Gerechte (Un-)Gleichheiten. Berlin: Suhrkamp, S. 36–45.

Mau, Steffen (2018): Das metrische Wir. Über die Quantifizierung des Sozialen. Berlin: Suhrkamp.

Mau, Steffen; Schöneck, Nadine M. (2015): Einleitung. (Un-)Gerechte (Un-)Gleichheiten. In: Steffen Mau und Nadine M. Schöneck (Hg.): (Un-)Gerechte (Un-)Gleichheiten. Berlin: Suhrkamp, S. 1–15.

McGurrin, Danielle; Jarrell, Melissa; Jahn, Amber et al. (2013): White Collar Crime Representation in the Criminological Literature Revisited, 2001–2010. In: *Western Criminology Review* 14 (3), S. 3–19.

Menz, Wolfgang; Nies, Sarah (2018): Doing Inequality at Work. Zur Herstellung und Bewertung von Ungleichheiten in Arbeit und Betrieb. In: Laura Behrmann, Falk Eckert und Andreas Gefken (Hg.): ›Doing Inequality‹. Prozesse sozialer Ungleichheit im Blick qualitativer Sozialforschung. Wiesbaden: VS Verlag für Sozialwissenschaften, S. 123–147.

Merkel, Wolfgang (2007): Soziale Gerechtigkeit: Theorie und Wirklichkeit. Friedrich-Ebert-Stiftung, Online-Akademie. Online verfügbar unter: https://library.fes.de/pdf-files/akademie/online/06078.pdf, zuletzt geprüft am 04.08.2022.

Meulenbelt, Anja (1988): Scheidelinien. Über Sexismus, Rassismus und Klassismus. Reinbek bei Hamburg: Rowohlt.

Mielck, A.; Heinrich, J. (2002): Soziale Ungleichheit und die Verteilung umweltbezogener Expositionen (Environmental Justice). In: *Das Gesundheitswesen* 64 (7), S. 405–416. DOI: 10.1055/s-2002-32815.

Miller, Bryan Lee (2015): Social Class and Crime. In: Wesley G. Jennings (Hg.): The Encyclopedia of Crime and Punishment. Hoboken, NJ: John Wiley & Sons, Inc, S. 1–5.

Mistry, Rashmita S.; Brown, Christia S.; White, Elizabeth S. et al. (2015): Elementary School Children's Reasoning About Social Class. A Mixed-Methods Study. In: *Child Development* 86 (5), S. 1653–1671. DOI: 10.1111/cdev.12407.

Moor, Irene; Winter, Kristina; Richter, Matthias (2022): Gesundheitliche Ungleichheiten bei Kindern und Jugendlichen. In: Johannes Siegrist, Ulrich Stößel und Alf Trojan (Hg.): Medizinische Soziologie in Deutschland. Entstehung und Entwicklungen. Wiesbaden: VS Verlag für Sozialwissenschaften, S. 133–147.

Müller, Hans-Peter (2009): Lebensstile. Ein neues Paradigma der Differenzierungs- und Ungleichheitsforschung? In: Heike Solga, Justin Powell und Peter A. Berger (Hg.): Soziale Ungleichheit. Klassische Texte zur Sozialstrukturanalyse. Frankfurt a. M./New York: Campus, S. 331–343.

Müller, Hans-Peter (2016): Das Elend der Meritokratie. In: Anselm Lenz und Peter Engelmann (Hg.): Das Kapitalismustribunal. Zur Revolution der ökonomischen Rechte. Wien: Passagen Verlag, S. 113–116.

Müller, Hans-Peter; Wegener, Bernd (Hg.) (1995): Soziale Ungleichheit und soziale Gerechtigkeit. Opladen: Leske und Budrich.

Nachtwey, Oliver (2018): Die Abstiegsgesellschaft. Über das Aufbegehren in der regressiven Moderne. Berlin: Suhrkamp.

Nagrecha, Mitali; Bögelein, Nicole (2019): Criminal-Legal System Actors' Practices and Views on Day Fines. In: *Criminology – The Online Journal* (2), S. 267–283. DOI: 10.18716/ojs/krimoj/2019.2.11.

Nassehi, Armin (2011): Soziologie. Zehn einführende Vorlesungen. Wiesbaden: VS Verlag für Sozialwissenschaften.

Neckel, Sighard; Dröge, Kai; Somm, Irene (2004): Welche Leistung, welche Leistungsgerechtigkeit? In: Peter A. Berger und Volker H. Schmidt (Hg.): Welche Gleichheit, welche Ungleichheit? Wiesbaden: VS Verlag für Sozialwissenschaften, S. 137–164.

Nehring, Fabian (2021): Klassismus: Ideologiekritik als Ideologie Widerspruch. Beiträge zur sozialistischen Politik. In: *Widerspruch. Beiträge zur sozialistischen Politik* (77), S. 175–182.

Neubacher, Frank; Bögelein, Nicole (2021): Kriminalität der Armen – Kriminalisierung von Armut? In: *Monatsschrift für Kriminologie und Strafrechtsreform/Journal of Criminology an Penal Reform* 104 (2), S. 107–123. DOI: 10.1515/mks-2021-0106.

Neuhauss, Maria (2021): Fallstricke und Potenziale der Klassismus-Debatte. In: *FORUM Wissenschaft* (4), o. S. Online verfügbar unter: https://www.bdwi.de/forum/archiv/archiv/11046448.html, zuletzt geprüft am 01.11.2022.

Niggemann, Jan (2009): Scheiternhaufen – Der Fortbestand des Neoliberalismus in alltäglichen Kämpfen um Lebensweisen. In: *arranca*. Online verfügbar unter: https://archive.arranca.org/ausgabe/40/scheiternhaufen, zuletzt geprüft am 03.08.2022.

Niggemann, Jan (2021): Keine Klasse für sich. Perspektiven einer sorgenden Theoriearbeit. In: Francis Seeck und Brigitte Theißl (Hg.): Solidarisch gegen Klassismus – organisieren, intervenieren, umverteilen. Münster: UNRAST-Verlag, S. 45–55.

Nolte, Paul (2005): Generation Reform. Jenseits der blockierten Republik. München: C. H. Beck.

Norman, Nils (o. J.): Defensive Architecture. Online verfügbar unter: https://dismalgarden.com/archives/defensive_architecture, zuletzt geprüft am 25.01.2023.

Nussbaum, Martha Craven (2020): Gerechtigkeit oder das gute Leben. Hg. v. Herlinde Pauer-Studer. Frankfurt a. M.: Suhrkamp.

Otte, Gunnar (2021): Entwicklungslinien und Herausforderungen soziologischer Ungleichheitsforschung in Deutschland. In: Rasmus Hoffmann, André Knabe und Christian Schmitt (Hg.): Ungleichheit, Individualisierung, Lebenslauf. Wiesbaden: VS Verlag für Sozialwissenschaften, S. 215–243.

Otto, Hans-Uwe; Schrödter, Mark (2008): Befähigungsgerechtigkeit statt Bildungsgerechtigkeit. Zum Verhältnis von Gerechtigkeit und Effizienz. In: Cathleen Grunert und Hans-Jürgen von Wensierski (Hg.): Jugend und Bildung. Modernisierungsprozesse und Strukturwandel von Erziehung und Bildung am Beginn des 21. Jahrhunderts. Opladen: Budrich, S. 55–77.

Otto, Harro (2013): Über soziale Gerechtigkeit. In: *JURA – Juristische Ausbildung* 35 (10), S. 989–998. DOI: 10.1515/jura-2013-0127.

Oxfam Deutschland e. V. (2023): Umsteuern für soziale Gerechtigkeit. Online verfügbar unter: https://www.oxfam.de/system/files/documents/oxfam_factsheet_davos-2023_umsteuern.pdf, zuletzt geprüft am 31.01.2023.

Pakulski, Jan; Waters, Malcolm (1996): The Death of Class. London: SAGE.

Pawlewicz, Susanne (2021): Das ordnungslose Rauschen des Klassismus. Sondierungen einer polarisierenden Debatte. In: *FORUM Wissenschaft* (4), o. S. Online verfügbar unter: https://www.bdwi.de/forum/archiv/archiv/11046443.html, zuletzt geprüft am 01.11.2022.

Piketty, Thomas (2017): Das Kapital im 21. Jahrhundert. München: C. H. Beck.

Plößer, Melanie; Mecheril, Paul (2015): Diversity und Soziale Arbeit. In: Hans-Uwe Otto und Hans Thiersch (Hg.): Handbuch Soziale Arbeit. Grundlagen der Sozialarbeit und Sozialpädagogik. Unter Mitarbeit von Klaus Grunwald. München/Basel: Reinhardt, S. 322–331.

Rawls, John (1979): Eine Theorie der Gerechtigkeit. Frankfurt a. M.: Suhrkamp.

Reckwitz, Andreas (2019): Das Ende der Illusionen. Politik, Ökonomie und Kultur in derSpätmoderne. Berlin: Suhrkamp.

Reckwitz, Andreas (2020): Die Gesellschaft der Singularitäten. Zum Strukturwandel der Moderne. Berlin: Suhrkamp.

Reuter, Julia; Gamper, Markus; Möller, Christina et al. (Hg.) (2020): Vom Arbeiterkind zur Professur. Sozialer Aufstieg in der Wissenschaft. Autobiographische Notizen und soziobiographische Analysen. Bielefeld: transcript.

Reuter, Julia; Karentzos, Alexandra (Hg.) (2012): Schlüsselwerke der Postcolonial Studies. Wiesbaden: VS Verlag für Sozialwissenschaften.

Richter, Matthias (2019): Gesundheitliche Ungleichheiten im Jugendalter und ihre Bedeutung für den Lebenslauf. In: Johannes Siegrist und Ursula M. Staudinger (Hg.): Gesundheitliche Ungleichheit im Lebensverlauf. Neue Forschungsergebnisse und ihre Bedeutung für die Prävention. Leopoldina-Forum Nr. 2. Halle (Saale): Nationale Akademie der Wissenschaften Leopoldina., S. 45–48.

Ritsert, Jürgen (1998): Soziale Klassen. Münster: Westfälisches Dampfboot.

Robert Koch-Institut (Hg.) (2015): Gesundheit in Deutschland. Gesundheitsberichterstattung des Bundes. Gemeinsam getragen von RKI und Destatis. Berlin. Online verfügbar unter: https://www.gbe-bund.de/pdf/gesber2015.pdf, zuletzt geprüft am 20.10.2022.

Rommel, Alexander; Lippe, Elena von der; Treskova-Schwarzbach, Marina et al. (2021): Gesundheitsberichterstattung des Bundes. Gemeinsam getragen von RKI und Destatis. Bevölkerung mit einem erhöhten Risiko für schwere COVID-19-Verläufe in Deutschland. Auswertungen der Studie GEDA 2019/2020-EHIS. In: *Journal of Health Monitoring* 6 (S2), S. 1–15. Online verfügbar unter: https://

www.rki.de/DE/Content/Gesundheitsmonitoring/Gesundheits berichterstattung/GBEDownloadsJ/JoHM_S2_2021_Risikogrup pen_COVID_19.pdf?__blob=publicationFile, zuletzt geprüft am 20.10.2022.

Rorie, Melissa L. (Hg.) (2020): The Handbook of White-collar Crime. Hoboken, NJ: John Wiley & Sons, Inc.

Rosa, Hartmut (2015): Verstrickt im Steigerungsspiel. Wie der Kampf gegen Ungleichheit diese reproduziert. In: Steffen Mau und Nadine M. Schöneck (Hg.): (Un-)Gerechte (Un-)Gleichheiten. Berlin: Suhrkamp, S. 27–35.

Ruch, Andreas (2017): Polizeiliche Entscheidungsspielräume als Einfallstor für Diskriminierung – Zum Bewertungswandel polizeilicher Definitionsmacht innerhalb der polizeiwissenschaftlichen Forschung. In: *Monatsschrift für Kriminologie und Strafrechtsreform* 100 (5), S. 328–343. DOI: 10.1515/mkr-2017-1000503.

Ryan, Louis A. (1942): Charity and the Social Order. In: *The Thomist. A Speculative Quarterly Review* 2 (4), S. 247–265.

Sachweh, Patrick (2010): Deutungsmuster sozialer Ungleichheit. Wahrnehmung und Legitimation gesellschaftlicher Privilegierung und Benachteiligung. Frankfurt a. M./New York: Campus.

Sanolas, Elvira (2020): Klasse in Zeiten der Antidiskriminierung. In: *Lirabelle* 23, S. 1–6. Online verfügbar unter: https://lirabelle.no blogs.org/post/2020/10/28/klasse-in-zeiten-der-antidiskriminie rung/, zuletzt geprüft am 30.11.2022.

Schäfers, Bernhard (1996): Soziale Differenzierung oder soziale Ungleichheit? Probleme der sozialwissenschaftlichen Erfassung von Unterschieden zwischen Menschen. In: Bernhard Schäfers (Hg.): Soziologie und Gesellschaftsentwicklung. Wiesbaden: VS Verlag für Sozialwissenschaften, S. 227–242.

Schelsky, Helmut (1965): Die Bedeutung des Schichtungsbegriffs für die Analyse der gegenwärtigen deutschen Gesellschaft. In: Helmut Schelsky (Hg.): Auf der Suche nach Wirklichkeit. Gesammelte Aufsätze. Düsseldorf/Köln: Diederichs, S. 331–336.

Scherr, Albert (2010): Diskriminierung und soziale Ungleichheiten. In: Ulrike Hormel und Albert Scherr (Hg.): Diskriminierung.

Grundlagen und Forschungsergebnisse. Wiesbaden: VS Verlag für Sozialwissenschaften, S. 35–60.

Scherr, Albert (2016): Diskriminierung. Wie Unterschiede und Benachteiligungen gesellschaftlich hergestellt werden. Wiesbaden: VS Verlag für Sozialwissenschaften. Online verfügbar unter: http://swbplus.bsz-bw.de/bsz434881708cov.htm.

Scherr, Albert (2018): Diskriminierung und Rassismus. In: Hans-Uwe Otto, Hans Thiersch, Rainer Treptow et al. (Hg.): Handbuch Soziale Arbeit. Grundlagen der Sozialarbeit und Sozialpädagogik. München: Ernst Reinhardt Verlag, S. 273–282.

Scherr, Albert (2021): Die gesellschaftliche Funktion von Diskriminierung und Diskriminierungskritik. In: Gero Bauer, Maria Kechaja, Sebastian Engelmann et al. (Hg.): Diskriminierung und Antidiskriminierung. Beiträge aus Wissenschaft und Praxis.Bielefeld: transcript (Gesellschaft der Unterschiede, 60), S. 43–57.

Schimank, Uwe (2018): Leistung und Meritokratie in der Moderne. In: Sabine Reh und Norbert Ricken (Hg.): Leistung als Paradigma. Wiesbaden: VS Verlag für Sozialwissenschaften, S. 19–42.

Schindlauer, Sandra (2015): Obdachlose Personen als Gefährdung der öffentlichen Sicherheit. Wenn die Sicherheit vor Gefährdung zur Gefährdung von Sicherheit wird. In: *ForumRecht. Big City Rights – Wem gehört die Stadt?* (2), S. 53–56. Online verfügbar unter: http://forum-recht-online.de/wp/wp-content/uploads/2015/06/FoR1502_53_Schindlauer.pdf, zuletzt geprüft am 12.08.2022.

Schmidt, Volker H. (2000): Ungleichheit, Exklusion und Gerechtigkeit. In: *Soziale Welt* 51 (4), S. 383–400.

Schöllgen, Gregor (1998): Max Weber. München: C. H. Beck.

Schultheis, Franz (2007): Der Lohn der Angst. Zur Normalisierung von Prekarität im grenzenlosen Kapitalismus. In: Pascale Gazareth, Anne Juhasz und Chantal Magnin (Hg.): Neue soziale Ungleichheit in der Arbeitswelt. Konstanz: UVK Verl.-Ges. (Theorie und Methode Sozialwissenschaften), S. 59–73.

Schulze, Gerhard (1996): Die Erlebnis-Gesellschaft. Kultursoziologie der Gegenwart. Frankfurt a. M./New York: Campus.

Schütz, Alfred (2016): Der sinnhafte Aufbau der sozialen Welt. Eine Einleitung in die verstehende Soziologie. Frankfurt a. M.: Suhrkamp.

Schwinn, Thomas (2007): Soziale Ungleichheit. Bielefeld: transcript (Einsichten. Themen der Soziologie). Online verfügbar unter: www.content-select.com/index.php?id=bib_view&ean=9783839405925.

Schwippert, Knut; Kasper, Daniel; Köller, Olaf et al. (Hg.) (2020): TIMSS 2019. Mathematische und naturwissenschaftliche Kompetenzen von Grundschulkindern in Deutschland im internationalen Vergleich. Münster/New York: Waxmann.

Seeck, Anne (2010): Die Hetze gegen Hartz IV-BezieherInnen. Bericht vom Seminar »Überlebensformen lokal«. In: *Trend Onlinezeitung*. Online verfügbar unter: www.trend.infopartisan.net/trd0610/t370610.html, zuletzt geprüft am 21.01.2022.

Seeck, Francis (2022): Zugang verwehrt. Keine Chance in der Klassengesellschaft. Wie Klassismus soziale Ungleichheit fördert. Zürich: Atrium Verlag.

Seeck, Francis; Theißl, Brigitte (Hg.) (2021): Solidarisch gegen Klassismus – organisieren, intervenieren, umverteilen. Münster: UNRAST-Verlag.

Sen, Amartya (2010): Die Idee der Gerechtigkeit. München: C. H. Beck.

Sen, Amartya Kumar (2011): Ökonomie für den Menschen. Wege zu Gerechtigkeit und Solidarität in der Marktwirtschaft. München: DTV.

Sennett, Richard; Cobb, Jonathan (1972): The Hidden Injuries of Class. New York: Knopf.

Shaw, Kate S.; Hagemans, Iris W. (2015): ›Gentrification Without Displacement‹ and the Consequent Loss of Place. The Effects of Class Transition on Low-income Residents of Secure Housing in Gentrifying Areas. In: *Int J Urban Regional* 39 (2), S. 323–341. DOI: 10.1111/1468-2427.12164.

Siegrist, Johannes (2019): Gesundheitliche Ungleichheiten in der modernen Arbeitswelt. In: Johannes Siegrist und Ursula M. Staudinger (Hg.): Gesundheitliche Ungleichheit im Lebensverlauf. Neue Forschungsergebnisse und ihre Bedeutung für die Prävention. Leopoldina-Forum Nr. 2. Halle (Saale): Nationale Akademie der Wissenschaften Leopoldina, S. 49–53.

Siegrist, Johannes; Staudinger, Ursula M. (2019): Gesundheitliche Ungleichheit im Lebensverlauf. Neue Forschungsergebnisse für Deutschland und ihre Bedeutung für die Prävention. In: Johannes Siegrist und Ursula M. Staudinger (Hg.): Gesundheitliche Ungleichheit im Lebensverlauf. Neue Forschungsergebnisse und ihre Bedeutung für die Prävention. Leopoldina-Forum Nr. 2. Halle (Saale): Nationale Akademie der Wissenschaften Leopoldina, S. 4–23.

Sielschott, Stephan (2010): »Arbeitslos und keine Ahnung – Hier werden Sie geholfen!« Zum Framing stereotyper Bewertungen Arbeitsloser in den Regionalzeitungen Nordkurier und Volksstimme. In: *JfP* 18 (2), S. 1–19. Online verfügbar unter: https://journal-fuer-psychologie.de/article/view/72, zuletzt geprüft am 07.11.2022.

Simons, Audrey M. W.; Houkes, Inge; Koster, Annemarie et al. (2018): The Silent Burden of Stigmatisation. A Qualitative Study Among Dutch People With a Low Socioeconomic Position. In: *BMC Public Health* 18 (1), S. 443. DOI: 10.1186/s12889-018-5210-6.

Simons, Audrey M. W.; Koster, Annemarie; Groffen, Daniëlle A. I. et al. (2017): Perceived Classism and Its Relation With Socioeconomic Status, Health, Health Behaviours and Perceived Inferiority. The Dutch Longitudinal Internet Studies for the Social Sciences (LISS) panel. In: *International Journal of Public Health* 62 (4), S. 433–440. DOI: 10.1007/s00038-016-0880-2.

SINUS Markt- und Sozialforschung GmbH (01.10.2021): Deutschland im Umbruch. SINUS-Institut stellt aktuelles Gesellschaftsmodell vor. Die Sinus-Milieus® 2021. Online verfügbar unter: https://www.sinus-institut.de/media/pages/media-center/presse/sinus-milieus-2021/2c6caa559b-1633069903/pressematerial_sinus-milieus-2021_sinus-institut.pdf, zuletzt geprüft am 24.08.2022.

Solga, Heike; Berger, Peter A.; Powell, Justin (2009): Soziale Ungleichheit – Kein Schnee von gestern! Eine Einführung. In: Heike Solga, Justin Powell und Peter A. Berger (Hg.): Soziale Ungleichheit. Klassische Texte zur Sozialstrukturanalyse. Frankfurt a. M./New York: Campus, S. 11–45.

Solga, Heike; Powell, Justin (2006): Gebildet – Ungebildet. In: Stephan Lessenich und Frank Nullmeier (Hg.): Deutschland – eine gespaltene Gesellschaft. Frankfurt a. M./New York: Campus, S. 175–190.

Spannagel, Dorothee; Molitor, Katharina (2019): Einkommen immer ungleicher verteilt. WSI-Verteilungsbericht 2019 (53). Düsseldorf: Hans-Böckler-Stiftung. Online verfügbar unter: https://nbn-resolving.de/urn:nbn:de:101:1-2019102415594283317303.

Spannagel, Dorothee; Zucco, Aline (2022): ARMUT GRENZT AUS. WSI -Verteilungsbericht 2022. In: *WSI Report* 11 (79), S. 3–23.

Spivak, Gayatri Chakravorty (2008): Can the Subaltern Speak? Postkolonialität und subalterne Artikulation. Wien: Turia & Kant.

Stein, Christian (2021): Arm und Reich in der Stadtregion. Was sagen die Zahlen und was nicht? In: Johanna Betz, Svenja Keitzel, Jürgen Schardt et al. (Hg.): Frankfurt a. M. – eine Stadt für alle? Bielefeld: transcript, S. 79–88.

Steinbicker, Jochen (2020): Klasse und Stand. In: Hans-Peter Müller und Steffen Sigmund (Hg.): Max Weber-Handbuch. Stuttgart: J. B. Metzler, S. 103–106.

Steinke, Ronen (2022): Vor dem Gesetz sind nicht alle gleich. Die neue Klassenjustiz. Berlin: Berlin Verlag.

Steinwachs, Britta (2015): Zwischen Pommesbude und Muskelbank. Die mediale Inszenierung der »Unterschicht«. Münster: Edition Assemblage.

Stifterverband für die Deutsche Wissenschaft e. V. (2021): Vom Arbeiterkind zum Doktor. Der Hürdenlauf auf dem Bildungsweg der Erststudierenden. Online verfügbar unter: https://www.stifterverband.org/download/file/fid/10426, zuletzt aktualisiert am 02.01.2023.

Stojanov, Krassimir (2013): Bildungsgerechtigkeit als Anerkennungsgerechtigkeit. In: Fabian Dietrich, Martin Heinrich und Nina Thieme (Hg.): Bildungsgerechtigkeit jenseits von Chancengleichheit. Wiesbaden: VS Verlag für Sozialwissenschaften, S. 57–69.

Stubbe, Tobias C.; Bos, Wilfried; Schurig, Michael (2017): Der Übergang von der Primar- in die Sekundarstufe. In: Anke Hußmann, Heike Wendt, Wilfried Bos et al. (Hg.): IGLU 2016. Lesekompetenzen von Grundschulkindern in Deutschland im internationalen Vergleich. Münster/New York: Waxmann, S. 235–250.

Sturm, Debbie C.; Gibson, Donna M. (Hg.) (2017): Social Class and the Helping Professions. A Clinician's Guide to Navigating the Landscape of Class in America. London/New York: Routledge. Online verfügbar unter: http://site.ebrary.com/lib/alltitles/docDetail.action?docID=10558654.

Tajfel, Henri (1982): Social Psychology of Intergroup Relations. In: *Annu. Rev. Psychol.* 33 (1), S. 1–39. DOI: 10.1146/annurev.ps.33.020182.000245.

Tajfel, Henri; Billic, Michael (1974): Familiarity and categorization in intergroup behavior. In: *Journal of Experimental Social Psychology* 10 (2), S. 159–170. DOI: 10.1016/0022-1031(74)90064-X.

Teidelbaum, Lucius (2013): Obdachlosenhass und Sozialdarwinismus. Münster: Unrast. Online verfügbar unter: www.vlb.de/GetBlob.aspx?strDisposition=a&strIsbn=9783897711242.

The Board of Managers at the Association of Engineering Societies (1890): Transactions. Boston, St. Louis, Chicago, Cleveland, Minneapolis, St. Paul, Kansas City, Helena: Press of John W. Weston. In: *Journal of the Association of Engineering Societies* (IX).

Thiele, Martina (2017): Arm und (un-)sichtbar? In: Tanja Thomas, Lina Brink, Elke Grittmann et al. (Hg.): Anerkennung und Sichtbarkeit. Bielefeld: transcript, S. 87–102.

Thompson, Mindi N.; Subich, Linda M. (2013): Development and Exploration of the Experiences With Classism Scale. In: *Journal of Career Assessment* 21 (1), S. 139–158.

Unterthurner, Gerhard (2014): Symbolische Gewalt nach Bourdieu – phänomenologische Bemerkungen. In: Michael Staudigl (Hg.): Gesichter der Gewalt. Paderborn: Fink, S. 175–203.

Vester, Michael (2006): Soziale Milieus und Gesellschaftspolitik. In: *APuZ* (44-45), S. 10–17. Online verfügbar unter: https://www.bpb.de/medien/29449/NBSZ1X.pdf, zuletzt geprüft am 24.08.2022.

Vester, Michael (2009): Soziale Milieus im Überblick. In: Heike Solga, Justin Powell und Peter A. Berger (Hg.): Soziale Ungleichheit.

Klassische Texte zur Sozialstrukturanalyse. Frankfurt a. M./New York: Campus, S. 313–329.

Vester, Michael (2010): Ulrich Beck und die zwei Marxismen. In: Peter A. Berger und Ronald Hitzler (Hg.): Individualisierungen. Wiesbaden: VS Verlag für Sozialwissenschaften, S. 29–50.

Vester, Michael (2013): Die selektive Bildungsexpansion. Die ständische Regulierung der Bildungschancen in Deutschland. In: Peter A. Berger und Heike Kahlert (Hg.): Institutionalisierte Ungleichheiten. Wie das Bildungswesen Chancen blockiert. 3. Auflage. Weinheim/Basel: Beltz Juventa (Bildungssoziologische Beiträge), S. 39–70.

Vester, Michael (2014): Milieu. In: Günter Endruweit, Gisela Trommsdorff und Nicole Burzan (Hg.): Wörterbuch der Soziologie. Konstanz: utb, S. 310–314.

Virchow, Fabian (2008): »Fordern und fördern« – Zum Gratifikations-, Sanktions- und Gerechtigkeitsdiskurs in der BILD-Zeitung. In: Ulla Wischermann und Tanja Thomas (Hg.): Medien – Diversität – Ungleichheit. Wiesbaden: VS Verlag für Sozialwissenschaften, S. 245–262.

Vogel, Berthold (2006): Sicher – Prekär. In: Stephan Lessenich und Frank Nullmeier (Hg.): Deutschland – eine gespaltene Gesellschaft. Frankfurt a. M./New York: Campus, S. 73–91.

Voglmayr, Irmtraud (2015): Vergeschlechtlichte Klassen. Mediale Repräsentationen prekärer »Teenager-Mütter«. In: *Kurswechsel. Zeitschrift für gesellschafts-, wirtschafts-, und umweltpolitische Aktivitäten* (4), S. 46–52.

Voglmayr, Irmtraud (2018): Klassismus in der Populärkultur Schauplatz Gemeindebau. In: Ricarda Drüeke, Elisabeth Klaus, Martina Thiele und Julia Elena Goldmann (Hg.): Kommunikationswissenschaftliche Gender Studies. Bielefeld: transcript, S. 275–290.

Vonneilich, Nico (2020): Sozialer Status, soziale Beziehungen und Gesundheit. In: Nico Vonneilich, Holger von der Lippe, Irene Moor et al. (Hg.): Soziale Netzwerke und gesundheitliche Ungleichheiten. Eine neue Perspektive für die Forschung. New York: Springer Nature, S. 257–272.

Wacquant, Loïc (2009): Punishing the Poor. The Neoliberal Government of Social Insecurity. Durham/London: Duke University Press.

Waitz, Thomas (2014): »Unterschichtenfernsehen« – Eine Regierungstechnologie. In: Andrea Seier und Thomas Waitz (Hg.): Klassenproduktion. Fernsehen als Agentur des Sozialen. Münster: Lit, S. 25–36.

Waldow, Florian (2014): Von der Meritokratie zur Parentokratie? In: *Z Erziehungswiss* 17 (S3), S. 43–58. DOI: 10.1007/s11618-014-0521-6.

Walzer, Michael (1994): Sphären der Gerechtigkeit. Ein Plädoyer für Pluralität und Gleichheit. Frankfurt a. M./New York: Campus.

Weber, Max (1972): Wirtschaft und Gesellschaft. Tübingen: Mohr Siebeck.

Weber, Max (1980): Wirtschaft und Gesellschaft. Grundriss der verstehenden Soziologie. Tübingen: Mohr.

Weber, Max (2016): Die protestantische Ethik und der »Geist« des Kapitalismus. Neuausgabe der ersten Fassung von 1904-05 mit einem Verzeichnis der wichtigsten Zusätze und Veränderungen aus der zweiten Fassung von 1920. Hg. v. Klaus Lichtblau und Johannes Weiß. Wiesbaden: VS Verlag für Sozialwissenschaften.

Weischer, Christoph (2011): Sozialstrukturanalyse. Grundlagen und Modelle. Wiesbaden: VS Verlag für Sozialwissenschaften.

Wellgraf, Stefan (2015): Ein Ort der Verachtung. Die Hauptschule als institutionalisierte Form von Klassismus. In: *Kurswechsel* 2015 (4), S. 53–57. Online verfügbar unter: www.beigewum.at/wp-content/uploads/KW_4_2015_08_Ein-Ort-der-Verachtung-1.pdf, zuletzt geprüft am 12.12.2019.

Wellgraf, Stefan (2018): Schule der Gefühle. Zur emotionalen Erfahrung von Minderwertigkeit in neoliberalen Zeiten. Bielefeld: transcript.

West, Candace; Zimmermann, Don H. (1987): Doing Gender. In: *Gender & Society* 1 (2), S. 125–151. DOI: 10.1177/0891243287001002002.

Wieland, Joachim; Kirchhof, Gregor (2013): Staatsverschuldung und Steuereinnahmen. Zwei Akzente. In: *APuZ* 63 (10-11), S. 37–40.

Wikström, Per-Olof H.; Treiber, Kyle (2016): Social Disadvantage and Crime. A Criminological Puzzle. In: *The American Behavioral Scientist* 60 (10), S. 1232–1259. DOI: 10.1177/0002764216643134.

Winker, Gabriele; Degele, Nina (2009): Intersektionalität. Zur Analyse sozialer Ungleichheiten. Bielefeld: transcript.

Wößmann, Ludger; Lergetporer, Philipp; Grewenig, Elisabeth et al. (2019): Was die Deutschen über Bildungsungleichheit denken. Ergebnisse des ifo Bildungsbarometers 2019. In: *ifo Schnelldienst* 72 (17). Online verfügbar unter: https://www.ifo.de/DocDL/sd-2019-17-woessmann-etal-bildungsbarometer-2019-09-12.pdf, zuletzt geprüft am 21.05.2022.

Wrase, Michael; Allmendinger, Jutta (2021): Bildungschancen verbessern. Gesetzliche Regelungsmöglichkeiten des Bundes für eine Förderung von sozial benachteiligten Schülerinnen und Schülern. Berlin: Heinrich-Böll-Stiftung. Online verfügbar unter: https://www.econstor.eu/bitstream/10419/233824/1/Full-text-report-Wrase-et-al-Bildungschancen-verbessern.pdf, zuletzt geprüft am 02.03.2022.

Young, Iris Marion (2011): Justice and the Politics of Difference. New Jersey: Princeton University Press.

Young, Michael (1958): The Rise of the Meritocracy. 1870-2033. An Essay on Education and Equality. London: Thames & Hudson.

Yuval-Davis, Nina (2013): Jenseits der Dichotomie von Anerkennung und Umverteilung. Intersektionalität und soziale Schichtung. In: Helma Lutz, María Teresa Herrera Vivar und Linda Supik (Hg.): Fokus Intersektionalität. Bewegungen und Verortungen eines vielschichtigen Konzeptes. Wiesbaden: VS Verlag für Sozialwissenschaften, S. 203–221.

Zick, Andreas (2017): Die Macht des Vorurteils oder: Menschenfeindliche Inklusionsvorstellungen. In: Birgit Lütje-Klose, Mai-Anh Boger, Benedikt Hopmann et al. (Hg.): Leistung inklusive? Inklusion in der Leistungsgesellschaft. Menschenrechtliche, sozialtheoretische und professionsbezogene Perspektiven. Bad Heilbrunn: Verlag Julius Klinkhardt, S. 26–37.

Zick, Andreas (2021): Herabwürdigung und Respekt gegenüber Gruppen in der Mitte. In: Andreas Zick und Beate Küpper (Hg.): Die geforderte Mitte. Rechtsextreme und demokratiegefährdende Einstellungen in Deutschland 2020/21. Bonn: Dietz, S. 181–212.

Zick, Andreas; Berghan, Wilhelm; Mokros, Nico (2019a): Gruppenbezogene Menschenfeindlichkeit in Deutschland 2002–2018/19. In: Andreas Zick, Beate Küpper und Wilhelm Berghan (Hg.): Verlorene Mitte – feindselige Zustände. Rechtsextreme Einstellungen in Deutschland 2018/19. Bonn: Dietz, S. 53–116.

Zick, Andreas; Küpper, Beate; Berghan, Wilhelm (Hg.) (2019b): Verlorene Mitte – feindselige Zustände. Rechtsextreme Einstellungen in Deutschland 2018/19. Bonn: Dietz.

Ziegler, Holger (2011): Gerechtigkeit und Soziale Arbeit: Capabilities als Antwort auf das Maßstabsproblem in der Sozialen Arbeit. In: Karin Böllert (Hg.): Soziale Arbeit als Wohlfahrtsproduktion. Wiesbaden: VS Verlag für Sozialwissenschaften, S. 153–166.

Zitelmann, Rainer (2019): Die Gesellschaft und ihre Reichen. Vorurteile über eine beneidete Minderheit. München: FBV.

Zitelmann, Rainer (2020): Upward Classism. Prejudice and Stereotyping Against the Wealthy. In: *Economic Affairs* 40 (2), S. 162–179. DOI: 10.1111/ecaf.12407.

Zrenchik, Kyle; McDowell, Teresa (2012): Class and Classism in Family Therapy Praxis. A Feminist, Neo-Marxist Approach. In: *Journal of Feminist Family Therapy* 24 (2), S. 101–120. DOI: 10.1080/08952833.2012.648118.